Progetto Lingua Edizioni
Via Santa Reparata, 105
50129 Firenze, Italia
Tel/Fax 055 48 66 44

www.progettolingua.it
info@progettolingua.it

ISBN 88-87883-03-3

Volume stampato dalla tipografia Il David di Firenze - Printed in Italy.

Claudio Manella *Antonella Tanzini*

L'italiano da soli

Esercizi e test di grammatica italiana

Quattro livelli di difficoltà

>>>>

con chiavi

☑

edizioni
Progetto Lingua
Firenze

Indice

I. Gli articoli, i nomi, gli aggettivi.

Esercizi 8
Test 18

II. I possessivi e i dimostrativi.

Esercizi 24
Test 31

III. I gradi di comparazione

Esercizi 36
Test 39

IV. I verbi

Esercizi 44
Test 118

V. La forma riflessiva

Esercizi 128
Test 134

VI. La forma passiva e la forma impersonale

Esercizi 140
Test 151

VII. Il periodo ipotetico

Esercizi 158
Test 163

VIII. Le preposizioni

Esercizi 168
Test 172

IX. I pronomi

Esercizi 180
Test 198

X. I relativi e gli interrogativi

Esercizi 206
Test 213

XI. Il discorso indiretto

Esercizi 218
Test 225

XII. Il lessico

Esercizi 232

Le chiavi ☑

degli esercizi e dei test. 241

I
Gli articoli, i nomi, gli aggettivi

> Esercizi facili >
1-2-3-4

>> Esercizi medi >>
5-6-7-8-11-12

>>> Esercizi difficili >>>
9-10-13

>>>> Esercizi molto difficili >>>>
14

I. Gli articoli, i nomi, gli aggettivi

1. > *Mettere il giusto articolo determinativo e indeterminativo. (singolare maschile).*

☑ p. 242

Es. .... libro.
***il un** libro.*

1) .... studente.
2) .... orologio.
3) .... amico.
4) .... svizzero.
5) .... bicchiere.
6) .... albero.
7) .... spazio.
8) .... esercizio.
9) .... signore.
10) .... ufficio.
11) .... indirizzo.
12) .... tavolo.
13) .... fiore.
14) .... zio.
15) .... foglio.
16) .... uomo.
17) .... ospedale.
18) .... ragazzo.
19) .... sasso.
20) .... problema.

2. > *Mettere il giusto articolo determinativo e indeterminativo. (singolare femminile)*

☑ p. 242

Es. .... ragazza.
***la una** ragazza.*

1) .... automobile.
2) .... svizzera.
3) .... cartolina.
4) .... zia.
5) .... ora.
6) .... idea.
7) .... bambina.
8) .... studentessa.
9) .... persona.
10) .... zuppa.
11) .... televisione.
12) .... uscita.
13) .... industria.
14) .... notte.
15) .... arancia.
16) .... amica.
17) .... luce.
18) .... frase.
19) .... spagnola.
20) .... signora.

3. > *Mettere il giusto articolo determinativo e indeterminativo. (plurale maschile).* ☑ p. 242

Es. .... libri.
i dei *libri.*

1) .... studenti.
2) .... orologi.
3) .... amici.
4) .... svizzeri.
5) .... bicchieri.
6) .... alberi.
7) .... spazi.
8) .... esercizi.
9) .... signori.
10) .... uffici.
11) .... indirizzi.
12) .... tavoli.
13) .... fiori.
14) .... zii.
15) .... fogli.
16) .... uomini.
17) .... ospedali.
18) .... ragazzi.
19) .... sassi.
20) .... problemi.

4. > *Mettere il giusto articolo determinativo e indeterminativo. (plurale femminile)* ☑ p. 242

Es. .... ragazze.
le delle *ragazze.*

1) .... automobili.
2) .... svizzere.
3) .... cartoline.
4) .... zie.
5) .... ore.
6) .... idee.
7) .... bambine.
8) .... studentesse.
9) .... persone.
10) .... zuppe.
11) .... televisioni.
12) .... uscite.
13) .... industrie.
14) .... notti.
15) .... arance.
16) .... amiche.
17) .... luci.
18) .... frasi.
19) .... spagnole.
20) .... signore.

5. >> *Mettere l'articolo determinativo.*
(maschile e femminile - singolare e plurale) ☑ p. 242

Es. ... mio professore è simpatico.
***il** mio professore è simpatico.*

1) .... abito è stretto. 2) .... zucchero è dolce. 3) .... studenti sono bravi. 4) .... zoo è aperto. 5) .... uffici sono chiusi. 6) .... stagioni sono quattro. 7) .... valigia è pesante. 8) .... panorama toscano è bello. 9) .... alberi sono verdi. 10) Tu hai .... occhi verdi. 11) .... frasi sono facili. 12) .... cinema italiano è famoso nel mondo. 13) .... situazione è difficile. 14) Lui ha .... fortuna di essere ricco. 15) .... mani di Paola sono belle. 16) Tu hai sempre .... testa fra le nuvole 17) .... suoi due fratelli maggiori vivono all'estero. 18) È .... prima volta che sento questa storia. 19) .... Italia è grande circa 300.000 km^2. 20) Questa è .... ultima volta che ti aiuto.

6. >> *Mettere l'articolo indeterminativo.*
(maschile e femminile - singolare e plurale) ☑ p. 242

Es. Ho letto ... libro molto bello.
*Ho letto **un** libro molto bello.*

1) Anna ha .... automobile veloce. 2) Gianfranco è .... ragazzo simpatico. 3) Giuseppe Ungaretti è .... famoso poeta italiano. 4) La Sardegna è .... isola bellissima. 5) Loro sono .... persone molto generose. 6) Firenze e Roma sono .... importanti città d'arte. 7) La signora è .... donna molto gentile. 8) Tu hai sempre .... idee molto brillanti. 9) È .... spettacolo noioso. 10) Maria ha .... zio inglese e .... zia australiana. 11) Ho ..... dischi molto rari. 12) Loro hanno .... giardino con .... fiori bellissimi e .... alberi secolari. 13) Lui è .... artista importante. 14) Questo è .... albergo molto economico. 15) I miei genitori hanno ..... casa al mare. 16) Puoi aspettare .... momento, per favore? 17) Vorrei .... uva, per favore e anche .... belle pere mature. 18) Avete perso .... occasione unica. 19) Silvia porta ..... orecchini fatti a mano. 20) Hai fatto ..... bella fotografia.

7. >> *Mettere l'articolo, scegliendo fra determinativo e indeterminativo. (maschile e femminile - singolare e plurale)* ☑ p. 242

Es. Sergio è ... mio migliore amico.
*Sergio è **il** mio migliore amico.*

Sergio è ... ragazzo molto gentile.
*Sergio è **un** ragazzo molto gentile.*

1) Paolo è ..... fratello di Maria. 2) ..... ragazzo di mia sorella studia medicina. 3) Il signor Stefani è sicuramente ..... uomo giusto per fare questo lavoro. 4) Quella che vedi è ..... casa dei miei genitori. 5) ..... mio medico mi ha detto che devo smettere di fumare. 6) ..... italiano è ..... lingua difficile. 7) ..... miei vicini di casa fanno sempre molto rumore. 8) Il signor Stefani è ..... uomo molto generoso. 9) Nella nostra classe ci sono ..... studenti giapponesi e ..... studentesse americane. 10) ..... miei nipoti sono bambini molto vivaci.

11) Alessia e Renata sono ..... mie migliori amiche e passo spesso ..... fine settimana con loro. 12) Milano e Torino sono ..... città più grandi dell'Italia del nord. 13) Milano è ..... città industriale. 14) Di solito non prendo ..... vacanze in agosto. 15) Angela è ..... moglie di Mario. 16) Dolores è ..... donna spagnola. 17) Domani scriverò ..... lettera a mia nonna e ho deciso anche di comprarle ..... regalo. 18) Hai avuto ..... idea davvero originale! 19) È questa ..... macchina che hai appena comprato? Bella! 20) Sai che Luigi ha comprato ..... bella macchina?

21) Ieri al cinema abbiamo visto ..... bel film. 22) Luisa e Carlo hanno comprato ..... appartamento in centro. 23) ..... concerto di ieri sera mi è piaciuto molto. 24) Per il mio compleanno ricevo sempre ..... regali bellissimi. 25) In quella vetrina ho visto ..... scarpe che mi piacciono. 26) Posso fare ..... proposta? 27) In questo giardino ci sono anche ..... alberi da frutta. 28) Quando ero piccola passavo tutta ..... estate al mare, dove ..... miei genitori avevano ..... casa. 29) Questo è ..... quadro più bello che io abbia visto in tutta ..... mia vita. 30) Io preparo ..... ottimi dolci.

8. >> *Mettere il giusto articolo determinativo e indeterminativo.*
(maschile e femminile - singolare e plurale) ☑ p. 242

Es. .... *libro* .... *libri* .... *penna* .... *penne*
il ***un*** *libro* ***i*** ***dei*** *libri* ***la*** ***una*** *penna* ***le*** ***delle*** *penne*

1) .... ragazzo.
2) .... studente.
3) .... bambina.
4) .... orologi.
5) .... fiori.
6) .... svizzero.
7) .... insetti.
8) .... automobili.
9) .... indirizzo.
10) .... amica.
11) .... uscita.
12) .... industrie.
13) .... ragazze.
14) .... alberi.
15) .... persone.
16) .... uffici.
17) .... parole.
18) .... bicchiere.
19) .... fiore.
20) .... frasi.
21) .... istruzioni.
22) .... zingaro.
23) .... ospedale.
24) .... luce.
25) .... idea.
26) .... zii.
27) .... arancia.
28) .... esercizi.
29) .... spazio.
30) .... idee.

9. >>> *Mettere al plurale i seguenti nomi irregolari.* ☑ p. 242

Es. Il lunedì ***i lunedì***

1) L'urlo ....
2) Il dito ....
3) Il membro ....
4) Il migliaio ....
5) La virtù ....
6) Il dio ....
7) La libertà ....
8) Il camion ....
9) La novità ....
10) La crisi ....
11) Lo sport ....
12) Il braccio ....
13) Il re ....
14) La difficoltà ....
15) La parentesi ....
16) L'analisi ....
17) La specie ....
18) La mano ....

10. >>> *Mettere al plurale i seguenti nomi e articoli. (regolari e irregolari)* ☑ p. 242

Es. la scala → ***le scale***
il dito → ***le dita***

1) La tasca ....
2) Il monologo ....
3) L'arma ....
4) Il vaglia ....
5) Il collega ....
6) L'ingorgo ....
7) Il golf ....
8) Il miele ....
9) La tribù ....
10) La diplomazia ....
11) La bellezza ....
12) La pianista ....

13) La fame ....
14) Il sangue ....
15) Il sosia ....
16) La volontà ....
17) La banconota ....
18) L'immagine ....
19) Il violinista ....
20) La parentesi ....
21) La capacità ....
22) Il calice ....
23) La spiga ....
24) L'osso ....

25) Il profeta ....
26) Il portalettere ....
27) Il labbro ....
28) L'uovo ....
29) Il tempio ....
30) Il capogruppo ....
31) La chiave ....
32) Il brindisi ....
33) Il testimone ....
34) La gioventù ....
35) La sete ....
36) La gru ....

37) La radio ....
38) Il muro ....
39) La carie ....
40) Il capolavoro ....
41) La camicia ....
42) La cassaforte ....
43) Il capostazione ....
44) Il campione ....
45) Lo psicologo ....
46) Il sacco ....
47) L'oca ....
48) Il gas ....

11. >> *Trasformare l'aggettivo maschile in aggettivo femminile.* ☑ p. 243

Es. Un cappotto nero Una scarpa ***nera****.*

1) Il gelato italiano	La moda	....
2) Un ragazzo francese	Una ragazza	....
3) Un turista spagnolo	Una turista	....
4) Il cinema americano	L'attrice	....
5) Un signore gentile	Una signora	....
6) Un uomo celebre	Una donna	....
7) Il cielo azzurro	La cravatta	....
8) Un problema difficile	Una parola	....
9) Un film interessante	Una storia	....
10) Un bambino felice	Una bambina	....
11) L'esame importante	La notizia	....
12) Un uomo intelligente	Una scrittrice	....
13) Il vestito sporco	La gonna	....
14) L'amico greco	L'amica	....
15) Il colore viola	La camicia	....
16) L'ospedale centrale	La stazione	....
17) Un discorso lungo	Una risposta	....
18) Un giorno particolare	Una serata	....
19) Il regista giapponese	La macchina	....
20) Un verbo facile	Una frase	....
21) Uno scherzo stupido	Una domanda	....
22) Un romanzo famoso	Un'opera	....
23) L'orologio svizzero	La cioccolata	....
24) Il tavolo grande	La cucina	....
25) Un telegramma urgente	Una lettera	....

12 >> *Trasformare gli aggettivi dal singolare al plurale. (regolari e irregolari)*

☑ p. 243

Es. bello → ***belli***
viola → ***viola***

1) prudente	....	7) ideologico	....
2) blu	....	8) liberale	....
3) svedese	....	9) crudele	....
4) cattolica	....	10) barocco	....
5) pari	....	11) rosa	....
6) atletico	....	12) marcia	....
13) universale	....	19) tipico	....
14) entusiasta	....	20) stanco	....
15) locale	....	21) marrone	....
16) invidioso	....	22) omogenea	....
17) lirica	....	23) dispari	....
18) amabile	....	24) romantico	....
25) socialista	....	31) impersonale	....
26) gigantesco	....	32) utopico	....
27) infantile	....	33) antipatico	....
28) caotico	....	34) lilla	....
29) efficiente	....	35) brillante	....
30) sciocco	....	36) nordico	....
37) geniale	....	43) fedele	....
38) elettrico	....	44) etrusco	....
39) comica	....	45) allegra	....
40) rosso-fuoco	....	46) carica	....
41) idealista	....	47) elementare	....
42) incantevole	....	48) psicologico	....

13. >>> *Mettere al plurale gli articoli (determinativi e indeterminativi), i nomi e gli aggettivi (regolari).* ☑ p. 243

Es. La strada stretta ... *strad... strett...* ***Le strade strette.***
Una strada stretta ... *strad... strett...* ***Delle strade strette.***

1) Lo studente inglese ...... student... ingles...
2) Un appartamento nuovo ...... appartament... nuov...
3) Un medico bravo ...... medic... brav...
4) Un'automobile veloce ...... automobil... veloc...
5) Un quadro prezioso ...... quadr... prezios...

6) La penna rossa ...... penn... ross...
7) Un aeroporto grande ...... aeroport... grand...
8) Il ristorante caro ...... ristorant... car...
9) Una ragazza bella ...... ragazz... bell...
10) Un fiore giallo ...... fior... giall...

11) L'articolo interessante ...... articol... interessant...
12) L'occhio azzurro ...... occh... azzurr...
13) Una lingua facile ...... lingu... facil...
14) Un esercizio difficile ...... eserciz... difficil...
15) L'anno prossimo ...... ann... prossim...

16) Un insegnante gentile ...... insegnant... gentil...
17) Un'insegnante gentile ...... insegnant... gentil...
18) Una ragazza intelligente ...... ragazz... intelligent...
19) Il bicchiere pieno ...... bicchier... pien...
20) Una cena speciale ...... cen... special...

21) Una persona educata ...... person... educat...
22) La luce accesa ...... luc... acces...
23) Il negozio chiuso ...... negoz... chius...
24) Il libro migliore ...... libr... miglior...
25) La borsa pesante ...... bors... pesant...

14. >>>> *Mettere al plurale gli articoli (determinativi e indeterminativi), i nomi e gli aggettivi (regolari e irregolari).* ☑ p. 243

Es. La scarpa bianca .... ***Le scarpe bianche.***
Una scarpa bianca .... ***Delle scarpe bianche.***

1) Il vestito grigio ....
2) La città antica ....
3) Una giacca marrone ....
4) Il tavolo lungo ....
5) L'uomo vecchio ....

6) L'esercizio facile ....
7) Un'amica tedesca ....
8) Un'università americana ....
9) Una zuppa inglese ....
10) Un turista giapponese ....

11) Un pianista bravo ....
12) Un amico simpatico ....
13) L'autobus pieno ....
14) Uno spettacolo divertente ....
15) Un film interessante ....

16) Il mobile antico ....
17) Una bibita fresca ....
18) Un bar elegante ....
19) Un pesce fresco ....
20) Il caffè amaro ....

21) Un problema difficile ....
22) Il parco centrale ....
23) Un lago artificiale ....
24) Un panorama stupendo ....
25) L'opera lirica ....

Test 1 >

Scegliere la frase giusta.

☑ p. 243

1. a. Ieri ho comprato un bel libro di poesie. ☐
   b. Ieri ho comprato il bel libro di poesie. ☐

2. a. Abbiamo fatto una festa con le mie amici. ☐
   b. Abbiamo fatto una festa con le mie amiche. ☐

3. a. La signora è molto gentile. ☐
   b. La signora è molto gentila. ☐

4. a. Vorrei le banane, per favore. ☐
   b. Vorrei delle banane, per favore. ☐

5. a. Mi piacerebbe molto guidare un camion. ☐
   b. Mi piacerebbe molto guidare un camione. ☐

6. a. La mia casa è molto granda. ☐
   b. La mia casa è molto grande. ☐

7. a. Non avevo mai visto un panorama così bello. ☐
   b. Non avevo mai visto una panorama così bella. ☐

8. a. Lo zio di Piero è un' uomo molto simpatico. ☐
   b. Lo zio di Piero è un uomo molto simpatico. ☐

9. a. Abbiamo visto un bel film di Luchino Visconti. ☐
   b. Abbiamo visto il bel film di Luchino Visconti. ☐

10. a. Bella questa giacca marrona che hai comprato! ☐
    b. Bella questa giacca marrone che hai comprato! ☐

Test 2 >>

Scegliere la frase giusta. ☑ p. 243

1. a. Mio padre ha la passione delle automobile veloci. ☐
   b. Mio padre ha la passione delle automobili veloci. ☐
   c. Mio padre ha la passione delle automobile veloce. ☐
2. a. Stamattina è arrivata una telegramma urgenta. ☐
   b. Stamattina è arrivato un telegrammo urgente. ☐
   c. Stamattina è arrivato un telegramma urgente. ☐
3. a. Questo pianista è veramente bravo. ☐
   b. Questo pianisto è veramente bravo. ☐
   c. Questa pianista è veramente bravo. ☐
4. a. In Sicilia si producono aranci molto buoni. ☐
   b. In Sicilia si producono aranci molto buone. ☐
   c. In Sicilia si producono arance molto buone. ☐
5. a. Mia sorella fa il psicologa in un ospedale. ☐
   b. Mia sorella fa la psicologo in un ospedale. ☐
   c. Mia sorella fa la psicologa in un ospedale. ☐
6. a. Si tratta di un problema gravo. ☐
   b. Si tratta di una problema grava. ☐
   c. Si tratta di un problema grave. ☐
7. a. Sergio è proprio la persona giusta per te. ☐
   b. Sergio è proprio una persona giusta per te. ☐
   c. Sergio è proprio il persona giusta per te. ☐
8. a. Roma e Milano sono due grande città. ☐
   b. Roma e Milano sono due grandi città. ☐
   c. Roma e Milano sono due grande citté. ☐
9. a. Non amo il zucchero nel caffè. ☐
   b. Non amo lo zucchero nel caffè. ☐
   c. Non amo gli zuccheri nel caffè. ☐
10. a. Gli studenti sono andati a fare una gita. ☐
    b. I studenti sono andati a fare una gita. ☐
    c. Le studenti sono andati a fare una gita. ☐

Test 3 >>>

Scegliere la frase giusta. ☑ p. 243

1. a. In questo periodo ci sono molti film interessante. ☐
   b. In questo periodo ci sono molti films interessanti. ☐
   c. In questo periodo ci sono molti filmi interessanti. ☐
   d. In questo periodo ci sono molti film interessanti. ☐
2. a. Mio fratello ha frequentato tre università diversi. ☐
   b. Mio fratello ha frequentato tre universitè diverse. ☐
   c. Mio fratello ha frequentato tre università diverse. ☐
   d. Mio fratello ha frequentato tre universitè diversi. ☐
3. a. Questa è una situazione molto trista. ☐
   b. Questa è una situazione molto triste. ☐
   c. Questa è una situazione molta triste. ☐
   d. Questa è una situaziona molto triste. ☐
4. a. Il vento mi ha fatto venire le labbra secche. ☐
   b. Il vento mi ha fatto venire i labbri secchi. ☐
   c. Il vento mi ha fatto venire le labbre secche. ☐
   d. Il vento mi ha fatto venire le labbra secca. ☐
5. a. Hai lasciato tutti i luci di casa accesi. ☐
   b. Hai lasciato tutte le luce di casa accese. ☐
   c. Hai lasciato tutte le luci di casa accese. ☐
   d. Hai lasciato tutte le luci di casa accesi. ☐
6. a. Non tutti gli spagnoli amano la corrida. ☐
   b. Non tutti i spagnoli amano la corrida. ☐
   c. Non tutti le spagnoli amano la corrida. ☐
   d. Non tutti spagnoli amano la corrida. ☐
7. a. Sono due città grande e antiche. ☐
   b. Sono due cittè grandi e antiche. ☐
   c. Sono due città grandi e antichi. ☐
   d. Sono due città grandi e antiche. ☐
8. a. Non ascoltare quei ragazzi: sono dei stupidi. ☐
   b. Non ascoltare quegli ragazzi: sono degli stupidi. ☐
   c. Non ascoltare quei ragazzi: sono degli stupidi. ☐
   d. Non ascoltare quelli ragazzi: sono dei stupidi. ☐

Test 4 >>>>

Scegliere la frase giusta.

☑ p. 244

1. a. Non ho mai visto delle mane belle come le tue. ☐
   b. Non ho mai visto delle mani belli come i tuoi. ☐
   c. Non ho mai visto dei mani belli come i tuoi. ☐
   d. Non ho mai visto delle mani belle come le tue. ☐
   e. Non ho mai visto delle mani belli come le tue. ☐

2. a. La pazienta ha avuto molte crisi nervose. ☐
   b. La paziente ha avuto molti crisi nervosi. ☐
   c. La paziente ha avuto molte crise nervose. ☐
   d. La pazienta ha avuto molti crisi nervosi. ☐
   e. La paziente ha avuto molte crisi nervose. ☐

3. a. I studi di Federica vanno molto bene. ☐
   b. Gli studii di Federica vanno molto bene. ☐
   c. I studi di Federica vanno molti bene. ☐
   d. Gli studi di Federica vanno molti beni. ☐
   e. Gli studi di Federica vanno molto bene. ☐

4. a. In questi ospedale lavorano ottimi chirurgi. ☐
   b. In queste ospedali lavorano ottimi chirurghi. ☐
   c. In questi ospedali lavorano ottimi chirurgi. ☐
   d. In queste ospedale lavorano ottimi chirurghi. ☐
   e. In questi ospedali lavorano ottimi chirurghi. ☐

5. a. Non mi sono mai piaciuti i uovi. ☐
   b. Non mi sono mai piaciuti le uove. ☐
   c. Non mi sono mai piaciute le uova. ☐
   d. Non mi sono mai piaciute la uova. ☐
   e. Non mi sono mai piaciuti gli uovi. ☐

6. a. Qual è il tuo programma preferito? ☐
   b. Qual è la tua programma preferita? ☐
   c. Qual è lo tuo programma preferita? ☐
   d. Qual è la tua programma preferito? ☐
   e. Qual è il tuo programmo preferito? ☐

7. a. Siete tutte studente molto intelligenti. ☐
   b. Siete tutte studentesse molte intelligenti. ☐
   c. Siete tutte studente molto intelligenti. ☐
   d. Siete tutte studentesse molto intelligente. ☐
   e. Siete tutte studentesse molto intelligenti. ☐

8. a. Non sopporto questo clima così umida. ☐
   b. Non sopporto questa clima così umida. ☐
   c. Non sopporto questi clima così umidi. ☐
   d. Non sopporto queste clime così umide. ☐
   e. Non sopporto questi climi così umidi. ☐

9. a. Le piogge dei ultimi giorni mi hanno depresso. ☐
   b. Le pioggie degli ultimi giorni mi hanno depresso. ☐
   c. La piogga degli ultimi giorni mi ha depresso. ☐
   d. Le piogge degli ultimi giorni mi hanno depresso. ☐
   e. La pioggia dei ultimi giorni mi ha depresso. ☐

10. a. Mi piacciono molto i sport acquatici. ☐
    b. Mi piacciono molto le sport acquatiche. ☐
    c. Mi piacciono molto gli sports acquatici. ☐
    d. Mi piacciono molto gli sport acquatici. ☐
    e. Mi piacciono molto sport acquatici. ☐

11. a. La signora è una famosa poeta contemporanea. ☐
    b. Il signore è un famoso poeto contemporaneo. ☐
    c. La signora è una famosa poetrice contemporanea. ☐
    d. Il signore è il famoso poeta contemporaneo. ☐
    e. La signora è una famosa poetessa contemporanea. ☐

12. a. Questo chitarrista ha fatto studi classici. ☐
    b. Questa chitarrista ha fatto studi classichi. ☐
    c. Questo chitarrista ha fatto studii classici. ☐
    d. Questa chitarrista ha fatto studi classicii. ☐
    e. Questo chitarristo ha fatto studi classici. ☐

II
I possessivi e i dimostrativi

> Esercizi facili >
1-4

>> Esercizi medi >>
2-5-6

>>> Esercizi difficili >>>
3-7

>>>> Esercizi molto difficili >>>>
-

II. I possessivi e i dimostrativi

1. > *Trasformare dal singolare al plurale e dal plurale al singolare, scegliendo il giusto possessivo.* ☑ p. 244

Es. Il mio cane → ***i miei cani***
Le mie case → ***la mia casa***

1) La sua risposta ....
2) Il vostro giornale ....
3) I miei ospiti ....
4) Le mie sorelle ....
5) Le tue parole ....

6) Suo nonno ....
7) Vostra zia ....
8) I loro zii ....
9) Il mio amico ....
10) Nostra madre ....

11) Le vostre intenzioni ....
12) I suoi colleghi ....
13) La mia idea ....
14) I nostri incontri ....
15) I vostri cugini ....

16) Il tuo gatto ....
17) Le sue mani ....
18) La tua chiave ....
19) Il loro invito ....
20) Il nostro vicino ....

21) I tuoi scherzi ....
22) La loro camera ....
23) Le nostre possibilità ....
24) Le loro lettere ....
25) I miei fratellini ....

II. I possessivi e i dimostrativi

2. >> *Trasformare le frasi seguenti, trovando il giusto possessivo.* ☑ p. 244

Es. La frase di Giampiero → **La sua frase**
I libri di Annamaria → ***I suoi libri***

1) L'appartamento di Letizia e Marco ....
2) La cartella di Caterina ....
3) La nonna di Marcello ....
4) I cappotti degli ospiti ....
5) La camera di mia sorella ....

6) La classe di Giovanni ....
7) Il fratello di Luca ....
8) L'automobile dei tuoi amici ....
9) Le sorelle di Lucia e Piero ....
10) La musica di Puccini ....

11) La gentilezza della segretaria ....
12) La casa dei nonni ....
13) I posti di voi due, ragazzi ....
14) L'ufficio del direttore ....
15) La nomina del Presidente ....

16) Le ricette di mia madre ....
17) I racconti di Monica ....
18) Il cane dei vicini ....
19) La moglie di Luigi ....
20) La bravura del cantante ....

21) Le lettere del mio fidanzato ....
22) I quadri di nostro padre ....
23) La foto di me e mia sorella ....
24) I soldi di tuo zio ....
25) Le opere di Donatello ....

3. >>> *Inserire nelle frasi seguenti il giusto possessivo.* ☑ p. 244

Es. Elena, posso usare ... dizionario? ... l'ho lasciato a casa.
Elena, posso usare ***il tuo*** *dizionario?* ***Il mio*** *l'ho lasciato a casa.*

1) .... moglie dice sempre che dovrei aiutarla di più nei lavori domestici. 2) Ho incontrato Lisa e Gino con .... due bambini. Non sapevo che avessero due gemelli. 3) Signor Martini, può ripetermi .... indirizzo, per favore? Non ho sentito bene. 4) Francesca, ho saputo che .... sorella è stata operata. Come sta adesso? 5) Scusi, signora, posso dare un'occhiata al .... giornale? 6) Ragazzi, dove sono .... genitori? Ho bisogno di parlare con loro. 7) Mi piace molto festeggiare .... compleanno e quel giorno faccio sempre una festa con tutti .... amici. 8) Io ho un fratello e una sorella. .... sorella è più piccola di me e somiglia molto a .... padre, mentre .... fratello è il ritratto di .... nonno. 9) Lui si pente spesso delle .... azioni, ma non fa nulla per cambiare .... brutto carattere. 10) Dottor Cecchi, ... idee sono molto interessanti, ma ho paura che .... modo di presentarle faccia venire un gran sonno agli studenti che l'ascoltano.

11) Mi dispiace Sergio, ma .... scuse arrivano troppo tardi. 12) Di nuovo non trovi più .... occhiali? È mai possibile che tu riesca sempre a perderli? 13) Ieri sono andata a trovare Maurizio nel .... nuovo ufficio e così ho conosciuto .... segretaria. Non sapevo che fosse così carina. 14) Cari amici, vi ringrazio per .... comprensione. .... parole sono di grande aiuto per me. 15) Da quando Paul è venuto in Italia, ha cambiato tutte .... abitudini. 16) Pino ha fatto .... studi di medicina all'Università di Padova. 17) Che cosa ti ha regalato .... fidanzato per la festa di San Valentino? 18) Quando eravamo piccoli io e Donato, ... fratello maggiore, giocavamo sempre insieme a guardie e ladri. La domenica, poi, quando c'erano anche .... cugini Andrea e Stefano, facevamo una gran confusione. 19) Secondo me i cani sono .... migliori amici. Per questo dobbiamo amarli molto. 20) Marisa, questa volta non portare con te quel .... amico che parla sempre di sé e dei .... problemi.

II. I possessivi e i dimostrativi

4. > *Inserire il giusto dimostrativo singolare (questo, questa, quest') e plurale (questi, queste).* ☑ p. 244

Es. .... *cane* ....
questo *cane* → **questi cani**

1) .... scherzo ....
2) .... paese ....
3) .... pesce ....
4) .... arancia ....
5) .... anello ....

6) .... orario ....
7) .... appartamento ....
8) .... assegno ....
9) .... stanza ....
10) .... indirizzo ....

11) .... pesca ....
12) .... sciarpa ....
13) .... cartolina ....
14) .... sciopero ....
15) .... montagna ....

16) .... dolce ....
17) .... occhio ....
18) .... banca ....
19) .... quadro ....
20) .... insegnante ....

21) .... ufficio ....
22) .... esame ....
23) .... zio ....
24) .... biglietto ....
25) .... film ....

5. >> *Inserire il giusto dimostrativo singolare (quel, quello, quella, quell') e plurale (quei, quegli, quelle).* ☑ p. 244

Es. .... *cane* ....

quel *cane* → **quei cani**

1) .... autobus ....
2) .... ragazza ....
3) .... giornalista ....
4) .... caffè ....
5) .... esercizio ....

6) .... regione ....
7) .... uomo ....
8) .... isola ....
9) .... sbaglio ....
10) .... scarpa ....

11) .... idea ....
12) .... pianista ....
13) .... orologio ....
14) .... invito ....
15) .... psichiatra ....

16) .... albergo ....
17) .... città ....
18) .... camion ....
19) .... sciatore ....
20) .... automobile ....

21) .... ristorante ....
22) .... zaino ....
23) .... specchio ....
24) .... zingaro ....
25) .... psicologo ....

6. >> *Completare le frasi seguenti con il giusto dimostrativo.*
(questo, questa, quest' - questi, queste)
(quel, quello, quella, quell' - quei, quegli, quelle) ☑ p. 245

Es. Non amo .... programmi in TV dove si parla solo di calcio.
Non amo ***quei*** *programmi in TV dove si parla solo di calcio.*

Di chi sono .... chiavi? Qualcuno le ha perse?
Di chi sono ***queste*** *chiavi? Qualcuno le ha perse?*

1) Hai visto .... film di cui parlano tutti? Che cosa ne pensi? Ti è piaciuto? 2) Mamma mia, come sono dolci .... biscotti! Non li comprerò mai più. 3) Scusi, potrei vedere .... sci che sono in vetrina? 4) Purtroppo .... settimana dovrò lavorare molto e non potrò uscire neanche una sera. 5) In .... momento ci troviamo nel salone dove l'imperatore riceveva i suoi ospiti. 6) Sai che .... nuova pettinatura ti sta molto bene? 7) Andrea è andato a trovare .... zio appena tornato dall'Australia. 8) L'autobus per la stazione non ferma più qui, ma a .... fermata laggiù. 9) A tutti .... studenti che supereranno .... esame verrà dato uno speciale certificato. 10) Basta! Sono stufo di .... vita! È arrivata l'ora di cambiare! 11) Che cosa fanno tutte .... persone sul marciapiede davanti al cinema? 12) Con .... caldo non ho voglia di fare niente. 13) .... bambino era davvero insopportabile. Non faceva altro che piangere, gridare e lamentarsi. 14) Sta' attento, per favore. .... volta cerca di non sbagliare. 15) Di chi sono .... libri qui sul tavolo? 16) Mi dispiace, ma .... sono problemi vostri e noi non vogliamo entrarci. 17) Non credo a una parola di .... che racconta Giovanni. È uno che dice sempre un sacco di sciocchezze. 18) Dottore, ... signori seduti in quella sala laggiù La stanno aspettando da venti minuti. 19) Beatrice, ti ricordi .... volta che siamo cadute insieme dal motorino? 20) .... che dici non è giusto. Credo che tu abbia completamente torto. 21) Che cos'è .... oggetto che ha in mano, Signora? 22) .... volta non posso fare nulla per te. Devi cavartela da solo, senza il mio aiuto.

7. >>> *Completare le frasi seguenti con il giusto dimostrativo.*
(questo, questa, quest' - questi, queste)
(quel, quello, quella, quell' - quei, quegli, quelle) ☑ p. 245

Es. Non sempre sono d'accordo con .... che dici,
ma .... volta hai proprio ragione.
Non sempre sono d'accordo con ***quello*** *che dici,*
ma ***questa*** *volta hai proprio ragione.*

1) .... due persone sedute a .... tavolo laggiù sono il direttore e sua moglie. 2) Ti piacevano .... stivali che abbiamo visto ieri in .... negozio del centro? Io me li comprerei subito! 3) Che vestito dovrei mettermi per la festa di stasera? .... o .... ? 4) Secondo me stai molto meglio con .... qui sul letto, mentre .... che indossi ha dei colori troppo vivaci. 5) Senti come va bene .... macchina! Sì, è proprio una bella macchina: è uguale a .... di Giorgio. 6) .... è tutto .... che ho da dire. Non so altro, mi dispiace. 7) .... giardino dove ci troviamo è tutto nostro, mentre .... dei nostri vicini comincia da .... alberi che vedete laggiù. 8) Allora, Signora ha scelto fra .... due camicette quale comprare? Non prendo né .... né .... Nessuna delle due mi piace veramente. 9) .... spettacolo di stasera è senza dubbio più bello di .... che abbiamo visto la settimana scorsa. 10) Sì, ... dell'altra volta era meno intenso e mi pareva decisamente molto noioso. 11) Non devi preoccuparti. Alessandra mantiene .... che promette e anche .... volta farà come sempre, vedrai. 12) .... dentista è molto bravo e non è così caro come .... da cui vai tu. Te lo consiglio. 13) Me la ricordo bene .... ragazza: conquistava tutti, con .... capelli rossi e .... occhi verdi. 14) Te lo giuro! .... è la pura verità. Non dare ascolto a .... che dice la gente. Sono solo delle malignità. 15) .... che mi dici serve solo parzialmente a giustificarti, perché penso che in .... caso avesse ragione tua moglie. 16) Ma lo sai che abbiamo sbagliato strada? Non dovevamo girare a .... incrocio qui, ma a .... altro, ... dopo l'ufficio postale.

Test 1 >

Scegliere la frase giusta.

☑ p. 245

1. a. Non mi piace questo tavolo che abbiamo visto. ☐
   b. Non mi piace quel tavolo che abbiamo visto. ☐

2. a. Il tuo cugino è un ragazzo molto simpatico. ☐
   b. Tuo cugino è un ragazzo molto simpatico. ☐

3. a. Questo qui è il libro che usiamo per il corso. ☐
   b. Quello qui è il libro che usiamo per il corso. ☐

4. a. La loro madre è una signora sui trent'anni. ☐
   b. Loro madre è una signora sui trent'anni. ☐

5. a. Questa casa laggiù appartiene ai genitori di Carla. ☐
   b. Quella casa laggiù appartiene ai genitori di Carla. ☐

6. a. Abito ancora con miei genitori. ☐
   b. Abito ancora con i miei genitori. ☐

7. a. Per quella volta ti perdono. ☐
   b. Per questa volta ti perdono. ☐

8. a. Suo ragazzo si chiama Vincenzo. ☐
   b. Il suo ragazzo si chiama Vincenzo. ☐

9. a. Che cosa volevi dire con queste parole? ☐
   b. Che cosa volevi dire con quelle parole? ☐

10. a. Qual è stata la Sua ultima esperienza di lavoro? ☐
    b. Qual è stata Sua ultima esperienza di lavoro? ☐

11. a. Questo che voglio dire è che forse abbiamo sbagliato. ☐
    b. Quello che voglio dire è che forse abbiamo sbagliato. ☐

12. a. Mie sorelle mi hanno regalato un bellissimo orologio ☐
    b. Le mie sorelle mi hanno regalato un bellissimo orologio. ☐

Test 2 >>

Scegliere la frase giusta. ☑ p. 245

1. a. Questo è un vostro problema e non riguarda noi. ☐
   b. Quello è un vostro problema e non riguarda noi. ☐
   c. Questo è vostro problema e non riguarda noi. ☐
2. a. La mia sorella più piccola si chiama Beatrice. ☐
   b. Mia sorella più piccola si chiama Beatrice. ☐
   c. Una mia sorella più piccola si chiama Beatrice. ☐
3. a. Quei stupidi ragazzi non hanno capito niente. ☐
   b. Quelli stupidi ragazzi non hanno capito niente. ☐
   c. Quegli stupidi ragazzi non hanno capito niente. ☐
4. a. Attento, perché quella volta non riuscirai a cavartela! ☐
   b. Attento, perché questa volta non riuscirai a cavartela! ☐
   c. Attento, perché que stavolta non riuscirai a cavartela! ☐
5. a. Il mio fratellino e la mia sorellina sono gemelli. ☐
   b. Il mio fratellino e mia sorellina sono gemelli. ☐
   c. Mio fratellino e mia sorellina sono gemelli. ☐
6. a. Lo vedi quello albero lassù sulla collina? ☐
   b. Lo vedi questo albero lassù sulla collina? ☐
   c. Lo vedi quell'albero lassù sulla collina? ☐
7. a. Devo dire che non mi piace né questo, né questo. ☐
   b. Devo dire che non mi piace né quello, né questo. ☐
   c. Devo dire che non mi piace né questo, né quello. ☐
8. a. Laura e suo marito sono partiti per le vacanze. ☐
   b. Laura e il suo marito sono partiti per le vacanze. ☐
   c. Laura e sua marito sono partiti per le vacanze. ☐
9. a. Ti ricordi quella ragazza che faceva il corso con noi? ☐
   b. Ti ricordi questa ragazza che faceva il corso con noi? ☐
   c. Ti ricordi sta ragazza che faceva il corso con noi? ☐
10. a. Loro nonna va ancora in bicicletta, malgrado gli anni. ☐
    b. La lora nonna va ancora in bicicletta, malgrado gli anni. ☐
    c. La loro nonna va ancora in bicicletta, malgrado gli anni. ☐

Test 3 >>>

Scegliere la frase giusta.

☑ p. 245

1. a. Come sta quel tuo amico che hai portato alla festa? ☐
   b. Come sta quello tuo amico che hai portato alla festa? ☐
   c. Come sta quel il tuo amico che hai portato alla festa? ☐
   d. Come sta questo tuo amico che hai portato alla festa? ☐

2. a. Mia sorellina è nata dieci anni dopo di me. ☐
   b. La mia sorella è nata dieci anni dopo di me. ☐
   c. La mia sorellina è nata dieci anni dopo di me. ☐
   d. Mie sorelle sono nate dieci anni dopo di me. ☐

3. a. Ma si può sapere che cosa vuole da noi questo qui? ☐
   b. Ma si può sapere che cosa vuole da noi quello qui? ☐
   c. Ma si può sapere che cosa vuole da noi questo lì? ☐
   d. Ma si può sapere che cosa vuole da noi quel lì? ☐

4. a. Non riuscirete mai a farmi vedere quel stupido film! ☐
   b. Non riuscirete mai a farmi vedere quello film! ☐
   c. Non riuscirete mai a farmi vedere quello stupido film! ☐
   d. Non riuscirete mai a farmi vedere quell'stupido film! ☐

5. a. Quell'amico del mio fratello maggiore si è sposato ieri. ☐
   b. Questo amico di mio fratello maggiore si è sposato ieri. ☐
   c. Quest'amico del mio fratello si è sposato ieri. ☐
   d. Quell'amico di mio fratello maggiore si è sposato ieri. ☐

6. a. Ieri pomeriggio mi ha telefonato la mia madre. ☐
   b. Ieri pomeriggio mi ha telefonato mia mamma. ☐
   c. Ieri pomeriggio mi ha telefonato la mia mamma. ☐
   d. Ieri pomeriggio mi ha telefonato mia madre adottiva. ☐

7. a. Impegnati! Non puoi perdere anche quell'occasione. ☐
   b. Impegnati! Non puoi perdere anche quel' occasione. ☐
   c. Impegnati! Non puoi perdere anche queste occasione. ☐
   d. Impegnati! Non puoi perdere anche quest'occasione. ☐

8. a. Il mio simpatico fratello mi ha fatto una sorpresa. ☐
   b. Mio simpatico fratello mi ha fatto una sorpresa. ☐
   c. Il mio fratello mi ha fatto una sorpresa. ☐
   d. Mio fratellino mi ha fatto una sorpresa. ☐

Test 4 >>>>

Scegliere la frase giusta.

☑ p. 245

1. a. Come si chiama questo tuo cugino che mi hai presentato? ☐
   b. Come si chiama quel il tuo cugino che mi hai presentato? ☐
   c. Come si chiama quello tuo cugino che mi hai presentato? ☐
   d. Come si chiama questo il tuo cugino che mi hai presentato? ☐
   e. Come si chiama quel tuo cugino che mi hai presentato? ☐

2. a. Quegli anni sono stati i nostri anni migliori. Ti ricordi? ☐
   b. Quei anni sono stati i nostri anni migliori. Ti ricordi? ☐
   c. Questi anni sono stati i nostri anni migliori. Ti ricordi? ☐
   d. Quegli anni sono stati nostri anni migliori. Ti ricordi? ☐
   e. Quest'anni sono stati i nostri anni migliori. Ti ricordi? ☐

3. a. Suo papà non lo lasciava mai uscire il sabato sera. ☐
   b. Il suo padre non lo lasciava mai uscire il sabato sera. ☐
   c. Il suo papà non lo lasciava mai uscire il sabato sera. ☐
   d. Suo babbo non lo lasciava mai uscire il sabato sera. ☐
   e. Suo severo padre non lo lasciava mai uscire il sabato sera. ☐

4. a. Quegli discorsi mi annoiavano profondamente. ☐
   b. Quei strani discorsi mi annoiavano profondamente. ☐
   c. Questi discorsi mi annoiavano profondamente. ☐
   d. Quegli strani discorsi mi annoiavano profondamente. ☐
   e. Quelli strani discorsi mi annoiavano profondamente. ☐

5. a. Tuoi zii sono quelli seduti su quel divano in fondo alla sala? ☐
   b. I tuoi zii sono questi seduti su quel divano in fondo alla sala? ☐
   c. I tuoi zii sono quelli seduti su questo divano in fondo alla sala? ☐
   d. Tuoi zii sono questi seduti su quel divano in fondo alla sala? ☐
   e. I tuoi zii sono quelli seduti su quel divano in fondo alla sala? ☐

6. a. Questo mio lavoro è la vera grande passione della mia vita. ☐
   b. Quel mio lavoro è la vera grande passione della mia vita. ☐
   c. Quello mio lavoro è la vera grande passione di mia vita. ☐
   d. Questo mio lavoro è la vera grande passione di mia vita. ☐
   e. Quel mio lavoro è la vera grande passione di mia vita. ☐

III
I gradi di comparazione

> Esercizi facili >
1-4

>> Esercizi medi >>
2

>>> Esercizi difficili >>>
3

>>>> Esercizi molto difficili >>>>
5

III. I gradi di comparazione

1. > *Completare i gradi di comparazione. (maggioranza e minoranza)* ☑ p. 245

Es. Mia sorella è ..... giovane ..... tuo fratello.
*Mia sorella è **più** / **meno** giovane **di** tuo fratello.*

1) L'oro è .... prezioso .... argento. 2) La mia macchina è .... veloce .... tua. 3) La vita in campagna è .... sana .... vita in città. 4) Vivere in campagna è .... sano .... vivere in città. 5) Firenze è .... piccola .... Roma. 6) Il lavoro che fa Angelo è .... interessante .... mio. 7) Mio marito è molto .... geloso .... me. 8) Il letto che ho comprato è .... bello .... comodo. 9) La Svizzera è .... piccola .... Italia. 10) Il nonno dice che fumare la pipa fa .... male .... fumare le sigarette. 11) Secondo me questo spettacolo è .... famoso .... bello. 12) Il vino rosso è .... forte .... quello bianco.

2. >> *Completare i gradi di comparazione. (maggioranza, minoranza e uguaglianza)* ☑ p. 245

Es. Mia sorella è ..... giovane ..... tuo fratello.
*Mia sorella è **più** / **meno** giovane **di** tuo fratello.*

Mia sorella è giovane ..... tuo fratello.
*Mia sorella è giovane **quanto** / **come** tuo fratello.*

1) Questo esercizio è .... difficile .... prossimo. 2) Ti sconsiglio questo libro di R. È .... interessante .... precedente. 3) La signora Cristina è molto .... disponibile e gentile .... marito. 4) Teniamo questo mobile .... per ricordo .... per la sua utilità. 5) Mi dispiace dirti che tua sorella ha un carattere .... bello .... tuo. 6) Sembra che le uova siano nutrienti .... la carne. 7) I semplici fiori di campo a volte sono .... profumati .... belli. 8) Preferisco andare in bicicletta, perché è .... inquinante .... andare in macchina. 9) Quelle due sorelle si somigliano molto. L'una è bella .... l'altra. 10) In un caso come questo sarei .... ottimista .... pessimista. 11) Per me il nuovo ragazzo di Monica è .... simpatico .... bello. 12) Il gatto è un animale .... indipendente .... cane. 13) Per me l'estate è bella .... la primavera. 14) Firenze è .... estesa .... Roma.

3. >>> *Completare i gradi di comparazione.*
(maggioranza, minoranza e uguaglianza) ☑ p. 245

Es. Mia sorella è ..... giovane ..... tuo fratello.
Mia sorella è ***più*** */* ***meno*** *giovane* ***di*** *tuo fratello.*

Mia sorella è giovane ..... tuo fratello.
Mia sorella è giovane ***quanto*** */* ***come*** *tuo fratello.*

1) Signora, il vestito che sta provando è .... caro .... quello che ha visto in vetrina. 2) I treni che usiamo oggi sono molto .... veloci .... quelli di una volta. 3) Quell'attrice è diventata famosa .... per la sua bellezza .... per la sua bravura. 4) Dicono che sia .... sano bere tè .... caffè, ma a me non piace. 5) Questo ragazzo è .... intelligente .... quanto credessi. 6) Povero Alfredo! Non gliene va mai bene una! Secondo me è .... sfortunato .... incapace. 7) A mio marito piace .... il mare .... la montagna, così lascia sempre decidere a me dove andare. 8) Mangiare spesso al ristorante è .... sano e .... costoso .... a casa. 9) Matteo è .... interessato al cinema .... al teatro e ci va almeno una volta alla settimana. 10) Mio fratello Giacomo è sempre stato .... bravo .... me a scuola: prendeva sempre voti .... alti .... miei. 11) Hanno comprato una casa in periferia, perché era .... cara .... quella che avevano visto in centro. 12) Il lino è fresco .... il cotone: sono tutti e due tessuti adatti per l'estate. 13) Questo vestito è troppo elegante. È .... adatto per un matrimonio .... per una festa da ballo. 14) Bello il tuo nuovo appartamento! È molto .... spazioso e luminoso .... mio.

4. > *Mettere il superlativo assoluto.* ☑ p. 245

Es. bello → ***bellissimo***

fresco	....	stupido	....	noioso	....
vivace	....	antico	....	stanco	....
triste	....	felice	....	piccolo	....
utile	....	grande	....	strano	....

5. >>>> *Completare i gradi di comparazione, i superlativi relativi e i superlativi assoluti.* ☑ p. 245

Es. L'Italia è ...... piccola ...... Francia.
L'Italia è ***più*** *piccola* ***della*** *Francia.*

È ... film ..... bello che io abbia mai visto.
È ***il*** *film* ***più*** *bello che io abbia mai visto.*

Questo piatto è molto buono: è ....
Questo piatto è molto buono: è ***buonissimo****.*

1) Questa è davvero .... cosa .... stupida che tu potessi dire in un momento così. 2) L'anno scorso Marco aveva proprio perso la testa per Lisa: era (innamorato) .... 3) Armando, Fabio e Renato hanno chiesto di sposarmi, ma io sono molto indecisa perché Fabio è .... ricco .... Armando, ma Armando è .... bello .... Renato, che però è .... interessante .... altri due. Tutti e tre sono carini: l'uno è simpatico .... gli altri, ma probabilmente io sono .... divertita .... innamorata. 4) La radio trasmette .... canzoni .... in voga del momento. 5) In questo bar si beve .... caffè .... buono di tutta la città. 6) Quando conoscerai la mia ragazza ti renderai conto che è (simpatica) .... 7) Sei proprio sicura che questa sia .... strada .... breve per la stazione? 8) Questa è .... estate .... calda che si ricordi negli ultimi anni. 9) Il mio computer è molto .... potente .... tuo. 10) Ieri non c'era nessuno per le strade, perché era (freddo) .... 11) Che idea fantastica! È .... che si potesse avere. 12) Il vino di quest'anno è .... quello dell'anno scorso, perché ha piovuto durante tutto il mese di ottobre. 13) Noi abbiamo due figli: .... ha dieci anni e .... ne ha sei. 14) Ieri sera non siamo potuti entrare al cinema perché era (affollato) .... 15) Era ...... panorama .... spettacolare che io avessi mai visto. 16) Leggo sempre il giornale e quindi sono .... informato .... te. 17) Come sta tuo padre? Purtroppo la situazione si è aggravata: sta .... prima. 18) È .... persona .... disponibile che abbia mai conosciuto.

Test 1 >

Scegliere la frase giusta. ☑ p. 246

1. a. Stefano è più alto che Maria. ☐
   b. Stefano è più alto di Maria. ☐

2. a. Il mio professore è più bravo del tuo. ☐
   b. Il mio professore è più bravo che il tuo. ☐

3. a. Questa macchina è più comoda che veloce. ☐
   b. Questa macchina è più comoda di veloce. ☐

4. a. Quella ragazza è tanto bella quanto antipatica. ☐
   b. Quella ragazza è quanto bella tanto antipatica. ☐

5. a. Scrivere in italiano è meno facile che parlare. ☐
   b. Scrivere in italiano è meno facile di parlare. ☐

6. a. Il mio appartamento è più caro di bello. ☐
   b. Il mio appartamento è più caro che bello. ☐

7. a. L'Italia è più piccola della Germania. ☐
   b. L'Italia è più piccola che la Germania. ☐

8. a. Dire la verità è più conveniente che mentire. ☐
   b. Dire la verità è più conveniente di mentire. ☐

9. a. Quel vestito è più elegante di sportivo. ☐
   b. Quel vestito è più elegante che sportivo. ☐

10. a. Preferisco restare a casa di passeggiare con loro. ☐
    b. Preferisco restare a casa che passeggiare con loro. ☐

11. a. Lui è molto più giovane di lei. ☐
    b. Lui è molto più giovane che lei. ☐

12. a. Con questo tempo è più prudente stare a casa che uscire. ☐
    b. Con questo tempo è più prudente stare a casa di uscire. ☐

Test 2 >>

Scegliere la frase giusta. ☑ p. 246

1. a. Questa fotografia è meno bella di quella. ☐
   b. Questa fotografia è meno bella che quella. ☐
   c. Questa fotografia è meno bella come quella. ☐
2. a. Paola è meno giovane che io. ☐
   b. Paola è meno giovane di me. ☐
   c. Paola è meno giovane come me. ☐
3. a. Nella nostra scuola ci sono più ragazze come ragazzi. ☐
   b. Nella nostra scuola ci sono più ragazze di ragazzi. ☐
   c. Nella nostra scuola ci sono più ragazze che ragazzi. ☐
4. a. Ho sempre preferito bere vino che birra. ☐
   b. Ho sempre preferito bere vino più di birra. ☐
   c. Ho sempre preferito bere vino di birra. ☐
5. a. Questa giacca è molto più bella che quella. ☐
   b. Questa giacca è molto più bella di quella. ☐
   c. Questa giacca è molto più bella quanto quella. ☐
6. a. C'è più confusione nella tua stanza che nella mia. ☐
   b. C'è più confusione nella tua stanza della mia. ☐
   c. C'è più confusione nella tua stanza di la mia. ☐
7. a. Ivano è un uomo più affascinante come bello. ☐
   b. Ivano è un uomo più affascinante di bello. ☐
   c. Ivano è un uomo più affascinante che bello. ☐
8. a. Studiare è spesso faticoso come lavorare. ☐
   b. Studiare è spesso tanto faticoso che lavorare. ☐
   c. Studiare è spesso tanto faticoso di lavorare. ☐
9. a. Il tuo lavoro è tanto faticoso come dispersivo. ☐
   b. Il tuo lavoro è tanto faticoso quanto dispersivo. ☐
   c. Il tuo lavoro è faticoso come dispersivo. ☐
10. a. Questa lettera è più urgente che quella. ☐
    b. Questa lettera è più urgente di quella. ☐
    c. Questa lettera è tanto urgente che quella. ☐

Test 3 >>>

Scegliere la frase giusta. ☑ p. 246

1. a. Lucia è più alta che i suoi compagni di scuola. ☐
   b. Lucia è più alta dei suoi compagni di scuola. ☐
   c. Lucia è la più alta di suoi compagni di scuola. ☐
   d. Lucia è la più alta che i suoi compagni di scuola. ☐

2. a. Loro mangiano tanta carne come pesce. ☐
   b. Loro mangiano molta carne quanti pesci. ☐
   c. Loro mangiano tanta carne quanto pesce. ☐
   d. Loro mangiano molta carne come pesce. ☐

3. a. Mio fratello è il più bravo di me in matematica. ☐
   b. Mio fratello è più bravo di me in matematica. ☐
   c. Mio fratello è più bravo che io in matematica. ☐
   d. Mio fratello è il più bravo che io in matematica. ☐

4. a. È meglio studiare di mattina della sera. ☐
   b. È più meglio studiare la mattina che la sera. ☐
   c. È meglio studiare la mattina quanto la sera. ☐
   d. È meglio studiare la mattina che la sera. ☐

5. a. Elena è la più bella ragazza che io abbia conosciuto. ☐
   b. Elena è più bella ragazza che io abbia conosciuto. ☐
   c. Elena è la bellissima ragazza che io abbia conosciuto. ☐
   d. Elena è la più bellissima ragazza che io abbia conosciuto. ☐

6. a. Angelo è più ricco che io e tu messi insieme. ☐
   b. Angelo è più ricco di me e te messi insieme. ☐
   c. Angelo è più ricco di me e tu messi insieme. ☐
   d. Angelo è più ricco di io e tu messi insieme. ☐

7. a. Questa volta sono stato più fortunato di sé. ☐
   b. Questa volta sono stato più fortunato che lui. ☐
   c. Questa volta sono stato più fortunato che sé. ☐
   d. Questa volta sono stato più fortunato di lui. ☐

8. a. Secondo me tua moglie ha un carattere migliore del tuo. ☐
   b. Secondo me tua moglie ha un carattere meglio del tuo. ☐
   c. Secondo me tua moglie ha un carattere migliore che il tuo. ☐
   d. Secondo me tua moglie ha un carattere meglio che il tuo. ☐

Test 4 >>>>

Scegliere la frase giusta. ☑ p. 246

1. a. Sai che la moglie di Lorenzo è una donna riccissima? ☐
   b. Sai che la moglie di Lorenzo è una donna la più ricca? ☐
   c. Sai che la moglie di Lorenzo è una donna ricchissima? ☐
   d. Sai che la moglie di Lorenzo è la donna la più ricca? ☐
   e. Sai che la moglie di Lorenzo è una donna la più ricca? ☐

2. a. Questo lavoro è quanto faticoso tanto gratificante. ☐
   b. Questo lavoro è tanto faticoso quanto gratificante. ☐
   c. Questo lavoro è molto faticoso quanto gratificante. ☐
   d. Questo lavoro è così faticoso quanto gratificante. ☐
   e. Questo lavoro è così faticoso tanto gratificante. ☐

3. a. La tua invenzione si rivelerà tantissimo utile. ☐
   b. La tua invenzione si rivelerà moltissimo utile. ☐
   c. La tua invenzione si rivelerà la più utile. ☐
   d. La tua invenzione si rivelerà molta utile. ☐
   e. La tua invenzione si rivelerà utilissima. ☐

4. a. Quel libro è meno caro che pensassi. ☐
   b. Quel libro è meno caro di quanto pensassi. ☐
   c. Quel libro è meno caro come pensassi. ☐
   d. Quel libro è meno caro di come pensassi. ☐
   e. Quel libro è così meno caro di quanto pensassi. ☐

5. a. Silvana è la più allegra dei tutti i miei amici. ☐
   b. Silvana è più allegra che tutti i miei amici. ☐
   c. Silvana è la più allegra che tutti i miei amici. ☐
   d. Silvana è la più allegra di tutti i miei amici. ☐
   e. Silvana è più allegra quanto tutti i miei amici. ☐

6. a. Il negozio dove vado io è meno caro di quello dove vai tu. ☐
   b. Il negozio dove vado io è il meno caro di quello dove vai tu. ☐
   c. Il negozio dove vado io è meno caro che quello dove vai tu. ☐
   d. Il negozio dove vado io è il meno caro che quello dove vai tu. ☐
   e. Il negozio dove vado io è meno caro quanto quello dove vai tu. ☐

IV
I verbi

Indicativo

Presente - Imperfetto
Passato prossimo - Passato remoto
Futuro semplice - Futuro composto
Trapassato prossimo - Trapassato remoto

Congiuntivo

Presente - Passato - Imperfetto - Trapassato

Condizionale

Semplice - Composto

Imperativo

Diretto - Indiretto

Gerundio

Semplice - Composto

Infinito

Semplice - Composto

Participio

Presente - Passato

> Esercizi facili >
1-2-3-10-17-18-24-29-38-44-50

>> Esercizi medi >>
4-5-6-11-12-19-25-26-30-31-35-39-40-45-46-51-55-56-57-58-59-62-63-65-66-67-69-70-71

>>> Esercizi difficili >>>
7-8-13-15-20-21-22-23-27-28-32-36-41-42-47-48-49-52-53-54-60-64-68-72

>>>> Esercizi molto difficili >>>>
9-14-16-33-34-37-43-61-73-74-75-76

1. > *Trasformare al singolare o al plurale le frasi seguenti. (Verbi regolari)*

☑ p. 246

Es. (Io) parlo poco l'italiano → *(Noi)* ***parliamo*** *poco l'italiano*
(Noi) impariamo l'italiano → *(Io)* ***imparo*** *l'italiano.*

1) (Lui) entra nella stanza. ....
2) (Voi) prendete un caffè? ....
3) (Noi) apriamo la finestra. ....
4) (Lei) legge molto. ....
5) (Voi) credete a tutto. ....

6) A che ora (tu) cominci a lavorare? ....
7) (Tu) non ascolti mai le notizie. ....
8) Quando (voi) partite per Roma? ....
9) (Io) telefono spesso al mio ragazzo. ....
10) (Lei), signora, dorme poco. ....

11) A che ora (lei) arriva? ....
12) Quante lingue (tu) parli? ....
13) (Loro) guardano sempre la TV. ....
14) (Lui) lavora solo la mattina. ....
15) (Lei) spende troppo. ....

16) (Tu) non ricordi mai il mio nome. ....
17) (Noi) riceviamo molte lettere. ....
18) (Voi) non sentite questo rumore? ....
19) (Loro) offrono la cena a tutti. ....
20) (Io) conosco molta gente. ....

21) (Voi) discutete sempre di politica. ....
22) (Lui) chiude sempre la porta a chiave. ....
23) Perché (voi) correte? ....
24) (Io) preparo spesso la cena. ....
25) Che cosa (tu) disegni? ....

2. > *Trasformare al singolare o al plurale le frasi seguenti.*
(Verbi in -ire, -care, -gare, -ciare, -giare, -iare) ☑ p. 246

Es. (Io) cerco le chiavi di casa → *(Noi)* **cerchiamo** *le chiavi di casa.*
(Voi) finite questo lavoro → *(Tu)* **finisci** *questo lavoro.*

1) A chi (tu) spedisci questo telegramma? ....
2) (Io) non dimentico il suo nome. ....
3) (Noi) preferiamo usare la bicicletta. ....
4) (Voi) cercate un nuovo appartamento. ....
5) (Loro) finiscono di lavorare molto tardi. ....

6) (Noi) giochiamo a carte il sabato sera. ....
7) Di solito (io) mangio molte verdure. ....
8) (Tu) capisci bene l'italiano? ....
9) Questa ditta fabbrica biciclette. ....
10) La lezione finisce a mezzogiorno. ....

11) Quando (voi) cominciate la ricerca? ....
12) (Noi) spieghiamo questa frase. ....
13) (Io) non digerisco bene questo piatto. ....
14) Che cosa significa questa parola? ....
15) (Noi) restituiamo il libro alla biblioteca. ....

16) (Lui) spedisce un pacco in Svizzera. ....
17) Quando (voi) traslocate? ....
18) (Loro) costruiscono una casa al mare. ....
19) (Voi) non pulite mai la stanza. ....
20) (Lui) non reagisce mai alle provocazioni. ....

21) Che lingue (voi) studiate? ....
22) (Io) scio molto bene. ....
23) (Noi) non vi obblighiamo a restare. ....
24) (Noi) garantiamo la qualità del prodotto. ....
25) Perché (tu) non dimagrisci un po'? ....

3. > *Mettere la forma giusta del verbo fra parentesi.*
(Verbi regolari) ☑ p. 246

Es. (Tu-cantare) .... molto bene.
***Canti** molto bene.*

1) Ragazzi, perché (non chiudere) .... la finestra? 2) Quando siamo al bar (lui-pagare) .... sempre per tutti. 3) (Tu-non ascoltare) .... mai quando parlo. 4) Amore, che cosa (tu-desiderare) .... per il tuo compleanno? 5) (Io-non trovare) .... mai un parcheggio vicino a casa. 6) (Loro-vendere) .... la casa di campagna. 7) Ugo (non vivere) .... più in città da molti anni. 8) (Io-non usare) .... quasi mai la macchina in città. 9) Mirella (dipendere) .... completamente dai suoi genitori. 10) Nostro padre dice tutti i giorni che (noi-spendere) .... troppi soldi. 11) (Lui-lavorare) .... in questo settore da molti anni. 12) (Io-non ricordare) .... il nome di quella ragazza bionda. 13) (Noi-aspettare) .... l'autobus già da dieci minuti. 14) (Lui-cambiare) .... la macchina quasi ogni anno. 15) Se siete in ritardo, perché (voi-non chiamare) .... un taxi? 16) Questo treno (non viaggiare) .... nei giorni festivi. 17) Quel ragazzo è un maleducato. (Lui-non salutare) .... mai. 18) Luciano (non parlare) .... a nessuno dei suoi problemi. 19) Annamaria, per favore, (mettere) .... quel disco che mi piace tanto? 20) (Noi-rispettare) .... sempre le opinioni degli altri. 21) La signora Giannetta (portare) .... tutte le mattine i suoi due bambini a scuola. 22) Quell'uomo (credere) .... sempre di avere ragione. 23) (Noi-non conoscere) .... questa città. È nuova per noi. 24) Piero è noioso, perché (ripetere) .... sempre le stesse cose a tutti quelli che (lui-incontrare) .... 25) Mio marito (non perdere) .... mai la pazienza con me, neanche quando (io-alzare) .... la voce.

4. >> *Mettere la forma giusta del verbo fra parentesi.*
(Verbi regolari) ☑ p. 246

Es. A chi (tu-scrivere) .... ?
A chi ***scrivi****?*

1) Piero e Giovanni (cercare) .... un appartamento da diversi mesi, ma (loro-non trovare) .... niente di bello. 2) Il viaggio in aereo da Firenze a Londra (durare) .... solo due ore. 3) Il mio cane (non ubbidire) .... quando (io-chiamarlo) .... 4) Quanto (costare) .... questa Ferrari? 5) Ragazzi, perché (noi-non giocare) .... a nascondino? 6) Signora, Suo figlio (rispondere) .... sempre male ai professori e (lui-non studiare) .... mai abbastanza. 7) In primavera il tempo (cambiare) .... spesso da un giorno all'altro. 8) La prossima settimana (cominciare) .... gli esami dei miei due figli. 9) (Lui-sembrare) .... sempre attento alla lezione, ma in realtà (lui-non ascoltare) .... e (lui-pensare) .... ad altre cose. 10) La legge (proibire) .... di fumare nei locali pubblici. 11) Per migliorare la mia pronuncia (io-leggere) .... spesso ad alta voce. 12) Il Comune (costruire) .... nuove case in collina. 13) Carlo (non riflettere) .... mai abbastanza prima di prendere una decisione molto importante. 14) Signora, sono certa che queste piante (crescere) .... bene anche in appartamento. 15) Anna e Silvio (mangiare) .... ogni giorno cibi troppo pesanti. 16) Loro due (non litigare) .... mai. 17) (Io-preferire) .... non andare alle feste dove (io-non conoscere) .... nessuno. 18) (Loro-gradire) .... qualcosa da bere o da mangiare? 19) Perché ogni tanto (tu-non riordinare) .... la tua stanza? 20) Ho deciso. (io-vendere) .... la macchina e (io-comprare) .... una moto. 21) A che cosa (tu-pensare) .... ? 22) Mio padre da un po' di tempo (non dormire) .... di notte.

5. >> *Trasformare al singolare o al plurale le seguenti frasi. (Verbi irregolari)* ☑ p. 246

Es. (Io) non vengo a cena → (Noi) non ***veniamo*** *a cena.*
(Loro) sanno molte cose → (Lui) ***sa*** *molte cose.*

1) Oggi (noi) usciamo prima dall'ufficio. ....
2) (Lui) non sale mai con l'ascensore. ....
3) (Tu) vieni con me a fare la spesa? ....
4) (Lei) non vuole aiutarmi. ....
5) (Lui) sa suonare bene il pianoforte. ....

6) (Noi) non abbiamo più tempo. ....
7) Che (tu) fai questo fine settimana? ....
8) (Io) devo dare il nostro indirizzo a Elena. ....
9) Qui (tu) non puoi fumare. ....
10) Che cosa (tu) dai da mangiare al gatto? ....

11) (Noi) produciamo articoli in pelle. ....
12) (Io) propongo di partire più tardi. ....
13) (Io) mantengo sempre le promesse. ....
14) Perché (tu) non traduci questa lettera? ....
15) (Lui) sta a Roma da molti anni. ....

16) (Voi) non dite mai bugie? ....
17) (Io) scelgo il vino per la cena di stasera. ....
18) (Loro) tengono sempre la TV accesa. ....
19) (Tu) bevi poca acqua. ....
20) (Io) tolgo il disturbo e (io) vado via. ....

21) (Tu) vai spesso dal parrucchiere? ....
22) (Noi) rimaniamo a casa la domenica. ....
23) (Loro) colgono le ciliege dall'albero. ....
24) (Lei) riesce sempre in tutto. ....
25) (Loro) mi accolgono a braccia aperte. ....

6. >> *Mettere la forma giusta del verbo fra parentesi. (Verbi irregolari)* ☑ p. 247

Es. (Io-non bere) .... mai durante il pranzo.
Non ***bevo*** *mai durante il pranzo.*

1) Stasera (noi-non uscire) ...., perché (fare) .... troppo freddo e (noi-essere) .... molto stanche. 2) (Io-salire) .... le scale a piedi. Non uso mai l'ascensore. 3) Quel pacco (venire) .... dagli Stati Uniti o dal Canada? 4) Se (tu-non stare) .... bene, (tu-dovere) .... restare a letto e non prendere freddo. 5) (Non piacermi) .... le persone che (non dire) .... la verità. Io amo la sincerità. 6) Loro (rimanere) .... ancora sei mesi a studiare in Italia. 7) Marta, dove (tu-andare) .... a quest'ora di notte? 8) Cesare, (tu-potere) .... portare alla festa qualche tua amica? 9) (Io-essere) .... stanca! (Io-volere) .... fermarmi in qualche posto a riposare! 10) (Noi-sapere) .... perfettamente che (avere) .... ragione tuo padre. 11) Tutti gli studenti (tradurre) .... un brano nella loro lingua. 12) Con i loro discorsi quei due ragazzi (riuscire) .... sempre a farmi arrabbiare. 13) Perché (tu-non darmi) .... il tuo indirizzo? 14) In Italia la gente (non bere) .... molta birra come in Germania. 15) I miei genitori (andare) .... sempre d'accordo. 16) Che ne dici se (noi-fare) .... un caffè? 17) Perché (tu-tenere) .... sempre così tante cose nella borsa? 18) Chi (venire) .... con noi alla festa di stasera? (Venire) .... Eva e io. 19) Dormiamo troppo! Domani (noi-dovere) .... alzarci presto! 20) Anna, che cosa (tu-volere) .... mangiare per cena? Niente. (Venire) .... Luigi a prendermi e mangiamo fuori. 21) (Lui-avere) .... pochi interessi. 22) (Io-non sapere) .... mai come comportarmi con quella ragazza.

7. >>> *Mettere la forma giusta del verbo fra parentesi. (Verbi irregolari)* ☑,p. 247

Es. (Noi-dovere) .... partire presto.
Dobbiamo *partire presto.*

1) Questo palazzo (appartenere) .... a una delle più antiche famiglie della città. 2) Dopo tanta fatica e tanti sacrifici finalmente (lui-raccogliere) .... i frutti del suo lavoro. 3) È quello il nuovo marito di Giovanna? (Io-supporre) .... di sì. 4) Quell'uomo (non riuscire) .... a liberarsi del suo brutto passato. 5) (Io-morire) .... dalla voglia di rivederti! 6) Capisci bene che se (io-non cogliere) .... questa occasione adesso, la perderò per sempre. 7) Le guide turistiche (condurre) .... i gruppi nei luoghi più famosi della città. 8) Una dieta attenta e ben equilibrata (ridurre) .... il peso in eccesso, senza troppi sacrifici. 9) Ora che sai tutto, (tu-trarre) .... le tue conclusioni. 10) Laura (non volere) .... sposarsi con Sergio. Sono i suoi genitori che (imporre) .... questo matrimonio. 11) (Loro-scegliere) .... sempre il momento sbagliato per telefonare! 12) Il nuovo direttore (porre) .... delle condizioni troppo dure ai dipendenti. 13) Quando (tu-compiere) .... gli anni? 14) Il nostro professore (dare) .... molta importanza anche alla lingua scritta. 15) Ragazzi, il tempo è quasi scaduto. (Rimanere) .... ancora cinque minuti per concludere il test. 16) Signora Gramigni, perché (Lei-non sedere) .... qui e non mi racconta tutto quello che è successo? 17) Ti prometto che adesso (io-spegnere) .... questa sigaretta e smetto di fumare per sempre! 18) Piero, come (tu-stare) ....? E come (stare) .... i tuoi bellissimi bambini? 19) Nessuno parla. Tutti (tacere) .... per paura delle conseguenze. 20) Ai miei genitori (piacere) .... le vacanze distensive e (loro-andare) .... spesso in montagna.

8. >>> *Mettere la forma giusta del verbo fra parentesi.*
(Verbi regolari e irregolari) ☑ p. 247

Es. Michele (ballare) .... molto bene.
Michele ***balla*** *molto bene.*

In questa casa (io-morire) .... dal caldo.
In questa casa ***muoio*** *dal caldo.*

1) (Io-ritenere) .... Massimo un buon amico e (io-accettare) .... sempre i suoi consigli. 2) (Voi-non capire) .... l'italiano, perché (voi-parlare) .... sempre nella vostra lingua. 3) (Tu-gradire) .... un caffè o qualcosa di più forte? 4) Questa giacca (tenere) .... più caldo, ma (io-prendere) .... quella, perché (piacermi) .... di più il colore. 5) In questo periodo i contadini (raccogliere) .... le olive. 6) (Io-mantenere) .... sempre le promesse e (dispiacermi) .... quando gli altri (non fare) .... altrettanto con me. 7) Chi (sostituire) .... il capo quando (lui-essere) .... assente? 8) Perché (tu-non volere) .... mai darmi ragione e (tu-essere) .... sempre convinto che (avere) .... torto io? 9) (Io-non condire) .... mai l'insalata con l'aceto: (io-preferire) .... il limone. 10) Elisabetta e Alessandro (trasferirsi) .... a Bologna e (loro-cercare) .... un appartamento nel centro della città. 11) (Tu-dovere) .... seguire i consigli del medico, altrimenti (tu-non guarire) .... da questa brutta influenza. 12) (Io-morire) .... dalla voglia di andare in discoteca, ma nessuno di loro (volere) .... accompagnarmi. 13) Perché (tu-non fare) .... come Gianfranco? (Lui-non dire) .... mai le parolacce! 14) (Lei-dare) .... del tu a tutti quelli che (lei-incontrare) .... 15) Dove (tu-andare) ....? (Io-partire) .... per le vacanze. 16) Tutte le mattine (loro-uscire) .... di casa molto presto.

9. >>>> *Rispondere alle domande.*
(Verbi regolari e irregolari) ☑ p. 247

Es. Che cosa fai oggi pomeriggio?
(andare) .... in piscina. ***Vado*** *in piscina.*

1) Da che Paese vieni? (Venire) .... dal Brasile. 2) Che lavoro fai? (Fare) .... il musicista. 3) Da quanti anni abitate in Italia? (Abitare) .... qui da quattro anni e mezzo. 4) Capisci tutto, quando parlo? Si, (capire) .... quasi tutto. 5) Rimanete a casa stasera? No, (uscire) .... subito dopo cena. 6) Che cosa dice, dottor Blasetti? (Dire) .... che Lei è sano come un pesce e che non ha nessuna malattia. 7) Sai per caso il nome di quella bella ragazza? No, (non conoscerla) .... affatto e quindi (non sapere) .... il suo nome. 8) Com'è il tempo nel tuo Paese? Nel mio Paese (piovere) .... molto spesso. Il sole (non esserci) .... quasi mai. 9) Quando andate tu e Sergio a Parigi? (Partire) .... domani mattina. 10) Che cosa mangiate di solito la mattina? (Mangiare) .... pane con burro e marmellata e (bere) .... caffellatte. 11) Può dirci che cos'ha nella borsa, signora? (Avere) .... solamente qualche libro e delle riviste di moda. 12) Sai per quanti giorni rimangono in Italia i tuoi amici? (Restare) .... solo una settimana. 13) Mi scusi, che ore sono? Mi dispiace, ma (non saperlo) .... 14) A che ora uscite di casa la mattina? (Non uscire) .... mai prima delle otto. 15) Signora, preferisce bere tè o caffè? (Non volere) .... niente, grazie. (Stare) .... bene così. 16) Tuo marito ti aiuta nei lavori di casa? Sì, (aiutarmi) .... tutti i giorni. 17) Tiziana, quando vieni a trovarmi? (Venire) .... domani pomeriggio. 18) A che ora finite di lavorare, oggi? (Finire) .... alle sei, ma (non potere) .... vederci, perché (dovere) .... partire subito. (Andare) .... a passare il fine settimana in campagna.

10. > *Mettere la forma giusta del verbo fra parentesi.*
(Verbi regolari - ausiliare «avere») ☑ p. 247

Es. (Tu-capire) .... il problema?
Hai capito *il problema?*

1) Quando (lui-sapere) .... che Angela e Piero si sposano? 2) Mario (non finire) .... ancora di fare questa traduzione. 3) (Noi-preferire) .... restare a casa ieri sera, per guardare un bel film alla TV. 4) Dove (voi-incontrare) .... quei due ragazzi? 5) (Noi-non capire) .... molto bene la lezione sui pronomi personali. 6) Sono in ritardo, perché stamattina (io-non sentire) .... la sveglia e (io-continuare) .... a dormire. 7) Mio padre (spedirmi) .... un pacco una settimana fa. 8) (Voi-ricevere) .... l'invito per partecipare alla festa? 9) Francesco (amare) .... sempre la musica classica. 10) (Loro-non accettare) .... le nostre scuse e questo ci dispiace molto. 11) Luca (comprare) .... un bel gattino per la sua bambina. 12) Si può sapere a chi (tu-telefonare) .... ieri sera? (Io-chiamare) .... mia madre per dirle che domani non possiamo andare a trovarla. 13) (Noi-vendere) .... la casa che avevamo in città e (noi-comprare) .... una fattoria in piena campagna. 14) (Io-non fumare) .... mai la pipa, ma mi piacerebbe provarla almeno una volta. 15) (Noi-visitare) .... una mostra molto interessante. 16) (Io-conoscere) .... mio marito dieci anni fa, durante una vacanza. 17) Chi (preparare) .... questa magnifica cena? 18) Ieri (io-lavare) .... la macchina, ma è di nuovo sporca. 19) (Io-non guidare) .... mai una moto veloce come questa. 20) Ieri (noi-parlare) .... a lungo con il direttore della scuola. 21) (Tu-ascoltare) .... bene la mia spiegazione? 22) (Noi-non credere) .... alla sua storia.

11. >> *Mettere la forma giusta del verbo fra parentesi.*
(Verbi regolari - ausiliare «essere») ☑ p. 247

Es. (Voi-andare) .... a scuola stamattina?
***Siete andati** a scuola stamattina?*

1) Il treno (arrivare) .... con quasi quaranta minuti di ritardo. 2) Stefania (diventare) .... davvero una bellissima ragazza! 3) (Loro-entrare) .... senza chiedere il permesso. 4) A che ora (ritornare) .... a casa ieri sera Angela e Piero? (Loro-rientrare) .... molto tardi. 5) Perché sei in ritardo? Che cosa (capitarti) ....? 6) Questa importante notizia (uscire) .... sul nostro giornale solo oggi, cioè con quasi una settimana di ritardo! 7) Finalmente (noi-riuscire) .... a trovare un appartamento libero e con un prezzo accettabile. 8) L'aereo (atterrare) .... in perfetto orario. 9) Ormai l'autunno (cominciare) .... e le foglie (cadere) .... già tutte dagli alberi. 10) Il sole (tramontare) .... dietro le nuvole. 11) Il restauro di questo palazzo (costare) .... molti milioni. 12) Negli ultimi mesi Paola (dimagrire) .... di cinque chili. 13) Stamattina Letizia e Oscar (uscire) .... molto presto di casa. 14) Dopo avere ricevuto il telegramma (loro-partire) .... immediatamente. 15) Sono già le nove e ancora (non arrivare) .... nessuno degli ospiti. 16) (Lui-diventare) .... un famoso musicista, dopo anni e anni di duro lavoro e di grandi sacrifici. 17) Sono certa che i ladri (entrare) .... passando dalla finestra del bagno. 18) Soltanto dopo molti anni (io-tornare) .... in quella città. 19) In quell'albergo (noi-stare) .... molto bene. 20) Quel fatto che ti ha raccontato il nonno (accadere) .... molti anni fa. 21) I soldi che mi hai dato (non bastare) .... per pagare la spesa. 22) La scorsa settimana (noi-andare) .... tutti insieme in piscina.

12. >> *Mettere la forma giusta del verbo fra parentesi.*
(Verbi regolari e irregolari - ausiliare «avere») ☑ p. 247

Es. (Voi-sentire) .... quel rumore?
***Avete sentito** quel rumore?*
Dove (tu-mettere) .... il giornale?
*Dove **hai messo** il giornale?*

1) Silvana e Lorenzo (fare) .... un viaggio di nozze indimenticabile. 2) Stanotte finalmente (io-dormire) .... benissimo. 3) (Noi-passare) .... momenti felici insieme. 4) (Io-vedere) .... già tre volte questo film. 5) Perché (tu-non rispondere) .... mai alle mie numerose lettere? 6) (Tu-dire) .... veramente tutto quello che sai? 7) (Lui-leggere) .... la poesia con molto sentimento. 8) Perché (voi-aprire) .... la finestra? 9) (Loro-decidere) .... di comprare un appartamento in centro. 10) (Tu-scrivere) .... il tuo curriculum per quel lavoro? 11) Il direttore della scuola (parlare) .... per più di un'ora e mezza. 12) Carla, (tu-offrire) .... qualcosa da bere agli ospiti? 13) La barzelletta che Gianni (raccontare) .... era stupida e nessuno (ridere) .... 14) (Io-chiedere) .... al cameriere se c'è un tavolo libero. 15) Giovanni, (tu-riflettere) .... bene prima di decidere? 16) (Noi-correre) .... per quasi due ore con il cane sulla spiaggia. 17) La polizia non sa ancora chi (uccidere) .... quell'uomo. 18) Chi (prendere) .... i miei nuovi occhiali da sole? 19) Dove (voi-trascorrere) .... le vacanze quest'anno? 20) Mio padre (lavorare) .... per molti anni in Africa. 21) Secondo me, (loro-agire) .... in buona fede. 22) (Loro-discutere) .... per tutta la notte. 23) Ieri sera mia moglie e io (giocare) .... a scacchi. 24) E chi di voi due (vincere) .... la partita? 25) Enrica, perché non vai a vedere chi (bussare) .... alla porta?

13. >>> *Mettere la forma giusta del verbo fra parentesi.*
(Verbi regolari e irregolari - ausiliare «essere») ☑ p. 248

Es. (Noi-stare) .... molto bene qui con voi.
***Siamo stati** molto bene qui con voi.*
(Lei-crescere) .... all'estero.
*Lei **è cresciuta** all'estero.*

1) Quello che hai detto ieri pomeriggio durante la riunione (non piacermi) .... 2) (Io-nascere) .... in un piccolo paese vicino a Napoli. 3) (Diventare) .... difficile trovare un lavoro soddisfacente. 4) Barbara (scivolare) .... sul ghiaccio e (lei-cadere) .... 5) Improvvisamente un bel sole (apparire) .... dietro le nuvole. 6) State tranquilli. (Non succedere) .... proprio niente di grave. 7) L'anno scorso (noi-tornare) .... a Firenze e (noi-restare) .... lì per quasi una settimana. 8) Per quanto tempo (voi-rimanere) .... a casa di Giovanna? 9) Marianne, da quando sei qui in Italia (ingrassare) .... molto! 10) Il tetto di quella vecchia casa (crollare) .... ieri notte. 11) Questa (essere) .... un'esperienza davvero unica! 12) Giuliana, (stare) .... mai in Australia o in America? 13) (Io-non riuscire) .... ancora a finire di leggere quel libro. 14) Fino ad oggi da questa prigione (non fuggire) .... mai nessuno. 15) Questa bella pianta (crescere) .... molto nell'ultimo mese. 16) Mi dispiace, ma la decisione (non dipendere) .... solo da me. 17) Chi (venire) .... con voi sabato in discoteca? 18) Alla polizia (bastare) .... pochi giorni per scoprire l'assassino. 19) La prima guerra mondiale (scoppiare) .... nel 1914. 20) Dopo quelle parole (lei-arrossire) .... dalla vergogna. 21) Il Primo ministro (intervenire) .... ieri durante il dibattito parlamentare. 22) Finalmente (noi-uscire) .... da quella brutta situazione e ne siamo contenti.

14. >>>> *Mettere la forma giusta del verbo fra parentesi.*
(Verbi regolari e irregolari - ausiliari «avere» e «essere») ☑ p. 248

Es. (Noi-cominciare) .... un nuovo esercizio.
***Abbiamo cominciato** un nuovo esercizio.*

Il film (cominciare) .... già.
*Il film **è cominciato** già.*

1) Ieri (io-correre) .... per tutto il giorno, senza fermarmi mai. 2) (Io-correre) .... subito in suo aiuto. 3) Il governo (aumentare) .... di nuovo le tasse. 4) Negli ultimi tempi il costo della vita (aumentare) .... ancora. 5) (Lei-bruciare) .... tutte le sue lettere e le fotografie. 6) Tutto il bosco (bruciare) .... in poche ore. 7) A quanti anni (tu-finire) .... il liceo? 8) Oggi la lezione (finire) .... cinque minuti prima. 9) Il gatto (saltare) .... sull'armadio mentre giocava. 10) Oggi Luca (saltare) .... il pranzo perché non aveva tempo di mangiare. 11) Quanti anni avevi quando (tu-cominciare) .... a fumare? 12) Quest'anno la primavera (cominciare) .... prima del solito. 13) Luciana (scendere) .... in cantina per prendere il vino. 14) (Noi-scendere) .... le scale di corsa, perché avevamo molta fretta. 15) Ieri (noi-passare) .... da Palazzo Strozzi per vedere una mostra di antiquariato. 16) L'inverno scorso (io-passare) .... un brutto periodo. 17) Luciano (salire) .... sull'albero per recuperare il suo pallone. 18) (Io-salire) .... le scale così in fretta, che adesso non ho più fiato per parlare. 19) È davvero un bravo medico. (Lui-guarire) .... molte persone malate. 20) Molti ammalati (guarire) .... grazie alle cure e all'impegno di quel bravo medico. 21) Adriana e Giovanni (cambiare) .... molto dopo il loro divorzio. 22) (Noi-cambiare) .... tante delle nostre abitudini negli ultimi anni.

15. >>> *Mettere la forma giusta del verbo fra parentesi.*
(Verbi servili - ausiliari «avere» e «essere») ☑ p. 248

Es. Perché (lei-volere) .... partire così presto?
Perché ***è voluta*** *partire così presto?*

Perché (tu-volere) .... fare di testa tua?
Perché ***hai voluto*** *fare di testa tua?*

1) (Loro-dovere) .... salire le scale a piedi, perché l'ascensore non funziona. 2) Ci dispiace molto del ritardo, ma (noi-non potere) .... arrivare prima. 3) (Lui-non sapere) .... rispondere prontamente alle domande che gli hanno fatto. 4) (Noi-dovere) .... passare per questa strada, perché quella principale era bloccata. 5) L'anno scorso mio figlio (dovere) .... ripetere l'anno scolastico. 6) Stasera Pia (non volere) .... uscire, perché dice che fuori fa troppo freddo. 7) Da quando ci siamo lasciati, Giovanna (non volere) .... più vedermi. 8) (Loro-non potere) .... trovare una camera libera in nessun albergo della città. 9) Stamattina non ti ho telefonato perché (io-non potere) .... 10) Il bambino (non volere) .... dormire nel suo lettino. 11) (Noi-non potere) .... partire prima di mezzogiorno, perché la macchina era rotta. 12) Sandra e Maria (non volere) .... restare a cena da noi. 13) Per quasi un mese (io-non potere) .... salire le scale a causa del piede rotto. 14) L'ambasciatore in persona (dovere) .... intervenire per risolvere il problema che si era creato. 15) Perché (loro-non volere) .... ascoltare i consigli che gli erano stati dati? 16) L'anno scorso mio fratello e sua moglie (non potere) .... fare le vacanze perché il loro bambino era appena nato. 17) Credimi! Io non volevo farlo, ma (io-dovere) .... ! 18) Dopo tanti anni di assenza (lui-volere) .... ritornare nel paese dove era nato e lì è rimasto fino a oggi.

16. >>>> *Mettere la forma giusta del verbo fra parentesi.*
(Verbi irregolari - ausiliari «avere» e «essere») ☑ p. 248

Es. (Io-rispondere) .... a tutte le domande.
***Ho risposto** a tutte le domande.*

Piero (nascere) .... in un paese della Calabria.
*Piero **è nato** in un paese della Calabria.*

1) I miei nonni (trascorrere) .... molti anni felici insieme. 2) Quando (io-vedere) .... quella terribile scena, (io-morire) .... di paura. 3) L'uomo (scomparire) .... e la polizia lo cerca. 4) Franca, che cosa (succedere) .... ieri a casa tua? 5) Per riparare la macchina (io-spendere) .... un sacco di soldi. 6) Stamattina (noi-perdere) .... molto tempo a cercare quei documenti. 7) Chi (aprire) .... tutte le finestre? Fa freddo! 8) Attento! (Tu-non spegnere) .... bene la sigaretta. 9) Il mio ragazzo (offrirmi) .... una cena meravigliosa! 10) (Tu-chiudere) .... a chiave la porta della tua camera? 11) Giorgio (apparire) .... all'improvviso, quando più nessuno l'aspettava. 12) (Lui-rimanere) .... calmo. (Lui-non perdere) .... la pazienza nemmeno quando (loro-offenderlo) .... 13) I deputati al Parlamento (discutere) .... a lungo sulla nuova legge finanziaria proposta dal governo. 14) Scusa, ma non ho capito bene. Che cosa (tu-dire) ....? 15) Quell'anno (succedere) .... una disgrazia. 16) Il gatto (scendere) .... dall'albero con un balzo. 17) Non capisco perché (tu-scegliere) .... questo vestito. Ti sta male. 18) (Lui-tradurre) .... molti libri dall'italiano al portoghese. 19) (Noi-correre) .... il rischio di non poter fare le vacanze insieme. 20) Mio padre, quando era giovane, (vivere) .... per molti anni all'estero, dove (lui-fare) .... esperienze interessanti.

17. > *Trasformare al singolare o al plurale le frasi seguenti. (Verbi regolari)* ☑ p. 248

Es. (Io) parlavo poco l'italiano. → *(Noi)* ***parlavamo*** *poco l'italiano.*
(Noi) studiavamo tutte le sere → *(Io)* ***studiavo*** *tutte le sere.*

1) (Io) andavo sempre a letto molto presto. ....
2) (Lei) mangiava pochissimo per dimagrire. ....
3) (Tu) pretendevi di fare sempre di testa tua. ....
4) (Noi) giocavamo a scacchi il sabato sera. ....
5) Tutte le mattine (lei) si alzava alle sei. ....

6) (Loro) ascoltavano con molta attenzione. ....
7) (Lui) prendeva l'autobus tutte le mattine. ....
8) (Voi) non venivate mai alle nostre riunioni. ....
9) Quel giorno (io) stavo proprio male. ....
10) (Tu) non volevi mai andare dal dottore. ....

11) (Noi) cambiavamo spesso casa e lavoro. ....
12) (Lei) preparava la cena tutte le sere. ....
13) (Lui) dava sempre buoni consigli a tutti. ....
14) (Tu) non dovevi andare via senza salutare. ....
15) Quel giorno (noi) non sapevamo cosa fare. ....

16) (Lei) non lasciava mai parlare gli altri. ....
17) (Io) leggevo sempre prima di dormire. ....
18) (Tu) credevi di fare una cosa giusta? ....
19) (Io) fumavo più di venti sigarette al giorno. ....
20) (Lui) non poteva correre velocemente. ....

21) (Noi) passeggiavamo tutti i giorni. ....
22) Da giovane (io) dormivo molto di più. ....
23) Ieri a quest'ora (noi) aspettavamo il treno. ....
24) (Lui) non riusciva mai a stare fermo. ....
25) Qualche anno fa (io) scrivevo poesie. ....

18. > *Trasformare al singolare o al plurale le frasi seguenti.*
(Verbi regolari e irregolari) ☑ p. 248

*Es. (Lui) non usava mai l'auto → (Loro) non **usavano** mai l'auto.*
*(Loro) reclamavano sempre → (Lui) **reclamava** sempre.*

*(Io) facevo colazione → (Noi) **facevamo** colazione.*
*(Voi) eravate a casa ieri? → (Tu) **eri** a casa ieri?*

1) (Io) sbagliavo sempre strada. ....
2) (Noi) eravamo stanchi di aspettare. ....
3) Dove (tu) abitavi prima di venire qui? ....
4) Che cosa (tu) facevi in centro a quell'ora? ....
5) (Loro) producevano borse in pelle. ....

6) La mattina (io) bevevo un cappuccino. ....
7) (Lei) attraeva gli sguardi di tutti i presenti. ....
8) (Noi) dicevamo sempre la verità a tutti. ....
9) Con chi (tu) parlavi al telefono? ....
10) (Noi) passeggiavamo spesso nel parco. ....

11) (Loro) si opponevano al matrimonio. ....
12) (Tu) stavi bene in quella città? ....
13) (Lui) suonava molto bene il pianoforte. ....
14) (Lui) traduceva simultaneamente dal turco. ....
15) L'anno scorso (io) lavoravo in un negozio. ....

16) (Tu) non proponevi mai niente di nuovo. ....
17) (Lei) non sopportava più i suoi ritardi. ....
18) Tutte le mattine (io) davo l'acqua ai fiori. ....
19) (Noi) studiavamo tutti i pomeriggi. ....
20) (Io) avevo l'abitudine di cenare presto. ....

19. >> *Mettere la forma giusta del verbo fra parentesi. (Verbi regolari)* ☑ p. 248

Es. (Noi-andare) .... a scuola tutti i giorni.
***Andavamo** a scuola tutti i giorni.*

1) Da giovane (lui-praticare) .... molti sport. 2) (Noi-non potere) .... pagare il conto del ristorante. 3) (Noi-dimenticarci) .... sempre il suo nome. 4) Che cosa (tu-volere) .... dire con quelle parole? 5) Molti anni fa (lui-giocare) .... sempre al casinò e (lui-perdere) .... quasi sempre. 6) Stamattina ho dormito fino a tardi perché (io-non stare) .... bene. 7) Carlo (volere) .... avere ragione su ogni argomento. 8) (Lui-non sapere) .... più che cosa dire a tutti noi per convincerci. 9) Da piccola (tu-non mangiare) .... mai le verdure. 10) L'anno scorso io e mia moglie (lavorare) .... quasi dieci ore al giorno. 11) (Noi-uscire) .... quasi tutte le sere, dopo cena. 12) Prima (noi-avere) .... molto più tempo per divertirci. 13) La mattina (io-leggere) .... il giornale prima di uscire. 14) (Succedere) .... cose molto strane in quella casa. 15) Non ho pagato, perché (io-non avere) .... i soldi. 16) Il professore (entrare) .... sempre in classe alle otto precise. 17) Mentre (io-parlare) .... (lui-ascoltare) .... 18) A Roma (io-abitare) .... da solo nell'appartamento. 19) Il mio gatto (volere) .... sempre giocare con me. 20) Come (voi-passare) .... quei lunghi pomeriggi estivi? 21) (Voi-aspettare) .... qualcuno ieri sera al bar? 22) Francesco (non sapere) .... guidare bene la macchina. 23) La vostra situazione (diventare) .... sempre più difficile. 24) L'aereo su cui ho viaggiato (volare) .... a 15.000 metri d'altezza. 25) (Io-andare) .... a scuola quasi sempre a piedi.

20. >>> *Mettere la forma giusta del verbo fra parentesi. (Verbi regolari e irregolari)* ☑ p. 249

Es. (Io-prendere) .... tutti i giorni la metropolitana.
Io ***prendevo*** *tutti i giorni la metropolitana.*

(Lui-tradurre) .... sempre nella sua lingua le frasi difficili.
Traduceva *sempre nella sua lingua le frasi difficili.*

1) Ricordo che quel ragazzo (essere) .... molto timido. (Lui-non rispondere) .... mai alle domande e se qualcuno (chiedere) .... un'informazione, improvvisamente (lui-diventare) .... rosso in viso. 2) Il mio nonno materno (fare) .... lo scultore. (Lui-essere) .... un tipo particolare: (lui-portare) .... sempre un cappello rosso in testa e (lui-fumare) .... sempre il sigaro toscano. 3) Che cosa (dire) .... i vostri insegnanti quando, invece di studiare, (voi-andare) .... a divertirvi? 4) Appena sposati, io e mio marito (viaggiare) .... spesso in India e nell'Africa del nord. 5) Chi (tradurre) .... prima di me tutta la corrispondenza tedesca, in questo ufficio? 6) In passato quelle isole (essere) .... famose e (attrarre) .... molti turisti da tutto il mondo. 7) La Toscana (produrre) .... un ottimo vino già al tempo dei Medici. 8) Circa dodici anni fa, quando (io-vivere) .... in campagna, (io-fare) .... una vita molto più sana. 9) Quando (tu-essere) .... piccolo (tu-dire) .... sempre che (tu-volere) .... diventare un astronauta. 10) Quando (noi-tornare) .... a casa, il nostro cane (essere) .... felice e (fare) .... salti di gioia. 11) All'inizio, quando (io-studiare) .... l'italiano, ma (io-non conoscere) .... ancora molte parole, (io-avere) .... sempre paura di aprire bocca. 12) Sergio e Armando (discutere) .... spesso di politica, e mai di sport.

21. >>> *Mettere la forma giusta del verbo fra parentesi, scegliendo fra Passato prossimo e Imperfetto.*
(Verbi regolari e irregolari) ☑ p. 249

Es. L'anno scorso (noi-fare) .... un bel viaggio.
L'anno scorso ***abbiamo fatto*** *un bel viaggio.*

(Io-prendere) .... l'autobus tutte le mattine.
Prendevo *l'autobus tutte le mattine.*

1) Quella sera (io-essere) .... un po' triste, perché Carlo e Giovanna (non essere) .... con noi. 2) Ieri pomeriggio, mentre (io-guidare) .... in mezzo al traffico, (io-vedere) .... Marco che (passeggiare) .... lungo il fiume. 3) La prima volta che (noi-vedere) .... il marito di Claudia (essere) .... circa tre anni fa. 4) (Loro-non sapere) .... con chi andare in vacanza e alla fine (loro-decidere) .... di partire da soli. 5) (Noi-sapere) .... la bella notizia quando (noi-essere) .... in vacanza all'isola d'Elba. 6) (Lui-non dire) .... una parola per tutta la sera, perché (lui-essere) .... arrabbiato con noi. 7) Bernardo, perché (tu-non venire) .... al lavoro ieri? (Tu-non stare) .... bene, forse? (Io-avere) .... un forte mal di testa per tutto il giorno. 8) Ricordo bene la prima volta che (io-vedere) .... Giulia: (lei-essere) .... bellissima, (lei-avere) .... i capelli sciolti sulle spalle e (lei-portare) .... un meraviglioso vestito rosso. 9) Quando (lui-tornare) .... a casa la sera, (lui-essere) .... stanco e (lui-andare) .... a letto molto presto. 10) (Noi-non riuscire) .... a trovare il mobile che (noi-volere) ...., anche se (noi-essere) .... in molti posti. 11) Chi (essere) .... l'uomo che (tu-salutare) ....? 12) Ma che cosa dici? (Io-non salutare) .... nessuno!

22. >>> *Mettere la forma giusta del verbo fra parentesi, scegliendo fra Passato prossimo e Imperfetto.*
(Verbi regolari e irregolari) ☑ p. 249

Es. Ieri (noi-andare) .... a cena da Maurizio.
Ieri ***siamo andati*** *a cena da Maurizio.*

Quando (io-essere) .... piccola (non piacermi) .... il latte.
Quando ***ero*** *piccola non mi* ***piaceva*** *il latte.*

1) Mentre (io-passeggiare) .... per le vie del centro, (io-incontrare) .... il fratello di Maria. 2) Domenica scorsa (noi-andare) .... a vedere una mostra interessante di arte moderna e contemporanea. 3) Durante il mio viaggio in Marocco, (io-vedere) .... dei paesaggi davvero straordinari. 4) Quando (io-essere) .... piccola, i miei genitori (portarmi) .... sempre al Luna Park. 5) Piero, perché (tu-non uscire) .... ieri? Perché (io-vedere) .... una emozionante partita di tennis alla TV. 6) Il marito alla moglie: «Chi (essere) .... l'uomo che (telefonare) .... ieri?» 7) La moglie al marito: «Quell'uomo (essere) .... l'idraulico e (lui-chiamare) .... per dire che non potrà venire domani a riparare il bagno». 8) Apri, tesoro! Qualcuno (suonare) .... alla porta. (Tu-non sentire) .... il campanello? 9) Luciana (essere) .... una ragazza molto bella, (lei-avere) .... i capelli lunghi e neri e (lei-portare) .... sempre vestiti eleganti. 10) Dimmi, dove sei stato ieri? Dimmelo subito! Non ti arrabbiare, cara, (io-fare) .... una passeggiata all'aria aperta. (Essere) .... una giornata così bella e piena di sole, che (io-pensare) .... di uscire per prendere un po' d'aria fresca. 11) Ieri sera (io-incontrare) .... il mio ex marito. (Lui-essere) .... in compagnia di una donna. 12) Dove (voi-stare) .... per tutto il giorno?

23. >>> *Mettere la forma giusta del verbo fra parentesi, scegliendo fra Passato prossimo e Imperfetto. (Verbi regolari e irregolari)* ☑ p. 249

Es. Ieri (noi-fare) .... uno scherzo a Giovanni.
Ieri ***abbiamo fatto*** *uno scherzo a Giovanni.*

Chi (essere) .... alla porta? (Tu-sentire) .... ?
Chi ***era*** *alla porta?* ***Hai sentito****?*

1) Mio nonno (avere) .... l'abitudine di radersi due volte al giorno e a me (piacere) .... molto guardarlo, mentre (lui-farsi) .... la barba. 2) Non ricordo quando (io-visitare) .... Londra l'ultima volta. Forse due o tre anni fa. 3) Il professore (spiegare) .... l'uso dell'Imperfetto, ma (io-non capire) .... quasi niente. 4) Il poliziotto ha fissato negli occhi il sospettato e ha chiesto: «Dove (Lei-essere) .... alle cinque del pomeriggio del 17 maggio?» 5) Il sospettato ha risposto: «(Io-essere) .... al cinema. È la verità. Lo giuro. (Io-non fare) .... del male a nessuno. (Io-vedere) .... solo un vecchio film con Ingrid Bergman e Humphrey Bogart!». 6) (Io-smettere) .... di fumare tre anni fa. Prima di smettere, (io-fumare) .... più di trenta sigarette al giorno. 7) Da piccolo (lui-essere) .... un abitudinario. (Lui-fare) .... sempre i compiti la mattina appena sveglio. 8) A che ora (tu-uscire) .... da scuola? A mezzogiorno e mezza, mamma, ma poi (io-passare) .... da Gigi e Aldo per prendere dei dischi, (io-andare) .... alla gelateria di fronte e (io-comprare) .... un cono gelato. 9) Ieri pomeriggio (noi-rimanere) .... tutto il giorno sulla terrazza a prendere il sole. 10) Ma perché (tu-tagliare) .... i capelli, Gina? Perché (io-essere) .... stanca della mia solita pettinatura. Allora, ti piaccio? Mah, per me (tu stare) .... meglio prima.

24. > *Trasformare al singolare o al plurale le frasi seguenti.*
(Futuro semplice - Verbi regolari) ☑ p. 249

Es. (Io) parlerò a Luca. → *(Noi)* ***parleremo*** *a Luca.*
(Noi) impareremo l'italiano → *(Io)* ***imparerò*** *l'italiano.*

1) (Io) tornerò a casa molto tardi. ....
2) (Voi) risponderete alle sue domande? ....
3) (Loro) non crederanno alle tue parole. ....
4) (Lei) partirà domani mattina con l'aereo. ....
5) (Noi) pagheremo il conto. ....

6) (Tu) guarderai questo film? ....
7) (Io) finirò il lavoro molto presto. ....
8) (Voi) ascolterete il discorso del direttore? ....
9) (Noi) viaggeremo per tutta l'Europa. ....

10) Quando (loro) cominceranno a lavorare? ....
11) (Tu) uscirai anche stasera? ....
12) (Lui) non dimenticherà il tuo compleanno. ....
13) Che cosa (voi) offrirete agli ospiti stasera? ....
14) (Io) leggerò questa poesia ad alta voce. ....
15) Se (tu) parlerai lentamente (lui) capirà. ....

16) (Noi) metteremo la macchina in garage. ....
17) (Lei) visiterà molti importanti musei. ....
18) (Noi) aiuteremo le persone povere. ....
19) (Loro) domanderanno il nostro indirizzo. ....
20) Domani (io) dormirò fino a mezzogiorno. ....

21) (Noi) ritorneremo molto presto. ....
22) Il mese prossimo (io) cambierò casa. ....
23) Fra pochi minuti (tu) capirai tutto. ....
24) (Tu) prenoterai una camera per me? ....
25) (Io) troverò certamente una soluzione. ....

25. >> *Trasformare al singolare o al plurale le frasi seguenti.*
(Futuro semplice - Verbi irregolari) ☑ p. 249

Es. (Io) farò una bella fotografia. → *(Noi)* ***faremo*** *una bella fotografia.*
(Noi) dovremo fare in fretta. → *(Io)* ***dovrò*** *fare in fretta.*

1) (Io) darò questa lettera a Paola. ....
2) (Voi) starete a casa questa sera? ....
3) (Io) berrò un bicchiere di birra. ....
4) (Noi) non potremo venire con voi. ....
5) (Loro) vivranno all'estero per due anni. ....

6) Domani (noi) andremo al mare. ....
7) (Noi) faremo un regalo ai nostri genitori. ....
8) (Loro) ci daranno tutte le informazioni. ....
9) (Tu) dovrai partire molto presto domani? ....
10) Stasera (noi) rimarremo a casa. ....

11) Per cena (noi) avremo molti ospiti. ....
12) (Tu) farai questo esercizio da sola? ....
13) (Noi) berremo un bicchiere di vino rosso. ....
14) Stasera (noi) andremo a cena al ristorante. ....
15) (Noi) saremo felici di avervi qui con noi. ....

16) Quando (voi) verrete a trovarci? ....
17) (Noi) non ti daremo la nostra macchina. ....
18) Quest'anno (io) avrò le vacanze in agosto. ....
19) (Io) potrò venire a casa vostra domani? ....
20) (Tu) vorrai ascoltarmi almeno questa volta? ....

21) Se (voi) starete attenti (voi) non cadrete. ....
22) Presto (tu) avrai una bella sorpresa. ....
23) (Noi) tradurremo questa lettera in italiano. ....
24) Sono certo che (voi) sarete felici. ....
25) L'anno prossimo (noi) ridurremo le spese. ....

26. >> *Mettere la forma giusta del verbo fra parentesi.*
(Futuro semplice - Verbi regolari e irregolari) ☑ p. 249

Es. Questo pomeriggio il Presidente (presentare) .... le dimissioni.
Questo pomeriggio il Presidente ***presenterà*** *le dimissioni.*

(Lui-non volere) .... mai ammettere le sue responsabilità
Lui non ***vorrà*** *mai ammettere le sue responsabilità.*

1) Se (loro-partire) .... questa sera, (loro-essere) .... a casa domani mattina presto. 2) Per il mio compleanno ho deciso che (noi-fare) .... una grande festa. (Noi-cucinare) .... tutti insieme, (noi-mangiare) .... in allegria e (noi-cantare) .... vecchie canzoni popolari. 3) Quando (voi-cominciare) .... il nuovo lavoro? 4) Se (noi-finire) .... prima delle sette, (noi-uscire) .... insieme. 5) Sono certo che (noi-sentire) .... molto la tua mancanza e (noi-non dimenticarti) .... mai. 6) (Tu-potere) .... venire a casa mia quando (tu-volere) .... 7) (Voi-essere) .... molto sorpresi dopo avere letto questa lettera. 8) (Loro-dovere) .... studiare molto per superare l'esame. 9) (Voi-andare) .... al cinema stasera? 10) (Tu-vedere) .... che questa volta ho ragione io! 11) (Io-rimanere) .... in Italia almeno quattro anni e (io-studiare) .... all'Accademia di Belle Arti. 12) Quando (lei-stare) .... meglio, (lei-venire) .... a trovarci e (noi-stare) .... qui tutti insieme. 13) Per avere delle informazioni precise (io-dovere) .... telefonare. 14) Se veramente (tu-volere) .... stare bene in futuro, (essere) .... necessario che tu smetta di fumare. 15) (Io-cercare) .... di aiutarti. 16) (Loro-non vivere) .... più in questa città. 17) Stia tranquilla signora: (pagare) .... noi tutti i conti. 18) È uno scandalo! (Io-scrivere) .... al Presidente della Repubblica! (Io-protestare) .... con il Capo del governo e con tutti i ministri!

27. >>> *Mettere la forma giusta del verbo fra parentesi.*
(Futuro semplice - Verbi regolari e irregolari) ☑ p. 249

Es. Quando (tu-raccontarmi) .... tutta la storia?
*Quando mi **racconterai** tutta la storia?*

La prossima settimana (io-andare) .... in Francia.
*La prossima settimana **andrò** in Francia.*

1) (Lui-rimanere) .... qui solo per qualche giorno. Lunedì prossimo (lui-dovere) .... ripartire per il suo Paese. 2) (Noi-cercare) .... di convincere Gianni, ma lui ha già detto che (non venire) .... di sicuro. 3) Se (fare) .... bel tempo, (noi-cenare) .... in giardino. 4) Quando (tu-conoscere) .... perfettamente la nostra lingua, (tu-potere) .... leggere il giornale senza difficoltà. 5) Sono certa che se (tu-ascoltare) .... con attenzione questo disco (piacerti) .... di sicuro. 6) Oggi (noi-andare) .... al mare. 7) Dopo questa lunga camminata (tu-essere) .... così stanco che domani (tu-dormire) .... fino a mezzogiorno. 8) Chi (portare) .... il dolce per la cena di stasera? 9) Quest'anno la bella stagione (venire) .... un po' in anticipo. 10) (Bisognare) .... prendere subito una decisione, se no (essere) .... guai per tutti noi. 11) Quando (noi-partire) .... (voi-venire) .... a salutarci alla stazione? 12) Sono sicuro che (tu-stare) .... bene qui da noi. 13) Domani pomeriggio (io-telefonargli) .... e (io-chiedergli) .... quando (loro-arrivare) .... e quanto tempo (loro-restare) .... qui da noi. 14) State certi che (noi-trarre) .... le nostre conclusioni e (voi-pagarne) .... le conseguenze! 15) Guarda che se (tu-continuare) .... a trascurarti così, (tu-ammalarti) .... di sicuro e (tu-stare) .... a letto per giorni.

28. >>> *Mettere la forma giusta del verbo fra parentesi, scegliendo tra Futuro semplice e composto. (Verbi regolari e irregolari)* ☑ p. 250

Es. Quando (io-finire) .... il corso, (io-parlare) .... bene.
Quando ***avrò finito*** *il corso,* ***parlerò*** *bene.*

1) Amore, quando (io-finire) .... di guardare il telegiornale (io-aiutarti) .... a lavare i piatti. 2) Quando (smettere) .... di piovere, finalmente (noi-potere) .... uscire. 3) (Io-sentire) .... sicuramente la tua mancanza dopo che (tu-partire) .... per questo lungo viaggio. 4) (Tu-prestarmi) .... questo romanzo dopo che (tu-finire) .... di leggerlo? 5) (Loro-essere) .... veramente soddisfatti solo quando (voi-dirgli) .... tutto quello che è successo. 6) Mio padre (non essere) .... tranquillo finché (lui-non ricevere) .... mie notizie. 7) Quando (noi-arrivare) .... a destinazione (io-spiegarti) .... tutto quello che (noi-dovere) .... fare. 8) Appena (io-vendere) .... la macchina (io-comprarmi) .... una motocicletta. 9) Solo quando (io-assaggiare) .... questo tuo piatto (io-potere) .... dirti se sei un vero cuoco. 10) (Loro-essere) .... tranquilli solo dopo che (loro-parlare) .... con l'avvocato. 11) La polizia (lasciare) .... andare l'uomo quando (lui-dire) .... tutto quello che sa. 12) Quando (io-finire) .... di imbiancare la cucina, (io-terminare) .... di riparare il bagno e (io-aggiustare) .... l'armadio in camera da letto, (noi-potere) .... finalmente uscire a fare due passi. 13) (Voi-telefonare) .... appena (voi-arrivare) ....? 14) Dopo che (io-fare) .... la spesa, (noi-andare) .... in centro. 15) Il tuo medico (essere) .... molto contento quando (tu-smettere) .... di fumare.

29. > *Trasformare al singolare o al plurale le frasi seguenti. (Verbi regolari)* ☑ p. 250

*Es. (Lui) finì il corso in aprile → Loro **finirono** il corso in aprile.*
*(Noi) vendemmo la macchina → Io **vendetti** la macchina.*

1) (Tu) riuscisti a finire in tempo? ....
2) (Noi) partimmo la mattina presto. ....
3) (Lui) comprò un bell'appartamento. ....
4) (Loro) non credettero alle mie parole. ....
5) (Voi) dormiste fino a mezzogiorno. ....

6) (Lei) cantò una vecchia canzone. ....
7) (Io) non capii una sola parola. ....
8) (Tu) parlasti troppo in quell'occasione. ....
9) (Noi) abitammo a Torino per due anni. ....
10) (Io) dovetti pagare per tutti. ....

11) (Noi) vendemmo la casa al mare. ....
12) (Lei) studiò medicina per sei anni. ....
13) (Io) mi sedetti e mangiai un panino. ....
14) (Loro) andarono a Roma dal Papa. ....
15) (Lui) telefonò a mezzanotte. ....

16) (Tu) partisti senza salutare nessuno. ....
17) (Loro) costruirono questa casa da soli. ....
18) (Lei) ripeté più volte la stessa frase. ....
19) (Noi) uscimmo da quel bar molto tardi. ....
20) (Loro) salirono in cima alla collina. ....

21) (Lui) guidò per molti chilometri. ....
22) (Io) cominciai a lavorare a 20 anni. ....
23) (Loro) ci chiamarono e ci salutarono. ....
24) (Noi) non trovammo camere libere. ....
25) (Loro) non poterono più restare. ....

30. >> *Trasformare al singolare o al plurale le frasi seguenti. (Verbi irregolari)* ☑ p. 250

Es. (Lui) prese l'autobus → Loro ***presero*** *l'autobus.*
(Noi) traducemmo la lettera → Io ***tradussi*** *la lettera.*

1) (Io) non ebbi molta fortuna quella volta. ....
2) Al solito, (tu) fosti l'ultimo ad arrivare. ....
3) (Loro) spesero tutti i soldi ereditati. ....
4) (Noi) corremmo per prendere il taxi. ....
5) (Lui) scrisse molte cartoline agli amici. ....

6) Perché (voi) non veniste alla loro festa? ....
7) (Io) bevvi troppo quella sera. ....
8) (Noi) rimanemmo a casa sua fino a tardi. ....
9) Quella volta (io) stetti molto male. ....
10) Dove (tu) conoscesti quella donna? ....

11) (Lei) visse molti anni negli Stati Uniti. ....
12) Ad un tratto (lei) perse la pazienza. ....
13) (Noi) sapemmo subito la verità. ....
14) (Io) chiusi la porta prima di andare via. ....
15) (Lei) non rispose alle domande. ....

16) (Io) decisi di non partire più con loro. ....
17) (Loro) chiesero scusa a tutti. ....
18) (Voi) non faceste nulla per aiutarmi. ....
19) (Lui) scese in cantina a prendere il vino. ....
20) (Io) lessi immediatamente la sua lettera. ....

21) (Lui) non vide nessuno quella sera. ....
22) (Loro) presero un caffè in centro. ....
23) (Lui) fu molto sorpreso di vederci. ....
24) (Loro) risolsero subito tutti i problemi. ....
25) (Lei) pianse a lungo la perdita del marito. ....

31. >> *Mettere la forma giusta del verbo fra parentesi.*
(Verbi regolari) ☑ p. 250

Es. (Io-soffrire) .... molto per la sua partenza.
***Soffrii** molto per la sua partenza.*

1) Cristoforo Colombo (scoprire) .... l'America per puro caso. 2) (Io-capire) .... subito che quell'uomo non diceva la verità. 3) All'improvviso (cominciare) .... a piovere e (noi-dovere) .... tornare indietro per prendere impermeabili e ombrelli. 4) Mio nonno (regalarmi) .... delle scarpette da ballo per il mio decimo compleanno. 5) Era già buio quando (voi-uscire) ....? 6) (Noi-aspettare) .... per molto tempo la loro risposta. 7) (Io-sentire) .... uno strano rumore durante la notte e (io-alzarmi) .... 8) Quella volta (voi-riuscire) .... a fare tutto da soli? No, purtroppo (noi-dovere) .... disturbare Sergio per chiedergli aiuto. 9) (Loro-abitare) .... e (loro-lavorare) .... a Napoli per tre anni. 10) Il treno (partire) .... da Firenze in ritardo, così (io-arrivare) .... a Milano che era già sera. 11) (Loro-salutare) .... gli amici e (loro-salire) .... sull'aereo. 12) (Noi-passeggiare) .... per più di due ore, prima di fermarci in un caffè da dove (noi-guardare) .... uno splendido panorama sulla città illuminata. 13) Quel gruppo musicale (suonare) .... e (cantare) .... per più di tre ore, senza pausa. 14) (Lui-non potere) .... sostenere l'esame, perché era malato. 15) I miei genitori (invitare) .... alla festa per il loro matrimonio più di cento persone! 16) La mia sorella più grande (frequentare) .... la facoltà di architettura per quattro anni. 17) Giovanni (rifiutare) .... il nostro aiuto e (lui-preferire) .... fare da solo. 18) (Noi-domandare) .... a molte persone qual era la strada giusta, senza riuscire a trovarla.

32. >>> *Mettere la forma giusta del verbo fra parentesi.*
(Verbi irregolari) ☑ p. 250

Es. Mentre lui parlava, (io-non dire) .... nulla.
*Mentre lui parlava, io non **dissi** nulla.*

1) (Loro-spegnere) .... tutte le luci, prima di andare a letto. 2) Il grande poeta Dante Alighieri (nascere) .... a Firenze nel 1265. 3) (Lei-dire) .... che quel giorno preferiva stare da sola. 4) Il gatto (rompere) .... il vaso e poi (correre) .... sotto il letto. 5) La mattina (noi-fare) .... colazione sulla terrazza dell'albergo. 6) Lei (piangere) .... a lungo dopo avere sentito quelle brutte parole. 7) Tutto ciò (succedere) .... così all'improvviso, che nessuno di noi due (avere) .... il tempo di reagire. 8) Mi ricordo che l'anno scorso (piovere) .... per quasi tutto il mese di aprile. 9) Il bambino (scendere) .... le scale troppo di corsa e (lui-cadere) .... 10) (Loro-scegliere) .... di comprare quell'appartamento perché era molto silenzioso. 11) (Lei-non rispondere) .... a nessuna delle mie lettere. 12) In quegli anni (lui-fare) .... molti lavori. 13) (Io-essere) .... felice quando (io-conoscere) .... quel ragazzo, perché mi piaceva tanto. 14) (Loro-rimanere) .... molto sorpresi quando (loro-leggere) .... la notizia sul giornale. 15) Quel film (piacerci) .... e (noi-rivederlo) .... due volte. 16) (Loro-non volere) .... ascoltare i nostri consigli e (loro-decidere) .... di partire anche con quella brutta nebbia. 17) (Lui-venire) .... da noi nel maggio di quattro anni fa e (lui-rimanere) .... a casa nostra per più di due mesi. 18) (Lui-offendersi) .... a sentire tutti quei discorsi. (Lui-stare) .... a lungo senza parlare e poi, improvvisamente, (lui-fare) .... i bagagli e partì, senza dire dove andava.

33. >>>> *Mettere la forma giusta del verbo fra parentesi.*
(Verbi regolari e irregolari) ☑ p. 250

Es. Quella sera (lui-cantare) .... una bella canzone.
Quella sera ***cantò*** *una bella canzone.*

Durante quel viaggio (noi-fare) .... delle belle fotografie.
Durante quel viaggio ***facemmo*** *delle belle fotografie.*

1) (Io-conoscere) .... Manuela a una festa e subito dopo (noi-cominciare) .... a frequentarci. 2) Marlene e Peter (venire) .... in Italia molti anni fa per fare un corso di lingua e poi (loro-decidere) .... di rimanerci per sempre. 3) (Loro-discutere) .... animatamente per tutta la notte e alla fine (lei-fare) .... le valigie e (lei-andare) .... via. 4) (Noi-pagare) .... il conto del ristorante alla romana, cioè ognuno (pagare) .... per sé. 5) (Io-sapere) .... della sua partenza troppo tardi e (io-non avere) .... il tempo di salutarla. 6) Alla fine (lui-riconoscere) .... il suo errore e (lui-ammettere) .... di avere sbagliato. 7) (Lei-non chiedere) .... aiuto a nessuno e (lei-risolvere) .... il problema da sola. 8) Quell'anno la pioggia (cadere) .... incessantemente per molti giorni. 9) Non sapevamo che cosa fare, allora (noi-telefonare) .... a Patrizia e Annamaria e (noi-fissare) .... un appuntamento al bar centrale. Così (noi-passare) .... un bel pomeriggio. 10) (Lui-perdere) .... le chiavi di casa e (lui-dovere) .... chiamare un fabbro per poter entrare in casa. 11) Quello (essere) .... davvero un bel periodo per noi. Io, in particolare (avere) .... la fortuna di incontrare Anna e insieme (noi-passare) .... un'estate meravigliosa. 12) Cenerentola (chiudere) .... gli occhi e quando (lei-riaprirli) .... (lei-vedere) .... che il suo umile vestito da lavoro era diventato uno splendido abito da sera.

34. >>>> *Mettere la forma giusta del verbo fra parentesi, scegliendo fra Passato prossimo e Passato remoto.*
(Verbi regolari e irregolari) ☑ p. 250

Es. Quando (tu-cambiare) .... il numero di telefono?
Quando ***hai cambiato*** *il numero di telefono?*

L'impero romano d'Occidente (crollare) .... nel 476 d.C.
L'impero romano d'Occidente ***crollò*** *nel 476 d.C.*

1) La scoperta dell'America (avvenire) .... nel 1492. 2) La settimana scorsa, mentre camminavo in centro con Roberta, (io vedere) .... tuo fratello. 3) Ma perché volete licenziarmi? (Io-fare) .... sempre e solo il mio dovere e (io-non comportarmi) .... mai in modo scorretto! 4) Il grande scrittore triestino Italo Svevo (pubblicare) .... il suo primo romanzo, "*Una vita*", nel 1892. 5) Negli ultimi cinquant'anni anni in Europa (avvenire) .... trasformazioni politiche e sociali di grande importanza. 6) Dove (tu-stare) .... ieri? (Io-andare) .... in piscina e lì (io-prendere) .... il sole e (io-nuotare) .... per tutto il pomeriggio. 7) Il duca di Wellington (vincere) .... la battaglia di Waterloo contro l'esercito napoleonico il 18 giugno 1815. 8) Dante Alighieri (dovere) .... lasciare Firenze all'inizio dell'anno 1302. 9) Quale film (voi-andare) .... a vedere ieri sera? (Piacervi) .... la storia? 10) Oggi mi sento molto in forma, perché ieri (io-prendere) .... un giorno di vacanza. (Io-rimanere) .... in casa, (io-leggere) .... un buon libro e (io-riposarmi) .... 11) L'acqua dell'Arno (inondare) .... Firenze il 4 novembre del 1966. 12) Le grandi migrazioni dall'Europa verso il continente americano (iniziare) .... verso il 1880 e (proseguire) .... con ritmo crescente fino alla prima guerra mondiale.

35. >> *Mettere la forma giusta del verbo fra parentesi.*
(Verbi regolari e irregolari) ☑ p. 251

Es. Ho comprato a Laura un libro che (lei-leggere) .... già.
Ho comprato a Laura un libro che ***aveva letto*** *già.*

1) Ieri sera ripensavo a quello che (succedere) .... negli ultimi tempi a Silvana. 2) (Io-chiudere) .... già la porta, quando è squillato il telefono. 3) Quando arrivammo alla stazione, il treno (partire) .... già. 4) Signorina, ha spedito la lettera che (io-darle) ....? 5) Non potevo credere alla notizia che (io-sentire) .... 6) Solo dopo molto tempo l'uomo confessò che (uccidere) .... la moglie. 7) Il mio ragazzo (promettere) .... di scrivermi tutti i giorni, e invece non ho ricevuto neanche una cartolina. 8) Ho cominciato a cercare un lavoro subito dopo che (io-finire) .... gli studi. 9) Tua madre non ha saputo dirci dove (tu-andare) .... 10) Ieri sera il mio fratellino più piccolo era stanco perché (lui-correre) .... e (lui-giocare) .... per tutto il giorno. 11) Ho finalmente comprato il disco che (tu-consigliarmi) .... di ascoltare. L'ho trovato in un negozio dove (io-non essere) .... mai. 12) È davvero un posto magnifico! (Io-non vedere) .... un panorama così bello in tutta la mia vita! 13) Alla fine qualcuno mi ha aperto, ma solo dopo che (io-suonare) .... più volte il campanello e (io-bussare) .... con forza alla porta. 14) Quando è tornata nel suo Paese si è accorta che in Italia (ingrassare) .... di quasi cinque chili! 15) È la prima volta che mi trovo in una situazione del genere. (Non succedermi) .... mai prima. 16) Mi hai riportato i libri che (io-prestarti) ....? 17) Grazie amore! (Io-non ricevere) .... mai un regalo così bello prima d'ora! Ti piace? È quello che (noi-vedere) .... insieme l'altro giorno. 18) Il testimone disse al giudice che (lui-riconoscere) .... l'assassino.

36. >>> *Mettere la forma giusta del verbo fra parentesi, scegliendo fra Imperfetto, Passato prossimo e Trapassato prossimo. (Verbi regolari e irregolari)* ☑ p. 251

Es. (Tu-non fare) .... come (tu-dire) .... !
*Non **hai fatto** come **avevi detto**!*
(Io-stare) .... male perché (io-bere) .... troppo.
***Stavo** male perché **avevo bevuto** troppo.*

1) Qualche giorno fa (io-incontrare) .... quella ragazza che (io-conoscere) .... il mese scorso in un negozio. 2) (Loro-non dire) .... a nessuno, neanche agli amici più cari, che (loro-decidere) .... di sposarsi. 3) Nel pomeriggio di ieri la polizia (arrestare) .... nuovamente l'uomo che (evadere) .... dalla prigione la settimana scorsa. 4) (Tu-non pulire) .... l'appartamento come (tu-promettere) ....! 5) Gloria (decidere) .... di invitare per un soggiorno in Italia i due amici che (ospitarla) .... in Inghilterra qualche mese fa. 6) Ieri (io-avere) .... mal di testa e di stomaco, perché la sera prima (io-bere) .... troppo vino bianco e (io-non mangiare) .... quasi nulla. 7) L'altra sera Luca (mostrarci) .... le diapositive che (lui-fare) .... durante il suo viaggio in Africa. (Io-non vedere) .... mai delle foto così belle! 8) (Lui-non prendere) .... le medicine che il medico (dargli) .... È per questa ragione che ancora (lui-non guarire) .... ! 9) (Lui-non capire) .... quello che (io-dirgli) .... 10) Spesso il professore (dovere) .... rispiegare, perché nessuno degli studenti (capire) .... 11) Non appena (noi-sapere) .... quello che (succedergli) .... (noi-andare) .... subito a casa sua. 12) Come (andare) .... l'esame? Molto male. (Io-non sapere) .... rispondere a nessuna delle domande perché (io-non studiare) .... abbastanza.

37. >>>> *Mettere la forma giusta del verbo fra parentesi, scegliendo fra il Trapassato prossimo e il Trapassato remoto.*
(Verbi regolari e irregolari) ☑ p. 251

Es. Paola fece bene l'esame perché (lei-studiare) .... molto.
Paola fece bene l'esame perché ***aveva studiato*** *molto.*

Dopo che (lei-mangiare) ...., Paola uscì di casa.
Dopo che ***ebbe mangiato****, Paola uscì di casa.*

1) Mi svegliai e mi accorsi che mio marito (alzarsi) .... già. 2) Lui si ricordò improvvisamente dove (lui-mettere) .... le chiavi di casa. 3) Appena (lei-finire) .... di leggere la lettera, cominciò a fare dei salti di gioia. 4) Io non seppi raccontare a nessuno come (accadere) .... quell'incidente. 5) Loro mi telefonarono per dirmi che tutto (andare) .... bene e che non c'era nulla di cui doversi preoccupare. 6) Non appena (noi-renderci conto) .... che (succedere) .... qualcosa di strano chiamammo la polizia. 7) L'uomo fu condannato a pagare una grossa multa, perché (lui-rifiutarsi) .... di seguire i consigli che l'avvocato (dargli) .... 8) Loro se la presero con lui, perché (lui-non mantenere) .... gli impegni e (lui-non rispettare) .... i patti. 9) Appena (lui-vederla) .... se ne innamorò. 10) Lei disse che (lei-arrivare) .... in ritardo perché (lei-perdere) .... l'autobus e per questo motivo (lei-dovere) .... fare tutta la strada a piedi. 11) Dopo che (loro-vedere) .... in che stato i figli (lasciare) .... l'appartamento, decisero di punirli. 12) Scusami tanto se non ti ho salutato subito, ma con quegli occhiali scuri e quel cappello (io-non riconoscerti) .... 13) Quando (smettere) .... di piovere, potemmo finalmente uscire. 14) Per fortuna ho telefonato a Paolo e gli ho ricordato l'appuntamento che (noi-fissare) .... per stasera. Come al solito lui (dimenticarsene) .... già.

38. > *Trasformare al singolare o al plurale le frasi seguenti. (Verbi regolari)* ☑ p. 251

Es. (Io) canterei una canzone. → *(Noi)* ***canteremmo*** *una canzone.*
(Voi) partireste stamattina? → *(Tu)* ***partiresti*** *stamattina?*

1) (Tu) presteresti la bici a Piero? ....
2) (Io) inviterei tutti gli amici. ....
3) (Loro) passerebbero da casa stasera. ....
4) Quando (tu) cominceresti i lavori? ....
5) (Tu) prepareresti la cena per favore? ....

6) (Io) parteciperei volentieri alla festa. ....
7) (Lui) ci aiuterebbe senza problemi. ....
8) (Voi) gradireste un bicchiere di vino? ....
9) (Tu) leggeresti questa poesia per noi? ....
10) (Lui) non venderebbe mai quella casa. ....

11) (Io) prenderei delle fragole con panna. ....
12) (Voi) ci offrireste un caffè? ....
13) (Loro) partirebbero anche subito. ....
14) (Noi) mangeremmo volentieri la pasta. ....
15) Che cosa (tu) penseresti al posto mio? ....

16) (Lei) non ci crederebbe mai. ....
17) (Io) non parlerei di questo con lui. ....
18) (Lui) ti risponderebbe certamente di sì. ....
19) (Voi) vi divertireste con noi. ....
20) (Noi) le regaleremmo una borsa. ....

21) (Tu) pagheresti il conto anche per me? ....
22) (Io) aspetterei ancora cinque minuti. ....
23) (Noi) cercheremmo di restare calmi. ....
24) (Io) cambierei volentieri la macchina. ....
25) (Loro) tornerebbero qui anche domani. ....

39. >> *Trasformare al singolare o al plurale le frasi seguenti.*
(Verbi irregolari) ☑ p. 251

Es. (Io) sarei felice di vedervi. → (Noi) ***saremmo*** *felici di vedervi.*
(Loro) non potrebbero capire. → (Lui) non ***potrebbe*** *capire.*

1) (Lei) verrebbe a casa nostra tutti i giorni. ....
2) (Voi) stareste più comodi qui. ....
3) (Noi) dovremmo alzarci più presto. ....
4) Oggi (io) rimarrei a casa tutto il giorno. ....
5) (Signore), mi darebbe un passaggio? ....

6) (Tu) potresti prestarmi il libro? ....
7) (Loro) non si moverebbero mai di casa. ....
8) (Lui) non farebbe mai una cosa simile. ....
9) (Tu) terresti il mio cane per un mese? ....
10) (Voi) vivreste in un altro Paese? ....

11) (Signora), potrebbe parlare più forte? ....
12) (Io) sarei felice di potervi aiutare. ....
13) (Voi) sapreste dirmi che ora è? ....
14) (Io) verrei volentieri al tuo matrimonio. ....
15) (Tu) saresti in grado di finire domani? ....

16) (Voi) avreste dei problemi a ospitarci? ....
17) (Lei) tradurrebbe questa lettera? ....
18) (tu) avresti una sigaretta da darmi? ....
19) (Io) non gli darei molta importanza. ....
20) (Tu) vorresti un cane? ....

21) (Io) berrei una cioccolata calda. ....
22) (Lei) potrebbe ripetere, per favore? ....
23) (Voi) manterreste questo segreto? ....
24) (Lui) non vorrebbe cambiare città. ....
25) (Tu) sapresti rispondere alla domanda? ....

40. >> *Mettere la forma giusta del verbo fra parentesi. (Verbi regolari e irregolari)* ☑ p. 251

Es. Adesso (io-prendere) .... volentieri un aperitivo.
*Adesso **prenderei** volentieri un aperitivo.*

(Noi-non vivere) .... mai in una città come questa.
*Non **vivremmo** mai in una città come questa.*

1) Giovanna, quale vestito (tu-mettere) .... per la cena di domani? 2) (Piacerti) .... essere una persona ricca e famosa? 3) Scusi, (Lei-sapere) .... dirmi dov'è la farmacia più vicina? 4) Ho molta sete. (Io-bere) .... volentieri una bella birra fresca. 5) (Voi-mangiare) .... una bella bistecca al sangue? 6) (Noi-essere) .... molto contenti di rivedere Andreas. 7) (Tu-venire) .... con me in vacanza? 8) Forse (essere) .... meglio non vederci più. 9) (Noi-prendere) .... un gelato con la panna e il cioccolato. 10) (Lui-non viaggiare) .... mai in aereo. Ha una paura matta di volare. 11) (Io-desiderare) .... avere informazioni più precise sugli orari di partenza e arrivo. 12) Pino, (io-avere) .... una cosa importante da dirti. 13) (Voi-potere) .... ospitarmi a casa vostra per qualche giorno? 14) Questo posto ci piace così tanto che (noi-passare) .... qui tutte le nostre vacanze. 15) (Io-ascoltare) .... con piacere quei vecchi dischi di tuo padre. 16) Signor Ferretti, (Lei-gradire) .... un caffè? 17) Stefano e Cesare (venire) .... con voi, ma forse non possono. 18) Con questo caldo (io-dormire) .... tutto il giorno. 19) Nessuno di voi (potere) .... farmi cambiare idea. 20) In questo momento (io-volere) .... essere su una spiaggia deserta. 21) Ma come fai a sopportare una situazione simile? (Io-non avere) .... tutta questa pazienza. 22) (Dispiacermi) .... molto perdere la sua amicizia.

41. >>> *Mettere la forma giusta del verbo fra parentesi.*
(Verbi regolari e irregolari) ☑ p. 252

Es. (Guidare) .... tu per favore? Sono molto stanco. (Piacermi) ...., ma (essere) .... pericoloso, perché non sono capace di guidare bene.

Guideresti *tu per favore? Sono molto stanco. Mi* **piacerebbe**, *ma* **sarebbe** *pericoloso, perché non sono capace di guidare bene.*

1) Che ne pensi? (Loro-accettare) .... un regalo così costoso? (Io-non sapere) .... Non li conosco bene. 2) Sono pazzo di lei. (Io-fare) .... qualunque cosa per renderla felice. 3) (Tu-dire) .... che quella bella signora ha quasi cinquant'anni? Incredibile! (Io-non dargliene) .... più di quaranta! (Essere) .... bello se fossi così anch'io a quell'età! 4) Che cosa (tu-fare) .... se ti trovassi al mio posto? (Tu-potere) .... darmi un consiglio? 5) Ragazzi, (voi-accompagnarmi) .... in macchina? Sono così stanca che (io-non arrivare) .... neanche alla fermata dell'autobus. 6) Al tuo posto (io-non essere) .... così pessimista. In fin dei conti (tu-potere) .... anche avere dei vantaggi da questa situazione. 7) (Tu-dovere) .... essere più gentile con loro. Lo sai che ti vogliono tanto bene e che (loro-fare) .... di tutto per aiutarti. 8) Se non ti dispiace (io-preferire) .... una camera con vista sul mare. Così domani mattina (noi-potere) .... fare una romantica colazione. 9) (Io-volere) .... tanto aiutarli, ma (essere) .... troppo rischioso in questo momento. 10) (Io-comprare) .... volentieri una macchina decappottabile e d'estate (io-fare) .... un bel viaggio nell'Europa meridionale. 11) Perché non mangi meno? (Tu-sentirti) .... meglio e (tu-non avere) .... tutti quei problemi di linea. 12) Con questo brutto tempo (io-rimanere) .... a casa oggi pomeriggio.

42. >>> *Mettere la forma giusta del verbo fra parentesi.*
(Verbi regolari e irregolari) ☑ p. 252

Es. Domani (io-andare) .... volentieri al mare. (Piacermi) .... fare un bagno.
Domani ***andrei*** *volentieri al mare. Mi* ***piacerebbe*** *fare un bagno.*

La settimana scorsa (io-andare) .... volentieri al mare. (Piacermi) .... fare un bagno.
La settimana scorsa ***sarei andato,a*** *volentieri al mare.*
Mi ***sarebbe piaciuto*** *fare un bagno.*

1) Ma è proprio necessario andare a piedi? Siamo stanchi. (Noi-non potere) .... prendere un autobus o un taxi? 2) (Voi-non dovere) .... dirgli tutte quelle cose. Si è offeso. 3) (Io-comprarti) .... quella cravatta che ti piaceva tanto, ma non ce l'avevano più. 4) (Io-preferire) .... un gelato al cioccolato, ma se non c'è va bene anche alla frutta. 5) Secondo le ultime statistiche, gli Italiani (leggere) .... molti più giornali che libri. 6) Perché non sei venuta? (Farti) .... bene una bella giornata al mare. 7) (Essere) .... un grosso errore perdere quest'opportunità di lavoro. Al posto tuo (io-pensarci) .... meglio. 8) Nella vita (bisognare) .... saper ridere di se stessi. 9) Secondo te ho sbagliato? Allora dimmi come (tu-comportarti) .... al mio posto. 10) Tutti mi dicevano il contrario, ma io ero sicuro che (tu-tornare) .... e che (tu-non deludermi) .... 11) Secondo i giornali e la TV, questa (essere) .... l'estate più calda degli ultimi anni. 12) (Piacerti) .... conoscere il mio amico Aldo? 13) Sei sicura di voler comprare proprio questo vestito? Secondo me, prima di decidere definitivamente, (tu-dovere) .... provarne degli altri. 14) Quando ho conosciuto Anna (io-volere) .... chiederle il suo numero di telefono, ma poi non ne ho avuto il coraggio. 15) Grazie per il tuo bellissimo regalo, Cesare. Ero sicura che (tu-ricordarti) .... del mio compleanno.

43. >>>> *Mettere la forma giusta del verbo fra parentesi.*
(Verbi regolari e irregolari) ☑ p. 252

Es. Carla, (tu-potere) .... per favore aiutarmi a portare questo pacco? (lo-farlo) .... volentieri, ma ho mal di schiena.
Carla, ***potresti*** *per favore aiutarmi a portare questo pacco? Lo* ***farei*** *volentieri, ma ho mal di schiena.*

Ieri sono stata dal medico e mi ha detto che negli ultimi tempi (io-dovere) .... riposarmi di più e lavorare di meno.
Ieri sono stata dal medico e mi ha detto che negli ultimi tempi ***avrei dovuto*** *riposarmi di più e lavorare di meno.*

1) (Io-non pensare) .... mai che quei due ragazzi (essere) .... capaci di comportarsi in quel modo. (Loro-dovere) .... vergognarsi per quello che hanno fatto! 2) Caro signor Giorgi (io-volere) .... parlarLe, se permette. (Io-volere) .... farlo anche prima, ma non è stato possibile. 3) Quando ci conoscemmo (io-non pensare) .... mai che (noi-trascorrere) .... tutta la vita insieme. 4) Penso che in generale (tu-dovere) .... essere più indifferente a quello che dice quell'uomo. (Io-non dare) .... tanta importanza alle sue parole. 5) Conosco bene Giovanni e so che (lui-non essere) .... capace di tradire un amico. 6) Ero quasi sicuro che (loro-riuscire) .... a convincerlo, ma evidentemente mi sbagliavo. 7) Se l'altro giorno avessimo saputo che non ti sentivi bene, (noi-non passare) .... da casa tua e certamente (noi-non disturbarti) .... mentre dormivi. 8) Secondo me, arrivati a questo punto, (tu-dovere) .... chiarire la tua posizione a tutti i colleghi. 9) Perché non mi hai chiamato? Sai benissimo che (io-aiutarti) .... senza problemi, anzi, con piacere. 10) Forse (essere) .... meglio se io stessi zitto, ma a mio parere non hai fatto la cosa giusta. (Tu-dovere) .... parlarne subito a tua moglie, che certamente (capire) .... la situazione.

***44.** > Trasformare al singolare o al plurale le frasi seguenti.*
(Verbi regolari) ☑ p. 252

Es. Credo che (lui) parli troppo. → Credo che (loro) ***parlino*** *troppo.*
Penso che (voi) cantiate bene. → Penso che (tu) ***canti*** *bene.*

1) Mi pare che (tu) non studi molto. ....
2) Bisogna che (voi) prendiate un taxi. ....
3) È meglio che (noi) chiediamo al vigile. ....
4) Non voglio che (voi) accendiate la TV. ....
5) Spero che (loro) portino il vino. ....

6) Credo che (tu) la conosca già. ....
7) Speriamo che (lei) trovi una soluzione. ....
8) È possibile che (voi) sbagliate. ....
9) Non credo che (lui) la veda volentieri. ....
10) Non sono certo che (loro) arrivino oggi. ....

11) Preferisco che le telefoni tu. ....
12) È probabile che (io) ci metta più tempo. ....
13) Mi sembra che (loro) abitino in centro. ....
14) Può darsi che (lei) resti qui per sempre. ....
15) È difficile che (io) lo dimentichi. ....

16) Lui è felice che (lei) si sposi. ....
17) Mi auguro che vinciate voi. ....
18) È indispensabile che (io) finisca stasera. ....
19) Penso che (lui) preferisca la montagna. ....
20) Non è giusto che paghi sempre io. ....

21) È necessario che (voi) partiate subito. ....
22) Mi dispiace che (lui) non scriva più. ....
23) Spero che (tu) non arrivi tardi. ....
24) È importante che (voi) capiate bene. ....
25) Pare che (lei) balli molto bene. ....

45. >> *Trasformare al singolare o al plurale le frasi seguenti. (Verbi irregolari)* ☑ p. 252

Es. Credo che (tu) abbia ragione → Credo che (voi) ***abbiate*** *ragione.*
Sembra che (loro) non vengano → Sembra che (lui) non ***venga****.*

1) Mi fa piacere che (tu) sia felice. ....
2) Speriamo che (loro) dicano di sì. ....
3) Credo che (lui) abbia cinquant'anni. ....
4) È meglio che (tu) scelga un altro colore. ....
5) Non ha senso che (io) faccia tanta fatica. ....

6) Voglio che (voi) togliate tutto dal tavolo. ....
7) Pensi che (noi) dobbiamo restare qui? ....
8) Bisogna che (io) me ne vada subito. ....
9) Si dice che (loro) vogliano divorziare. ....
10) Ti fa piacere che (noi) veniamo a cena? ....

11) Spero che (voi) rimaniate qui a lungo. ....
12) È giusto che (tu) sappia la verità. ....
13) Mi auguro che (loro) possano venire. ....
14) È strano che (lei) non esca mai la sera. ....
15) Mi pare che (voi) beviate un po' troppo. ....

16) È necessario che (noi) saliamo a piedi. ....
17) Mi sembra che (tu) gli dia troppa fiducia. ....
18) È meglio che (tu) colga l'occasione. ....
19) È indispensabile che (tu) riduca le spese. ....
20) Non credo che (voi) ci riusciate. ....

21) Preferisco che (Lei) traduca letteralmente. ....
22) È assurdo che (tu) tenga la luce accesa. ....
23) Voglio che (tu) spenga subito la luce! ....
24) Pare che (lui) stia male da ieri. ....
25) Voglio che (lui) si sieda qui accanto a me. ....

46. >> *Mettere la forma giusta del verbo fra parentesi.*
(Verbi regolari) ☑ p. 252

Es. Loro verranno a salutarci prima che (noi-partire) ....
Loro verranno a salutarci prima che noi ***partiamo****.*

1) È necessario che (noi-spedire) .... questo telegramma al più presto. 2) Mi sembra che (lui-non mangiare) .... carne. 3) Luca e Aldo verranno a salutarci all'aeroporto prima che (noi-partire) .... 4) È incredibile che tu ogni volta (arrivare) .... in ritardo! 5) Sono davvero contento che (voi-trovarvi) .... bene nella nuova casa. 6) Ti racconterò tutto, a patto che (tu-non parlarne) .... con nessuno. 7) È indispensabile, signor Bellucci, che (Lei-smettere) .... di fumare. 8) Noi tutti siamo contenti che anche lui (vedere) .... le cose nello stesso modo. 9) Non capisco perché (tu-correre) .... tanto. Che fretta hai? 10) Bisogna che (noi-ricordarci) .... di comprare pane e frutta, prima che i negozi (chiudere) .... 11) Forse è meglio che (io-ritornare) .... fra qualche giorno. 12) Mi pare che la vita in questa città (costare) .... un po' troppo. 13) Credo che (loro-non leggere) .... i giornali, perché non sono informati quasi mai su quello che succede nel mondo. 14) Ormai hanno deciso di uscire, benché (piovere) .... a dirotto. 15) Non vale la pena che (voi-arrabbiarvi) .... per una simile sciocchezza. 16) Non sono del tutto sicura che (tu-capire) .... quello che ti sto dicendo. 17) Ho paura che Paola (non sentirsi) .... bene oggi: è così pallida! 18) Mio marito non vuole che (io-mettermi) .... questo vestito per la festa. 19) Non mi aspetto che (lei-ritornare) .... da me. 20) Si dice che Piero (sognare) .... di sposarsi presto con Anna. 21) Sembra che questo film (durare) .... più di tre ore e mezza. 22) Parla più forte. Mi pare che (lui-non sentire) ....

47. >>> *Mettere la forma giusta del verbo fra parentesi.*
(Verbi irregolari) ☑ p. 252

Es. Mi pare che Giorgio (stare) .... meglio negli ultimi tempi.
Mi pare che Giorgio ***stia*** *meglio negli ultimi tempi.*

1) È meglio che (Lei-sedersi) .... laggiù, signora. 2) Dicono che (non valere) .... la pena di vedere quel balletto. 3) Mi domando se (lui-essere) .... in grado di affrontare questa situazione. 4) Qualunque cosa (lui-dire) .... di te, tu non ascoltarlo! 5) Uscirò con loro, sebbene (io-non averne) .... molta voglia. 6) Non ho mai visto quell'uomo ubriaco, malgrado (lui-bere) .... come una spugna. 7) Cerchiamo una persona che (tradurre) .... questa lettera dal russo all'italiano. 8) Spero che (tu-sapere) .... quello che fai. 9) Mi sorprende che (lei-non volere) .... accettare la tua proposta. 10) Amore, bisogna che (tu-darmi) .... un po' di soldi, perché quelli che mi hai dato ieri li ho spesi tutti! 11) E va bene bambini. Potete giocare qui in casa, ma solo a patto che (voi-non fare) .... troppo rumore. 12) Non capisco perché (lei-dovere) .... sempre avere questi privilegi! 13) Tutti si domandano perché (loro-non uscire) .... mai insieme. 14) Non è necessario che (voi-venire) .... domani mattina presto. È sufficiente che (voi-essere) .... qui prima delle dieci. 15) Ho paura che (loro-rimanere) .... delusi, se non andiamo alla festa per l'anniversario di matrimonio. 16) È bene che (tu-scegliere) .... senza farti influenzare dalle opinioni degli altri. 17) È necessario che (voi-cogliere) .... al volo questa occasione, perché in futuro non ce ne sarà un'altra. 18) Voglio che (tu-uscire) .... da questa stanza e che (tu-toglierti) .... subito dai piedi! 19) Che (lui-imporre) .... sempre le sue decisioni, è risaputo. 20) Mi auguro che tua madre (stare) .... meglio.

48. >>> *Mettere la forma giusta del verbo fra parentesi, scegliendo fra Congiuntivo Presente e Passato. (Verbi regolari e irregolari)* ☑ p. 252

Es. Mi pare che questa volta (tu-avere) .... ragione.
*Mi pare che questa volta tu **abbia** ragione.*

Non sono certo che ieri (voi-fare) .... la cosa giusta.
*Non sono certo che voi ieri **abbiate fatto** la cosa giusta.*

1) Mi domando perché (loro-non arrivare) .... ancora. Che (loro-perdersi) ....? 2) Penso che in questa situazione (tu-non avere) .... un'altra scelta. 3) Non capisco perché in questo periodo (io-essere) .... sempre così stanca, sebbene (io-dormire) .... dieci ore a notte! 4) È giusto che la giuria (premiare) .... quel film. Era senza dubbio il più bello visto a questo festival. 5) Mi meraviglio di te! Possibile che (tu-non avere) .... il coraggio di dirle quello che pensi? 6) Non penserai mica che (essere) .... noi a farti quel brutto scherzo, vero? 7) Non mi stupisce che (lui-ingrassare) .... di dieci chili negli ultimi mesi. Guarda come mangia! 8) Domani potremmo andare al lago e fare un pic-nic, a meno che (tu-non avere) .... un'idea migliore. 9) È meglio che Maria (rimanere) .... a casa, visto che non stava bene. 10) Sono contento che questo vestito (piacerLe) ...., signora. È senza dubbio il migliore che (Lei-provare) .... 11) Mi dispiace molto che (loro-decidere) .... di andarsene così all'improvviso. 12) Grazie. Sono i fiori più belli che (io-ricevere) .... mai. 13) Sta' tranquilla. Comunque (andare) .... le cose, noi saremo sempre pronti ad aiutarti, Giorgia. 14) Il suo cane lo segue sempre ovunque (lui-andare) .... 15) Nessuno sa esattamente che cosa (succedere) .... ieri sera a casa di Daniele. 16) Non so chi (potere) .... dirti una cosa simile. È una pura invenzione.

49. >>> *Mettere la forma giusta del verbo fra parentesi, scegliendo fra Congiuntivo Presente e Passato.*
(Verbi regolari e irregolari) ☑ p. 253

Es. Mi pare che questa volta (tu-avere) .... ragione.
*Mi pare che questa volta tu **abbia** ragione.*

Non sono certo che ieri (voi-fare) .... la cosa giusta.
*Non sono certo che voi ieri **abbiate fatto** la cosa giusta.*

1) È strano che Michele (non scrivere) .... da quasi un mese: può darsi che (lui-perdere) .... il nostro nuovo indirizzo. 2) Temo che (loro-rimanere) .... delusi di non essere stati invitati alla nostra festa. Spero proprio che (loro-perdonarci) .... per questa dimenticanza. 3) Non mi sembra che (voi-comportarvi) .... bene con quella signora: avreste dovuto cederle il posto sull'autobus! 4) Ricordati che ovunque (tu-andare) .... e ovunque (tu-nasconderti) ...., io ti ritroverò. 5) Nonostante (lui-studiare) .... tanto negli ultimi mesi, all'esame è stato bocciato. 6) Mi sembra proprio che (noi-prendere) .... la strada sbagliata, perché a quest'ora dovremmo essere già arrivati. Spero che (loro-non stare) .... in pena per noi. 7) È possibile che (tu-sopravvalutare) .... quella persona. Forse non meritava la tua fiducia. 8) Non credo che ieri (lui-dirti) .... tutta la verità, nonostante che da mesi ormai (lui-continuare) .... a raccontare la stessa storia. 9) Comunque (voi-fare) ...., per me va sempre bene. 10) È davvero incredibile che (tu-dimenticarti) .... la data di nascita di tuo padre! 11) È probabile che (loro-non arrivare) .... ancora, altrimenti ci avrebbero telefonato. 12) Mi pare che quel ragazzo (essere) .... molto intelligente e preparato. 13) Aspettiamo che (voi-dire) .... quello che pensate veramente. 14) È la ragazza più bella che (io-conoscere) .... in tutta la mia vita!

50. > *Trasformare al singolare o al plurale le frasi seguenti. (Verbi regolari)* ☑ p. 253

Es. Non sapevo che (tu) cantassi. → Non sapevo che (voi) ***cantaste****.*
Speravo che (voi) arrivaste prima. → Speravo che (tu) ***arrivassi*** *prima.*

1) Temevo che (tu) partissi subito. ....
2) Era giusto che parlaste prima voi. ....
3) Speravano che (io) finissi in tempo. ....
4) Era possibile che (lui) mentisse. ....
5) Non era necessario che (tu) ripetessi. ....

6) Avevano paura che venisse anche lei. ....
7) Preferiva che (noi) restassimo a casa. ....
8) Non sapevo che (tu) dipingessi. ....
9) Era ora che (voi) lasciaste quella casa. ....
10) Pensavo che (lei) non capisse tutto. ....

11) Bisognava che (voi) aspettaste di più. ....
12) Avevo paura che (loro) andassero via. ....
13) Sarebbe meglio che (tu) telefonassi. ....
14) Non volevo che (lui) sapesse la verità. ....
15) Vorrei che (tu) aprissi la finestra. ....

16) Basterebbe che (voi) tornaste prima. ....
17) Pensava che (noi) lavorassimo oggi. ....
18) Non capivo perché (loro) restassero lì. ....
19) Mi è parso che (lui) avesse freddo. ....
20) Era strano che (lei) non scrivesse più. ....

21) Vorrei che (tu) pulissi questa stanza. ....
22) Sembrava che (lui) salutasse noi. ....
23) Dubitavo che (loro) si separassero. ....
24) Mi pareva che (lei) abitasse qui vicino. ....
25) Bisognava che (tu) aspettassi ancora. ....

51. >> *Trasformare al singolare o al plurale le frasi seguenti.*
(Verbi regolari e irregolari) ☑ p. 253

Es. Sembrava che (lui) sentisse. → Sembrava che (loro) ***sentissero****.*
Sembrava che (voi) sentiste. → Sembrava che (tu) ***sentissi****.*

Vorrei che (tu) dicessi tutto. → Vorrei che (voi) ***diceste*** *tutto.*
Vorrei che (voi) diceste tutto. → Vorrei che (tu) ***dicessi*** *tutto.*

1) Preferirei che (tu) dicessi la verità. ....
2) Bisognerebbe che (voi) ascoltaste. ....
3) Magari (io) fossi al posto tuo! ....
4) Vorremmo che (lui) cantasse per noi. ....
5) Mi pareva che (tu) non stessi bene. ....

6) Speravo che (tu) traducessi la lettera. ....
7) Credevo che (loro) ci vedessero. ....
8) Lui vorrebbe che (io) fossi più paziente. ....
9) Sperava che (noi) facessimo in tempo. ....
10) Vorrei che (tu) andassi via! ....

11) Bastava che (tu) facessi più attenzione! ....
12) Non sapevo che (tu) bevessi alcolici. ....
13) Vorrei tanto che (lei) stesse con me! ....
14) Non credeva che (io) dicessi sul serio. ....
15) Non pensavo che (tu) mi credessi. ....

16) Ci auguravamo che (lui) stesse meglio. ....
17) Si aspettava che (io) gli dessi ragione. ....
18) Volevo che (tu) cucinassi per me. ....
19) Non vorrei che (voi) faceste tardi. ....
20) Era strano che (loro) non scrivessero. ....

52. >>> *Mettere la forma giusta del verbo fra parentesi. (Verbi regolari e irregolari)* ☑ p. 253

Es. Mi piacerebbe che (voi-riflettere) .... prima di parlare!
Mi piacerebbe che voi ***rifletteste*** *prima di parlare!*

1) Vorrei che (tu-smetterla) .... di fare rumore! Ho bisogno di dormire un po'. 2) Non occorreva che (tu-dirmelo) .... Avevo già capito tutto. 3) Aveva cominciato a irritarsi, ancor prima che (noi-aprire) .... bocca. 4) Non mi aspettavo proprio che (loro-condurre) .... una vita così lussuosa! 5) Non credeva che suo figlio (avere) .... tanto bisogno di affetto e comprensione. 6) Non avrei mai immaginato che Giovanna (essere) .... così gelosa! 7) Non vorrei assolutamente che (tu-interpretare) .... male le mie parole. 8) Fece di tutto affinché ogni cosa (risolversi) .... presto e senza danni per nessuno. 9) Sarebbe meglio che (voi-dare) .... più fiducia a vostro figlio e (voi-lasciarlo) .... decidere da solo sul suo futuro. 10) Si comportano come se (loro-non sapere) .... chi siamo e che cosa vogliamo. 11) Era del tutto ovvio che mia madre (dare) .... ragione a te e non a me! 12) Le chiesi quale scrittore (lei-preferire) ...., ma non mi seppe dare nessuna risposta. 13) Occorreva qualcuno che (animare) .... la serata e così ho chiamato Lorenzo. 14) Mi piacerebbe tanto che (lui-essere) .... qui con me e (lui-parlarmi) .... ancora come la prima volta che ci siamo conosciuti! 15) Avevamo una paura matta che (loro-proporci) .... di passare un'altra vacanza con loro. Erano sempre così noiosi! 16) Non erano certi che (io-essere) .... la persona più adatta per quel lavoro. 17) Non sopportavo che (loro-trattare) .... male il loro cane e decisi di denunciarli. 18) Non immaginavo che (voi-essere) .... così volgari e (voi-dire) .... tante parolacce!

53. >>> *Mettere la forma giusta del verbo fra parentesi, scegliendo fra Congiuntivo Imperfetto e Trapassato. (Verbi regolari e irregolari)* ☑ p. 253

Es. Mi pareva che quella volta (tu-avere) .... ragione.
Mi pareva che quella volta tu ***avessi*** *ragione.*

Non ero certo che il giorno prima (voi-fare) .... la cosa giusta.
Non ero certo che il giorno prima voi ***aveste fatto*** *la cosa giusta.*

1) Sembrò a tutti che (lui-concludere) .... un ottimo affare, comprando quella società in crisi. 2) Volli fare di testa mia, benché tutti (sconsigliarmi) .... più volte di accettare quella proposta. 3) Bisognerebbe che (tu-scendere) .... in cantina e che (tu-prendere) .... quella bottiglia di vino che abbiamo tenuto da parte per le occasioni importanti. 4) Non vi ho visti arrivare e ho temuto che (succedervi) .... qualcosa. 5) Vorrei che (voi-darmi) .... un po' di tempo per decidere con calma. 6) Non mi aspettavo che i negozi in Italia (chiudere) .... così tardi la sera. 7) Mi era sembrato che (lui-superare) .... bene quel brutto momento, ma evidentemente mi sono sbagliato. 8) Dubitavamo che tutti i nostri sforzi (servire) .... a convincerlo e a fare in modo che (lui-cambiare) .... idea. 9) Ero contenta che tutti (ricordarsi) .... del mio compleanno e (loro-telefonarmi) .... per farmi gli auguri. 10) Ma come hai fatto a non pagare il conto del ristorante? Sono uscito tranquillo perché ho pensato che (pagare) .... già tu. 11) Speravo che il tempo (migliorare) .... e che noi due (potere) .... andare al mare il prossimo fine settimana. 12) Vorremmo tanto che (tu-comportarti) .... bene alla cena di questa sera! 13) Se n'è andato, malgrado (io-pregarlo) .... di restare con me. 14) Mi piacerebbe che (tu-capirmi) .... di più. 15) Il commissario dubitava che il testimone (dire) .... tutta la verità.

54. >>> *Mettere la forma giusta del verbo fra parentesi, scegliendo fra Congiuntivo Imperfetto e Trapassato.*
(Verbi regolari e irregolari) ☑ p. 253

Es. Mi pareva che quella volta (tu-avere) .... ragione.
Mi pareva che quella volta tu ***avessi*** *ragione.*

Non ero certo che il giorno prima (voi-fare) .... la cosa giusta.
Non ero certo che il giorno prima voi ***aveste fatto*** *la cosa giusta.*

1) Temevamo che (loro-non capire) .... lo scherzo che gli avevamo fatto e per questo (loro-essere) .... molto arrabbiati con noi. 2) Sarebbe stato meglio che i bambini (non assistere) .... a quella scena violenta, ma è stato inevitabile. 3) Era un uomo sprecato per quel lavoro. Peccato che la vita (non offrirgli) .... altre opportunità. 4) Ho ripetuto tutta la storia, perché mi sembrava che la prima volta (tu-non capirla) .... bene. 5) Avrei preferito che (tu-essere) .... più sincera con me e (tu-dirmi) .... chiaramente quello che pensavi. 6) Sarebbe bastato che (voi-avvertirci) .... qualche giorno prima del vostro arrivo e avremmo preparato una stanza per voi. 7) Non volevo che (tu-pensare) .... quelle brutte cose di me. 8) Anche quest'anno siamo andati in vacanza all'isola d'Elba, sebbene (noi-starci) .... già l'anno scorso. 9) Il nonno desidererebbe che stasera (tu-restare) .... con lui e (tu-fargli) .... compagnia. 10) Nessuno di loro capiva chi (essere) .... quell'uomo e da dove (lui-venire) .... 11) Aldo fece una tale scenata, che tutti i presenti pensarono che (lui-impazzire) .... improvvisamente. 12) Mi piacerebbe che la prossima volta (tu-dimostrare) .... maggiore impegno e (tu-fare) .... del tuo meglio per portare a termine il lavoro. 13) Sembrava che (circolare) .... strane voci sul conto di quella donna. 14) Pensavo che Carmela (partire) .... già e invece è ancora qui.

55. >> *Trasformare le frasi seguenti dall'Indicativo Presente all'Imperativo positivo e negativo. (Verbi regolari e irregolari)* ☑ p. 253

*Es. Lei **fa** sempre come dico io*
***Faccia** sempre come dico io! / **Non faccia** sempre come dico io!*

*Tu **vai** a Roma domani?*
***Va'** a Roma domani! / **Non andare** a Roma domani!*

1) Tu **aspetti** l'autobus. Tu non **vai** a piedi fino a casa tua.

..../..

2) Lei, signor Rossi, **mi telefona** sempre a casa all'ora di cena.

..../..

3) Noi **lo salutiamo** sempre, quando l'incontriamo.

..../..

4) Tu **pensi** solo ai fatti tuoi. Ogni tanto **sei** un po' egoista.

..../..

5) Noi **gli facciamo** questo scherzo.

..../..

6) Lei **sta** zitta e **dice** di non avere visto niente.

..../..

7) I signori **bevono** un po' di spumante, prima di cena?

..../..

8) Tu **lo fai** sempre aspettare venti minuti, prima di farlo entrare.

..../..

9) Signora, Lei **tiene** il suo gatto sempre in casa?

..../..

10) Lei **crede** a quello che Le ha appena detto Sua figlia?

..../..

56. >> *Trasformare le frasi seguenti dall'Indicativo Presente all'Imperativo positivo e negativo. (Verbi regolari e irregolari)* ☑ p. 253

Es. Lei ***fa*** *sempre come dico io*
Faccia *sempre come dico io! /* ***Non faccia*** *sempre come dico io!*

Tu ***vai*** *a Roma domani?*
Va' *a Roma domani! /* ***Non andare*** *a Roma domani!*

1) **Ti ricordi** di quello che è successo?

..../..

2) Loro **ascoltano** con attenzione tutto quello che dico.

..../..

3) **Telefoni** a tuo marito? Glielo **dici**?

..../..

4) **Cambiamo** il programma della gita di domani?

..../..

5) Voi **avete** molta pazienza con i vostri figli.

..../..

6) Tu **ne parli** sempre con tutti.

..../..

7) Sono molto in ritardo. **Mi aspettate**?

..../..

8) I signori **entrano** dalla porta principale e **vanno** nel salone.

..../..

9) Voi **vi comportate** sempre nello stesso modo.

..../..

10) Tu **te ne vai** senza dire una parola.

..../..

57. >> *Trasformare le frasi seguenti dall'Imperativo positivo all'Imperativo negativo. (Verbi regolari e irregolari)* ☑ p. 254

Es. Scriviamo alla zia domani! → **Non scriviamo** *alla zia domani!*
Scrivi alla zia domani! → **Non scrivere** *alla zia domani!*

1) Dimenticate tutto ciò che ho detto! ....
2) Andate subito a casa di Piera! ....
3) Vergognati per quello che hai fatto! ....
4) Fermiamoci in un bar per un caffè! ....
5) La prego, gli faccia questo favore! ....
6) Sergio, passa da questa parte! ....
7) Restituisciglielo subito! ....
8) Me lo spediscano per posta! ....
9) Credile! Abbi fiducia! ....
10) Vacci subito e restaci! ....

58. >> *Trasformare i seguenti Modi infiniti in Imperativo positivo e negativo. (Verbi regolari e irregolari)* ☑ p. 254

Es. Tu-vergognarti! ....
Vergognati! **Non vergognarti**!

1) Voi-spedirmelo. ....
2) Tu-chiederglielo. ....
3) Tu-dircelo. ....
4) Noi-restituirglielo. ....
5) Tu-essere. ....
6) Lei-andarsene. ....
7) Tu-avere. ....
8) Voi-sapere. ....
9) Tu-farmelo. ....
10) Noi-dargliela. ....

59. >> *Mettere la forma giusta del verbo fra parentesi.*
(Verbi regolari e irregolari) ☑ p. 254

Es. Carla, (prendere) .... il libro! → Carla, ***prendi*** *il libro!*

1) Signore, se non vuole aspettare l'autobus (prendere) .... un taxi! 2) Per andare alla stazione (tu-seguire) .... le indicazioni stradali. 3) Claudia, (essere) .... gentile! (Tu-stare) .... un po' zitta, per favore! 4) Signore e signori (guardare) .... bene qui! 5) Luigi, (dimenticare) .... tutto quello che hai visto! 6) Signora, (parlare) .... più lentamente! 7) Ragazzi, (pulire) .... bene le scarpe, prima di entrare! 8) (Tu-non dire) .... che non ti avevo avvertito! 9) (Voi-fare) .... esattamente come vi dico io! 10) Giorgio, (telefonare) .... subito ai tuoi genitori! 11) (Tu-scusare) .... se ti ho disturbato! 12) (Lei-scusare) .... se L'ho disturbata! 13) (Tu-lasciare) .... perdere quella donna! 14) (Voi-avere) .... pazienza. 15) Ti prego, Gianni questa volta (tu-non venire) .... in ritardo come sempre!

60. >>> *Mettere la forma giusta del verbo fra parentesi.*
(Verbi regolari e irregolari) ☑ p. 254

Es. Signora, (dirmi) .... tutto! → Signora, ***mi dica*** *tutto!*

1) Silvano, (darmi) .... un consiglio! 2) Ragazzi, (sapere) .... che non potete fare i vostri comodi! 3) (Lei-perdonarci) .... Non pensavamo di offenderLa. 4) (Tu-non arrabbiarti) .... con me! È colpa sua! 5) (Tu-farmelo) .... sapere se hai bisogno di aiuto! 6) (Voi-lavarvi) .... le mani, prima di mangiare! 7) Signora, (non essere) .... così impaziente! 8) (Tu-starmi) .... a sentire un momento! 9) (Tu-farti) .... vivo, ogni tanto! 10) (Tu-dirmelo) .... subito!

61. >>>> *Mettere la forma giusta del verbo fra parentesi.*
(Verbi regolari e irregolari) ☑ p. 254

Es. (Tu-dirci) .... che cosa ti è successo!
***Dicci** che cosa ti è successo!*

(Voi-sapere) .... che qui comando io! (Voi-saperlo) ....!
***Sappiate** che qui comando io! **Sappiatelo**!*

1) (Lei-mostrarmi) .... subito i documenti! (Lei-mostrarmeli) .... senza fare troppe storie! 2) Ragazzi, (non arrabbiarvi) .... in questo modo! (Voi-non prendervela) .... con chi non ne ha colpa! 3) Bambini, (farmi) .... vedere i compiti di matematica! 4) (Noi-andarcene) .... via di qui! 5) Paola (portare) .... il cane a fare una passeggiata! (Tu-farlo) .... correre un po' e (tu-stare) .... attenta che non scappi! 6) Giorgio, (raccontarci) .... le tue vacanze e (tu-farci) .... vedere qualche bella foto! 7) (Voi-non avere) .... paura! (Voi-essere) .... tranquilli e tutto andrà bene! 8) Ma (tu-guardarti) .... allo specchio! Non vedi quanti chili sei dimagrita? 9) Robertino, (non dare) .... fastidio al gatto! (Tu-lasciarlo) .... in pace! 10) (Darmi) .... pure i cappotti, Signori! 11) (Tu-cercare) .... di capire la situazione in cui mi trovo! (Tu-pensarci) .... bene e poi (tu-dirmi) .... che cosa faresti al posto mio! 12) Signorina, (stare) .... tranquilla! (Lei-non preoccuparsi) ....! Andrà tutto per il meglio. 13) Marino, (ricordarti) .... sempre di fare un'abbondante colazione, prima di uscire e (tu-non alzarti) .... troppo tardi la mattina! 14) Marianna, (aspettare) ....! (Tu-fermarti) ....! Ti voglio parlare! 15) Ma insomma, (voi-smetterla) .... di chiacchierare! Non capisco niente del film. E anche tu, Gianni, (stare) .... un po' zitto per favore!

62. >> *Mettere la forma giusta del verbo fra parentesi, scegliendo fra Gerundio semplice e composto.*
(Verbi regolari e irregolari) ☑ p. 254

Es. Ieri, (camminare) .... per il centro, ho incontrato Alessio.
Ieri, ***camminando*** *per il centro, ho incontrato Alessio.*

(Fare) .... in passato questo lavoro, so bene come svolgerlo.
Avendo fatto *in passato questo lavoro, so bene come svolgerlo.*

1) Preferisco usare il treno, così (viaggiare) .... posso guardare il panorama, leggere o riposarmi. 2) Ieri mattina (guardare) .... dalla finestra della cucina, ho assistito a un incidente stradale. 3) (Nascere) .... e (crescere) .... all'estero, non aveva mai incontrato prima d'ora i suoi nonni. 4) (Non studiare) ...., Elisabetta è stata bocciata all'esame di italiano. 5) (Essere) .... molto timido, Alessandro fa molta fatica a conoscere persone nuove. 6) (Osservarla) .... meglio, questa nuova macchina non mi sembra poi tanto bella. 7) (Studiare) .... già lo spagnolo, ho meno difficoltà degli altri a capire l'italiano. 8) (Incontrarlo) .... molte volte vicino a casa mia, ho pensato che abitasse nel mio stesso quartiere. 9) Mi sono fatta male (cadere) .... dalla bicicletta. 10) Domenica scorsa (non potere) .... andare al mare, sono andata in piscina con Stefania e Luigi. 11) (Sbagliare) .... s'impara. 12) Si sta molto meglio in salute (fare) .... attività fisica. 13) (Arrivare) .... molto in anticipo, ho dovuto aspettare quasi mezz'ora. 14) (Rimanere) .... senza soldi, non ho potuto fare la spesa. 15) (Ricevere) .... notizie dalla figlia, la signora Frassinelli si è tranquillizzata e ha smesso di preoccuparsi. 16) (Non piovere) .... per molti giorni, il raccolto di quest'anno si è rovinato. 17) Per favore, (chiudere) .... la porta, sta' attento che il gatto non esca. 18) (Fare) .... quella strada, si arriva molto prima a destinazione.

63. >> *Mettere la forma giusta del verbo fra parentesi, scegliendo fra Infinito semplice e composto.*
(Verbi regolari e irregolari) ☑ p. 254

Es. È meraviglioso (essere) .... qui con tutti voi.
È meraviglioso ***essere*** *qui con tutti voi.*

Dopo (andare) .... a cena, sono tornato a casa.
Dopo ***essere andato*** *a cena, sono tornato a casa.*

1) Ci piace molto (passare) .... le vacanze con gli amici e (fare) .... insieme lunghi e avventurosi viaggi. 2) È stata una sorpresa (incontrare) .... Gianpiero ieri sera a casa dei miei genitori. 3) Non è stato bello (comportarsi) .... così durante la cena. La prossima volta ricordati di (fare) .... più attenzione. 4) Dopo (scrivere) .... a tutti i nostri amici, decidemmo di andare a letto presto quella sera. 5) Lui si è trovato nei guai per (non dire) .... tutta la verità. 6) Erano tutti talmente affascinati dalle sue parole, che stavano lì ad (ascoltarlo) .... senza (aprire) .... bocca. 7) Perché non cominciate subito a (mangiare) .... ? Aspettate qualcuno? 8) A (pensarci) .... bene, mi pare che questa sia la soluzione migliore. Tu che ne dici? 9) Dopo (vedere) .... il film almeno tre volte, posso (raccontarti) .... a memoria ogni scena. 10) Credo che sia stato meglio (non prendere) .... nessuna iniziativa e (restare) .... qui ad (aspettare) .... senza (muoversi) .... 11) Fu condannato a due anni di prigione per (tentare) .... di (aggredire) .... un uomo durante una lite. 12) Le dispiace (dirmi) .... il Suo nome, Signora? 13) Dopo (stare) .... per due anni in quel collegio, Anna ha deciso di (iscriversi) .... all'Università, per (studiare) .... medicina. 14) Il medico ha detto che devo (stare) .... a dieta, perché sono troppo grasso. 15) Puoi (aspettarmi) .... qui un minuto, per favore?

64. >>> *Mettere la forma giusta del verbo fra parentesi, scegliendo fra Infinito semplice, Infinito composto e Participio passato. (Verbi regolari e irregolari)* ☑ p. 254

Es. Credi che sia bello (stare) .... qui a non fare niente?
Credi che sia bello ***stare*** *qui a non fare niente?*

Dopo (finire) .... i compiti, potrete giocare in giardino.
Dopo ***avere finito*** *i compiti, potrete giocare in giardino.*

(Terminare) .... la festa, tutti rientrarono a casa.
Terminata *la festa, tutti rientrarono a casa.*

1) Dopo (cercare) .... per un'ora la casa di Simone, mi sono accorta di (sbagliare) .... strada. 2) Ragazzi, ricordate bene che nel (tuffarvi) .... dovete (stare) .... molto attenti a (tenere) .... le gambe unite. 3) Devo farti notare che ti sei comportato molto male e (dire) .... questo, non ho altro da aggiungere. 4) Potrai uscire solo dopo (mettere) .... in ordine la tua stanza e (aiutare) .... tua sorella a (pulire) .... il bagno. 5) Secondo voi è utile (studiare) .... subito prima dell'esame? O è meglio (farlo) .... quando mancano ancora molte settimane? 6) Io credo che (cominciare) .... a (studiare) .... con un certo anticipo sia molto più produttivo. 7) Subito dopo (accorgermi) .... dello sbaglio ho chiesto scusa. 8) Dopo (perdere) .... l'ultimo treno della sera, decidemmo di (pernottare) .... in un piccolo albergo. 9) (Perdere) .... l'ultimo treno, decidemmo di (passare) .... la notte in una piccola pensione. 10) Signora, Le dispiace (ripetere) .... la domanda? 11) (Partire) .... gli ospiti, ho dovuto (riordinare) .... tutta la casa. 12) Appena (arrivare) .... telefonammo a Giuliano e Fabrizio per (dirgli) .... di (venirci) .... a prendere con la macchina.

65. >> *Mettere la forma giusta del verbo fra parentesi, scegliendo fra i diversi Tempi della concordanza dell'Indicativo.*
(Verbi regolari e irregolari - Azioni anteriori) ☑ p. 254

Es. Non andai al cinema perché (io-vedere) .... già quel film.
Non andai al cinema perché ***avevo visto*** *già quel film.*

1) Nessuno ci disse che (loro-arrivare) .... già da un'ora e non andammo a salutarli. 2) Quando sono arrivato a casa mi sono accorto che (io-lasciare) .... le chiavi in ufficio e sono tornato a prenderle. 3) Ero sicura che (loro-stare) .... già altre volte in quella casa. 4) Questo articolo è molto interessante, perché descrive bene come si (vivere) .... negli anni del secondo dopoguerra in Europa. 5) Marianna, non dare l'acqua alle piante, perché (farlo) .... io poco fa. 6) Perché non assaggiate questo dolce? (Io-prepararlo) .... apposta per voi! 7) Quando si sposarono, i miei genitori (decidere) .... già di venire ad abitare in Italia. 8) A mia nonna piace raccontare quello che (succederle) .... durante la sua lunga vita. 9) A mia nonna piaceva raccontare quello che (succederle) .... durante la sua lunga vita. 10) Fra pochi mesi, quando (io-terminare) .... questo corso, parlerò molto meglio l'italiano. 11) Arrivati alla biglietteria del teatro, l'impiegato ci disse che i biglietti (finire) .... già da un'ora e che quella sera non era possibile trovarne altri. 12) Il filmato della polizia mostrava bene come (andare) .... veramente le cose in quell'incidente. 13) Le consiglio di dire la verità. È perfettamente inutile mentire. Tutti sanno che (Lei-non essere) .... a casa quella sera e che (Lei-trovarsi) .... molto vicino a dove è stato commesso il delitto. 14) Giorgio mi portò a vedere un film che (io-vedere) .... già almeno tre volte, ma non glielo dissi per non offenderlo. 15) So che (tu-fare) .... del tuo meglio per superare l'esame, ma la traduzione (essere) .... troppo difficile.

IV. I verbi
La concordanza
Indicativo

66. >> *Mettere la forma giusta del verbo fra parentesi, scegliendo fra i diversi Tempi della concordanza dell'Indicativo.*
(Verbi regolari e irregolari - Azioni contemporanee) ☑ p. 255

Es. Ho mangiato molto perché (io-avere) .... una fame da lupo.
Ho mangiato molto perché ***avevo*** *una fame da lupo.*

1) Lui fa sempre delle promesse che (lui-non essere) .... in grado di mantenere. 2) Loro si resero conto del grave problema quando ormai (essere) .... troppo tardi. 3) Maria, se hai bisogno di aiuto per finire il lavoro (tu-potere) .... telefonarmi quando (tu-volere) .... 4) Ci divertivamo molto insieme. Tutte le sere (incontrarci) .... a casa di uno di noi; (noi-cantare) .... e (noi-giocare) .... a carte fino a notte fonda. 5) Quando lo vidi per la prima volta (lui-essere) .... seduto in mezzo a tanta gente e (lui-non parlare) .... con nessuno. 6) Nessuno di loro mi ha riconosciuto, perché (io-portare) .... un cappello che (coprirmi) .... tutti i capelli e un paio di occhiali scuri. 7) Non abbiamo potuto dormire per tutta la notte, perché (esserci) .... degli strani rumori nella casa. 8) Sono certa che (lui-non pensare) .... di lasciare il suo lavoro, perché (lui-guadagnare) .... molti soldi, anche se (non piacergli) .... stare tutto il giorno chiuso in ufficio. 9) Caro signore, Lei non sa chi (essere) .... io! 10) Gino, non fumare così tanto! Lo sai che (farti) .... male. 11) (Lui-essere) .... così arrabbiato, che se ne andò senza salutare. 12) Alessio dice che (non essere) .... il caso di preoccuparsi e che (noi-dovere) .... stare tranquilli. 13) Ricordati che non dovrai dire tutto quello che (venirti) .... in mente, ma dovrai pensare bene prima di parlare. 14) So che Lei, signor Bernini, (non arrivare) .... mai in ritardo al lavoro e ho deciso di promuoverLa. 15) Chi vuole (potere) .... uscire prima oggi.

67. >> *Mettere la forma giusta del verbo fra parentesi, scegliendo fra i diversi Tempi della concordanza dell'Indicativo.*
(Verbi regolari e irregolari - Azioni posteriori) ☑ p. 255

Es. Sai che domani (loro-partire) .... per un lungo viaggio?
Sai che domani ***partiranno*** *per un lungo viaggio?*

1) Quando conobbi Valentina e Gianluca, ero sicuro che (noi-diventare) .... molto amici. 2) Mio marito dice che prima o poi (lui-smettere) .... di fumare, ma io so bene che (lui-non farlo) .... mai. 3) La TV ha detto che il prossimo fine settimana (piovere) .... su tutta la nostra regione. 4) Sin da bambino mio fratello diceva che (lui-diventare) .... un attore di teatro. 5) Mi assicurò che (lui-tornare) .... a casa prima di mezzanotte e invece alle due ancora non c'era. 6) Mi domando come (reagire) .... i genitori di Elena e Luciano quando (loro-sapere) .... la notizia. 7) Ero assolutamente certo che (tu-superare) .... subito quel brutto momento e che (tu-risolvere) .... brillantemente il problema. 8) Mio figlio mi ripete tutti i giorni che vuole una moto e (lui-non smetterla) .... finché non l'avrà ottenuta. 9) Tornando a casa ero quasi sicura che (io-trovarlo) .... ad aspettarmi e che (lui-farmi) .... mille domande su dove ero stata e chi avevo visto. 10) Tutti gli avvocati erano d'accordo: i giudici del tribunale (dichiarare) .... colpevole l'imputato e (condannarlo) .... a tre anni di prigione. 11) Lui giurò che l'aveva sempre amata, che l'amava ancora e che (lui-amarla) .... per tutto il resto della sua vita. 12) Si sentiva nell'aria che da un momento all'altro (scoppiare) .... un temporale. 13) So che domani mattina (tu-avere) .... molto da fare e sono passato a salutarti stasera. 14) Io gli dissi che (noi-fare) .... di tutto per aiutarlo. 15) Avevo l'assoluta certezza che (loro-divorziare) .... molto presto.

68. >>> *Mettere la forma giusta del verbo fra parentesi, scegliendo fra i diversi Tempi della concordanza dell'Indicativo.*
(Verbi regolari e irregolari)
(Azioni anteriori, contemporanee e posteriori) ☑ p. 255

Es. Non andai al cinema perché (io-vedere) .... già quel film.
Non andai al cinema perché ***avevo visto*** *già quel film.*

Ho mangiato molto perché (io-avere) .... una fame da lupo.
Ho mangiato molto perché ***avevo*** *una fame da lupo.*

Sai che domani (loro-partire) .... per un lungo viaggio?
Sai che domani ***partiranno*** *per un lungo viaggio?*

1) Sono certo che in quell'occasione (avere) .... ragione tu. 2) Eravamo tutti convinti che (voi-fare) .... la scelta migliore e che tutto (andare) .... bene. 3) La radio dice che il Presidente (non prendere) .... ancora una decisione e che prima di domani sera (non potersi) .... sapere nulla. 4) Il direttore ci disse che (noi-fare) .... un buon lavoro e ci ringraziò per l'impegno. 5) Voglio ripetervi che (io-non essere) .... assolutamente d'accordo con voi. Secondo me la decisione di vendere anche una piccola parte delle nostre proprietà (essere) .... una pazzia! 6) Avevo completa fiducia nei dottori che mi curavano, perché sapevo che (loro-fare) .... di tutto per salvarmi. 7) Il film che (noi-vedere) .... ieri pomeriggio (piacermi) ...., anche se (io-non capire) .... tutti i dialoghi. 8) Nessuno di noi sapeva con precisione dove (portare) .... quella strada, ma la prendemmo perché Mario (dirci) .... che, prendendola, (noi-risparmiare) .... almeno un'ora di cammino. 9) Ormai non c'è più alcun dubbio. Il Primo Ministro (arrivare) .... entro stasera in città e domani mattina (lui-incontrare) .... il nostro sindaco. 10) Avevi ragione a dire che (lui-essere) .... stupido!

69. >> *Mettere la forma giusta del verbo fra parentesi, scegliendo fra i diversi Tempi della concordanza del Congiuntivo. (Verbi regolari e irregolari - Azioni anteriori)* ☑ p. 255

Es. Mi pare che ieri sera (tu-esagerare) .... a bere.
Mi pare che ieri sera tu ***abbia esagerato*** *a bere.*

1) Il ladro temeva che qualcuno (vederlo) .... mentre cercava di entrare nell'appartamento. 2) Siamo contenti che tuo padre (gradire) .... il regalo che abbiamo scelto per lui. 3) Mi dispiacque che (lui-fraintendere) .... le mie parole e (lui-offendersi) .... a tal punto da non voler più parlare con me. 4) Non avevo idea che (tu-decidere) .... di cambiare città e (tu-venire) .... a vivere qui, vicino a casa mia. 5) Speriamo che (loro-capire) .... bene le indicazioni che gli abbiamo dato, altrimenti si perderanno. 6) Mi domando proprio come (lui-fare) .... a superare l'esame, dato che non aveva studiato quasi per niente. 7) Può darsi che a quest'ora (loro-finire) .... già di mangiare. 8) Non sapevo che (loro-sposarsi) .... il mese scorso e che (loro-decidere) .... di trasferirsi proprio qui in Italia. 9) Malgrado tutti (tentare) .... di convincermi che quella non era la soluzione migliore, feci a modo mio. 10) Sarebbe stato meglio che tu (dirmelo) .... prima. 11) Non era giusto che (loro-trattarlo) .... così ingiustamente e (loro-non chiedergli) .... neanche scusa. 12) Noi tutti credevamo che (tu-capire) .... il senso delle nostre parole, ma purtroppo non è stato così. 13) Pare che Giuliano ieri sera (litigare) .... con sua moglie e (lui-uscire) .... di casa urlando e sbattendo la porta. 14) È possibile che Luca (non sapere) .... nulla di tutto quello che è successo? 15) Ho paura che (tu-non renderti conto) .... del male che gli hai fatto, comportandoti in quel modo così arrogante.

70. >> *Mettere la forma giusta del verbo fra parentesi, scegliendo fra i diversi Tempi della concordanza del Congiuntivo. (Verbi regolari e irregolari - Azioni contemporanee)* ☑ p. 255

Es. Sembra che Maurizio (essere) ....malato oggi.
*Sembra che Maurizio **sia** malato oggi.*

1) Non è necessario che (tu-aggiungere) .... altro. Ho già capito che cosa vuoi dire. 2) Non mi pare proprio il caso che (voi-partire) .... con questa brutta nebbia. È pericoloso! Credo che (essere) .... meglio che (voi-aspettare) .... fino a domani. 3) Sembrava che (non esserci) .... nessuno in casa e così decidemmo di andarcene. 4) Non avrei mai immaginato che (lui-avere) .... più di quarant'anni. Non li dimostra affatto! 5) Voglio che (tu-pensare) .... bene a quello che stai per fare. È una decisione troppo importante! 6) Dubito che (loro-potere) .... aiutarci. 7) Non capisco proprio perché (loro-comportarsi) .... sempre in modo così maleducato. 8) Pretendevano che (noi-ospitarli) .... in casa nostra senza neppure conoscerli. 9) Che il loro matrimonio (essere) .... ormai in crisi lo sapevano tutti, ma che (loro-volere) .... lasciarsi così in fretta, nessuno lo immaginava. 10) Lui non si aspettava che (lei-dire) .... di no e (lei-rifiutare) .... un'offerta tanto allettante. 11) Penso che (tu-essere) .... la persona giusta per questo lavoro e sono certo che me lo confermerai. 12) Qualche giorno fa pensavo che (tu-essere) .... la persona giusta per quel lavoro, ma evidentemente mi sbagliavo. 13) Vorrei tanto che (lui-essere) .... qui e (lui-condividere) .... con me questo momento così importante. 14) Mi auguro che il futuro (riservare) .... per tutti voi molte piacevoli sorprese. 15) È giusto che (tu-rispondere) .... punto per punto a tutte le accuse che ti fanno.

71. >> *Mettere la forma giusta del verbo fra parentesi, scegliendo fra i diversi Tempi della concordanza del Congiuntivo.*
(Verbi regolari e irregolari - Azioni posteriori) ☑ p. 255

Es. Credevo che Paolo (arrivare) .... il mattino seguente.
*Credevo che Paolo **sarebbe arrivato/arrivasse** il mattino seguente.*

1) Ti permetto di invitarmi a cena questa sera, a condizione che la prossima volta (pagare) .... io. 2) Ti scrivo quello che devi comprare al supermercato, affinché (tu-non dimenticare) .... niente. 3) Le faceva piacere che (noi rivederci) .... il giorno dopo. 4) Per potere uscire stasera dobbiamo aspettare che (arrivare) .... la ragazza che avrà cura del bambino. 5) Non mi piaceva affatto l'idea che (lei-venire) .... a sapere la verità da altri e così decisi di dirle tutto. 6) Credo che Sandro (invitare) .... anche Luisa alla cena di stasera. 7) Staccò il telefono, perché nessuno (disturbarlo) .... 8) Avevo una paura matta che (lui-cercarmi) .... e pensai di non dargli il mio numero di telefono. 9) Mi aspetto che domani (tu-fare) .... vedere a tutti quello di cui sei capace e che (tu-sorprenderli) .... con le tue grandi capacità. 10) Nessuno credeva che (lei-arrivare) .... a dimostrare così tanta determinazione. 11) Pensavamo che (loro-partire) .... non prima di mezzogiorno e invece decisero di andarsene la mattina presto. 12) I tuoi genitori, i tuoi zii, i tuoi nonni: tutti speravano che (tu-mettere) .... la testa a posto e che (tu-deciderti) .... finalmente a studiare sul serio. E invece tu hai deluso tutte le loro aspettative. 13) Dubitavo che tutti i loro sforzi (servire) .... a qualcosa, dato che, arrivati a quel punto, la situazione era davvero troppo difficile. 14) Credevo che il giorno dopo (tu-dire) .... tutto al tuo ragazzo, ma evidentemente non ne hai avuto il coraggio. 15) È probabile che (piovere) .... domani e così non potremo fare la gita che abbiamo organizzato.

72. >>> *Mettere la forma giusta del verbo fra parentesi, scegliendo fra i diversi Tempi della concordanza del Congiuntivo.*
(Verbi regolari e irregolari)
(Azioni anteriori, contemporanee e posteriori) ☑ p. 255

Es. Mi pare che ieri sera (tu-esagerare) .... a bere.
Mi pare che ieri sera tu ***abbia esagerato*** *a bere.*

Sembra che Maurizio (essere) ....malato oggi.
Sembra che Maurizio ***sia*** *malato oggi.*

Credevo che Paolo (arrivare) .... il mattino seguente.
Credevo che Paolo ***sarebbe arrivato/arrivasse*** *il mattino seguente.*

1) Pensavo che (essere) .... meglio fare come diceva lui. In queste cose ha più esperienza di noi. 2) Sembrava che in quel momento (tu-stare) .... male e decidemmo di chiamare qualcuno che (essere) .... in grado di capire che cosa avevi. 3) Lui non era sicuro che (tu-comprendere) .... bene quello che aveva detto. 4) Mi piacerebbe che (tu-ascoltarmi) .... ogni tanto e che (tu-smetterla) .... di seguire solo i cattivi consigli degli altri. 5) Direi che questa (essere) .... la soluzione a tutti i nostri problemi. 6) Sì, anch'io sono d'accordo. Credo proprio che questa volta (tu-avere) .... pienamente ragione. 7) Siccome l'anno scorso non avevamo molti soldi, quest'anno abbiamo aspettato che (cominciare) .... i saldi per comprarci tutti i vestiti che ci servivano. 8) Abbiamo avuto la netta sensazione che (lui-non capire) .... proprio niente di tutto quello che gli avevamo confessato. 9) Quando ero piccolo i miei genitori avrebbero voluto che (io-studiare) .... architettura. Adesso vogliono che (io-studiare) .... medicina. Sarebbe molto meglio che (loro-lasciare) .... decidere a me quello che voglio fare! 10) Prima che (tu-andare) .... via, è assolutamente necessario che (tu-sapere) .... alcune cose molto importanti.

73. >>>> *Mettere la forma giusta del verbo fra parentesi, scegliendo fra i diversi Tempi della concordanza dell'Indicativo e del Congiuntivo.*
(Verbi regolari e irregolari)
(Azioni anteriori, contemporanee e posteriori) ☑ p. 255

Es. Mi pare che (lui-avere) .... ragione.
*Mi pare che lui **abbia** ragione.*

A quanto pare (lui-avere) .... ragione.
*A quanto pare lui **ha** ragione.*

1) Siamo felici che (loro-accettare) .... la nostra proposta. 2) Eravamo sicuri che prima o poi (lui-ritornare) .... e (lui-chiedere) .... scusa. 3) Non sapevamo che Paolo e Lucia (lavorare) .... già insieme. 4) Vediamo con piacere che (voi-abituarvi) .... alla vita di campagna. 5) Aveva promesso che (lei-venire) .... e invece non si è fatta vedere. 6) Mi pare che questa macchina fotografica (non funzionare) .... molto bene. 7) Hanno capito subito che (non essere) .... il caso di insistere in quel modo. 8) Avevano una gran paura che (lei-andare) .... via. 9) Mi dispiace che tuo fratello (non trovarsi) .... bene in quell'ufficio. 10) Mi dispiace dirti che (tu-avere) .... torto. 11) Carolina ripeteva sempre che (lei-laurearsi) .... presto e ancora (lei-non finire) .... tutti gli esami. 12) Non pensavo che quella camminata (essere) .... così faticosa. 13) Lisa ha cambiato posto: (lei-sedersi) .... due file più avanti, perché da qui (lei-non vederci) .... bene. 14) Nessuno avrebbe mai pensato che (tu-andartene) .... così presto dalla festa. Immaginavano che (tu-restare) .... per tutta la sera con loro. 15) Signor Bernasconi, La ringrazio per tutto quello che (Lei-fare) .... per me e spero tanto (io-poterLe) .... ricambiare il favore.

74. >>>> *Mettere la forma giusta del verbo fra parentesi, scegliendo fra i diversi Tempi della concordanza dell'Indicativo e del Congiuntivo.*
(Verbi regolari e irregolari)
(Azioni anteriori, contemporanee e posteriori) ☑ p. 255

Es. Mi pare che (lui-avere) .... ragione.
Mi pare che lui ***abbia*** *ragione.*

A quanto pare (lui-avere) .... ragione.
A quanto pare lui ***ha*** *ragione.*

1) Al mio ritorno seppi quello che (succedere) .... durante la mia assenza. 2) Avrebbero dovuto immaginare con chi (loro-avere) .... a che fare. 3) È logico che Marianna (non crederti) .... dopo tutte le bugie che le hai raccontato. 4) È logico: Marianna (non crederti) .... dopo tutte le bugie che le hai raccontato. 5) Vorrei che (voi-raccontarmi) .... tutto per filo e per segno. 6) Dopo che (io-smettere) .... di fumare, cominciai a mangiare dolci. 7) Mi ricordai troppo tardi che (lui-non darmi) .... il suo numero di telefono. 8) Direi che (non essere) .... il caso di prendersela tanto. Se ci pensi bene (non succedere) .... nulla di grave. 9) Disse che (lui-non volere) .... più vedermi e che (essere) .... inutile telefonargli. 10) Mi piacerebbe che (noi-incontrarci) .... e (noi-chiarire) .... tutta questa faccenda, prima che (tu-partire) .... 11) Ho riportato al negozio la videocassetta che (io-comprare) .... perché quando sono arrivata a casa (io-accorgermi) .... che (essere) .... difettosa. 12) Voglio che (tu-capire) .... bene quello che dico. 13) Lui volle che (io-andarmene) .... subito. 14) Desideravo che (tu-sapere) .... come stavano le cose. 15) Ho pianto molto dopo che (lei-lasciarmi) .... solo e disperato.

75. >>>> *Mettere la forma giusta del verbo fra parentesi, scegliendo fra i diversi Tempi dell'Indicativo, del Congiuntivo e del Condizionale.*
(Verbi regolari e irregolari)
(Azioni anteriori, contemporanee e posteriori) ☑ p. 256

Es. Mi pare che (lui-avere) .... ragione.
Mi pare che lui ***abbia*** *ragione.*

A quanto pare (lui-avere) .... ragione.
A quanto pare lui ***ha*** *ragione.*

Domani (piacermi) .... andare al mare.
Domani ***mi piacerebbe*** *andare al mare.*

1) Il cliente ci assicurò che il lavoro (essere pagato) .... in anticipo, ma eravamo certi che (lui-non mantenere) .... la promessa. 2) Che (loro-essere) .... persone in gamba, era una cosa che tutti sapevano bene. 3) Avrei preferito che (loro-non restare) .... così tanto tempo da soli. 4) Quando lo vidi, la prima cosa che (io-pensare) .... fu che certamente (lui-non trovarsi) .... lì per caso. 5) (Io-volere) .... tanto rivedere Luciano, ma non so dove (lui-essere) .... 6) Sono certa che (piacergli) .... molto questa bella cravatta, se gliela comprassimo, ma è troppo cara. 7) Tutti sanno che (lui-essere) .... una brava persona, ma, chissà perché, (lui-riuscire) .... sempre a mettersi nei guai. 8) Mi domandavo che cosa (loro-volere) .... dirmi così in segreto. 9) Avrai bisogno di molto tempo per dimenticare questa brutta esperienza, ma vedrai che quando (tu-riuscirci) .... (tu-stare) .... meglio. 10) Gabriele ha telefonato poco fa e ha detto che stasera (lui-preferire) .... non uscire, perché (lui-avere) .... un forte mal di gola per tutto il giorno e il medico (dire) .... che (essere) .... meglio che restasse a letto, si riposasse e non uscisse per qualche giorno.

76. >>>> *Mettere la forma giusta del verbo fra parentesi, scegliendo fra i diversi Tempi dell'Indicativo, del Congiuntivo e del Condizionale.*
(Verbi regolari e irregolari)
(Azioni anteriori, contemporanee e posteriori) ☑ p. 256

Es. Mi pare che (lui-avere) .... ragione.
*Mi pare che lui **abbia** ragione.*

A quanto pare (lui-avere) .... ragione.
*A quanto pare lui **ha** ragione.*

Domani (piacermi) .... restare a casa.
*Domani **mi piacerebbe** restare a casa.*

1) Mi rendo conto che (tu-stare) .... passando un brutto momento, ma questo (non-giustificare) .... affatto il tuo comportamento. 2) Dubito che (lui-potere) .... fare qualcosa per te, perché non credo che (lui-averne) .... la possibilità. 3) Cominciai a lavorare subito dopo che (io-laurearmi) .... 4) Bisognerebbe che (tu-cominciare) .... subito il lavoro se vuoi finirlo prima che (lui-ritornare) .... 5) Quando abbiamo sentito la notizia, (noi-rimanere) .... molto sorprese. (Noi-non immaginare) .... mai che la polizia (scoprire) .... in così poco tempo dove (nascondersi) .... il bandito. 6) Pare proprio che il nostro Paese (stare) .... attraversando un periodo molto positivo per quanto riguarda l'economia, anche se gli effetti (non essere) .... ancora ben visibili a tutti. 7) Se non ti conoscessi benissimo, penserei che (tu-diventare) .... pazzo di colpo. 8) Può darsi che i vicini di casa (insospettirsi) .... quando (loro-vedere) .... accese tutte le luci dell'appartamento. 9) Fui costretto a dargli ragione, benché (io-non esserne) .... del tutto convinto. 10) Vorrei che ogni tanto (lei-ascoltare) .... anche le mie ragioni. Ma (lei-non farlo) .... quasi mai.

Test 1 >

Scegliere la forma giusta del verbo. ☑ p. 256

1. a. Noi finisciamo di lavorare alle sette. ☐
   b. Noi finiamo di lavorare alle sette. ☐

2. a. Loro rimarranno qui per una settimana. ☐
   b. Loro rimaneranno qui per una settimana. ☐

3. a. Quanto hai spenduto per questo viaggio? ☐
   b. Quanto hai speso per questo viaggio? ☐

4. a. Dove andrete domani pomeriggio? ☐
   b. Dove anderete domani pomeriggio? ☐

5. a. Fa freddo. Chi ha aperto la finestra? ☐
   b. Fa freddo. Chi ha aprito la finestra? ☐

6. a. Questa volta cerciamo di arrivare in tempo. ☐
   b. Questa volta cerchiamo di arrivare in tempo. ☐

7. a. Su quell'aereo siamo viaggiati molto bene. ☐
   b. Su quell'aereo abbiamo viaggiato molto bene. ☐

8. a. Loro vedettero tutta la scena dalla finestra. ☐
   b. Loro videro tutta la scena dalla finestra. ☐

9. a. Qualche anno fa Piero beveva molto più di ora. ☐
   b. Qualche anno fa Piero bereva molto più di ora. ☐

10. a. Sono certa che lui non volerà venire con noi. ☐
    b. Sono certa che lui non vorrà venire con noi. ☐

11. a. Non ho ancora preso il caffè stamattina. ☐
    b. Non ho ancora perso il caffè stamattina. ☐

12. a. Loro non saperono rispondere alle domande. ☐
    b. Loro non seppero rispondere alle domande. ☐

Test 2 >

Scegliere la frase giusta. ☑ p. 256

Passato prossimo o Imperfetto?

1. a. Dove sei andata ieri sera? ☐
   b. Dove andavi ieri sera? ☐
2. a. Stavo a letto per tutto il giorno. ☐
   b. Sono stata a letto per tutto il giorno. ☐
3. a. Chi è stata quella donna che ti ha salutato? ☐
   b. Chi era quella donna che ti ha salutato? ☐
4. a. La mia ex fidanzata aveva gli occhi verdi. ☐
   b. La mia ex fidanzata ha avuto gli occhi verdi. ☐
5. a. Prima ho studiato e poi sono uscito. ☐
   b. Prima studiavo e poi uscivo. ☐
6. a. Questa mattina dormivo troppo. ☐
   b. Questa mattina ho dormito troppo. ☐
7. a. Ieri sera abbiamo lavorato fino a tardi. ☐
   b. Ieri sera lavoravamo fino a tardi. ☐
8. a. Quando lui è arrivato, io mangiavo ancora. ☐
   b. Quando lui è arrivato, io ho mangiato ancora. ☐
9. a. Mia sorella si sposava molto giovane. ☐
   b. Mia sorella si è sposata molto giovane. ☐
10. a. Chi ha preparato questa meravigliosa cena? ☐
    b. Chi preparava questa meravigliosa cena? ☐
11. a. Quando ero piccola non mi piaceva il gelato. ☐
    b. Quando sono stata piccola non mi è piaciuto il gelato. ☐
12. a. Un rumore mi ha svegliato mentre dormivo. ☐
    b. Un rumore mi svegliava mentre dormivo. ☐
13. a. Mentre guardavo la TV, mio fratello stirava. ☐
    b. Mentre ho guardato la TV, mio fratello stirava. ☐
14. a. Lui faceva sempre gli stessi discorsi. ☐
    b. Lui ha fatto sempre gli stessi discorsi. ☐

Test 3 >>

Scegliere la frase giusta. ☑ p. 256

Passato prossimo, Passato remoto o Imperfetto?

1. a. La settimana scorsa andavo in piscina. ☐
   b. La settimana scorsa sono andato in piscina. ☐
   c. La settimana scorsa andai in piscina. ☐
2. a. Quando mio padre aveva vent'anni era bellissimo! ☐
   b. Quando mio padre ebbe vent'anni fu bellissimo! ☐
   c. Quando mio padre ha avuto vent'anni è stato bellissimo! ☐
3. a. L'ultima volta che l'ho visto fu dieci anni fa. ☐
   b. L'ultima volta che lo vidi fu dieci anni fa. ☐
   c. L'ultima volta che lo vedevo fu dieci anni fa. ☐
4. a. Ieri vedevamo uno spettacolo meraviglioso. ☐
   b. Ieri abbiamo visto uno spettacolo meraviglioso. ☐
   c. Ieri vedemmo uno spettacolo meraviglioso. ☐
5. a. Hai fame? Facesti colazione stamattina? ☐
   b. Hai fame? Facevi colazione stamattina? ☐
   c. Hai fame? Hai fatto colazione stamattina? ☐
6. a. Nell'ultimo secolo la medicina fece grandi progressi. ☐
   b. Nell'ultimo secolo la medicina ha fatto grandi progressi. ☐
   c. Nell'ultimo secolo la medicina faceva grandi progressi. ☐
7. a. L'uomo che ho visto non era molto alto di statura. ☐
   b. L'uomo che ho visto non è stato molto alto di statura. ☐
   c. L'uomo che ho visto non fu molto alto di statura. ☐
8. a. Ho appena finito di leggere un bel libro giallo. ☐
   b. Finii appena di leggere un bel libro giallo. ☐
   c. Finivo appena di leggere un bel libro giallo. ☐
9. a. Chi è stato al telefono? È stato lo zio Franco. ☐
   b. Chi fu al telefono? Fu lo zio Franco. ☐
   c. Chi era al telefono? Era lo zio Franco. ☐
10. a. Giovanni Boccaccio è nato a Certaldo, vicino a Firenze. ☐
    b. Giovanni Boccaccio nacque a Certaldo, vicino a Firenze. ☐
    c. Giovanni Boccaccio nasceva a Certaldo, vicino a Firenze. ☐

Test 4 >>>

Scegliere la frase giusta. ☑ p. 256

Indicativo o Congiuntivo?

1. a. Forse è meglio avvertire Stefano del nostro arrivo. ☐
   b. Forse sia meglio avvertire Stefano del nostro arrivo. ☐
2. a. Voglio che voi andiate via e non ritorniate più. ☐
   b. Voglio che voi andate via e non ritornate più. ☐
3. a. Siamo felici che avete preso questa decisione. ☐
   b. Siamo felici che abbiate preso questa decisione. ☐
4. a. A quanto pare mio fratello è un genio della matematica. ☐
   b. A quanto pare mio fratello sia un genio della matematica. ☐
5. a. È voluta uscire lo stesso, anche se sia malata. ☐
   b. È voluta uscire lo stesso, anche se è malata. ☐
6. a. Siete arrivati dieci minuti dopo che fossimo usciti noi. ☐
   b. Siete arrivati dieci minuti dopo che eravamo usciti noi. ☐
7. a. Che lui sia una persona poco seria lo sanno tutti. ☐
   b. Che lui è una persona poco seria lo sanno tutti. ☐
8. a. Prima che voi partiate, voglio dirvi una cosa importante. ☐
   b. Prima che voi partite, voglio dirvi una cosa importante. ☐
9. a. A chiunque mi cerca, di' che non sono in casa. ☐
   b. A chiunque mi cerchi, di' che non sono in casa. ☐
10. a. Nonostante il medico glielo proibisca, fuma lo stesso. ☐
    b. Nonostante il medico glielo proibisce, fuma lo stesso. ☐
11. a. Se venga anche lui alla festa, allora io non ci sarò. ☐
    b. Se viene anche lui alla festa, allora io non ci sarò. ☐
12. a. Desidero che tu esci immediatamente da questa stanza! ☐
    b. Desidero che tu esca immediatamente da questa stanza! ☐
13. a. Aspetto pazientemente che tu mi dici tutto quello che sai. ☐
    b. Aspetto pazientemente che tu mi dica tutto quello che sai. ☐
14. a. Allora, verrai con noi domani? Venga molto volentieri. ☐
    b. Allora, verrai con noi domani? Verrò molto volentieri. ☐

Test 5 >>>

Scegliere la frase giusta. ☑ p. 256

Indicativo, Congiuntivo o Condizionale?

1. a. Non sapevo che tu fossi già arrivato. Pensavo che restassi ancora un po' al mare con i tuoi genitori. ☐
   b. Non sapevo che tu eri già arrivato. Pensavo che tu restassi ancora un po' al mare con i tuoi genitori. ☐
   c. Non sapevo che tu fossi già arrivato. Pensavo che tu restavi ancora un po' al mare con i tuoi genitori. ☐

2. a. Avevo capito che lui non fosse in grado di rispondere alle mie domande e mi dispiaceva che non avesse studiato. ☐
   b. Avevo capito che lui non era in grado di rispondere alle mie domande e mi dispiaceva che non avesse studiato. ☐
   c. Avevo capito che lui non era in grado di rispondere alle mie domande e mi dispiaceva che non aveva studiato. ☐

3. a. Mi piacerebbe tanto che tu saresti qui con me. Sai bene che non posso stare un minuto senza di te! ☐
   b. Mi piacerebbe tanto che tu stessi qui con me. Sai bene che non possa stare un minuto senza di te! ☐
   c. Mi piacerebbe tanto che tu stessi qui con me. Sai bene che non posso stare un minuto senza di te! ☐

4. a. Ero sicura che saresti arrivato. Temevo solo che gli altri non volessero aspettarti. ☐
   b. Ero sicura che arriverai. Temevo solo che gli altri non volevano aspettarti. ☐
   c. Ero sicura che arrivi. Temevo solo che gli altri non vogliano aspettarti. ☐

5. a. Sarebbe meglio partire la mattina presto, perché forse più tardi ci sia traffico. ☐
   b. Sia meglio partire la mattina presto, perché forse più tardi ci sarebbe traffico. ☐
   c. Sarebbe meglio partire la mattina presto, perché forse più tardi ci sarà traffico. ☐

6. a. Non credevo che veniva anche lui a questa gita. Se lo sapevo, non sarei venuta. ☐
   b. Non sapevo che venga anche lui a questa gita. Se lo avessi saputo non sarei venuta. ☐
   c. Non sapevo che sarebbe venuto anche lui a questa gita. Se lo avessi saputo non sarei venuta. ☐

7. a. Mi piacerà sapere che cosa volete dire con queste parole. ☐
   b. Mi piacerebbe sapere che cosa volete dire con queste parole. ☐
   c. Mi piaccia sapere che cosa volete dire con queste parole. ☐

8. a. Vorrei che tu parleresti un po' con me e mi dicesti che cosa c'è che non va. ☐
   b. Vorrei che tu parlassi un po' con me e mi dicessi che cosa c'è che non va. ☐
   c. Vorrei che tu parli un po' con me e mi dici che cosa c'è che non va. ☐

9. a. Domani pomeriggio incontrerò volentieri i miei genitori. ☐
   b. Domani pomeriggio avrò incontrato volentieri i miei genitori. ☐
   c. Domani pomeriggio incontrerei volentieri i miei genitori. ☐

10. a. Ti sarei molto grato se mi aiutassi in questo brutto momento. ☐
    b. Ti sono molto grato se mi aiutassi in questo brutto momento. ☐
    c. Ti sia molto grato se mi aiuti in questo brutto momento. ☐

11. a. L'anno prossimo verrei certamente in vacanza con voi. ☐
    b. L'anno prossimo vengo certamente in vacanza con voi. ☐
    c. L'anno prossimo venga certamente in vacanza con voi. ☐

12. a. Non avrei mai immaginato che tu fossi così avara. ☐
    b. Non avrei mai immaginato che tu saresti così avara. ☐
    c. Non avrei mai immaginato che tu sei così avara. ☐

13. a. Che lei sarebbe la migliore, era da immaginare. ☐
    b. Che lei sarebbe stata la migliore era da immaginare. ☐
    c. Che lei sia stata la migliore era da immaginare. ☐

14. a. Signora, voglio un'informazione, se non Le dispiace. ☐
    b. Signora, avrei voluto un'informazione, se non Le dispiace. ☐
    c. Signora, vorrei un'informazione, se non Le dispiace. ☐

Test 6 >>>>

Scegliere la frase giusta. ☑ p. 256

Indicativo, Congiuntivo, Condizionale, Imperativo, Gerundio, Infinito o Participio?

1. a. Pensavo che avrei fatto la cosa più giusta. ☐
   b. Pensavo che avessi fatto la cosa più giusta. ☐
   c. Pensavo di avere fatto la cosa più giusta. ☐
   d. Pensavo fare la cosa più giusta. ☐
   e. Pensavo che farei la cosa più giusta. ☐
   f. Pensavo che facendo la cosa più giusta. ☐

2. a. Fatte le ultime telefonate, se ne andò a casa. ☐
   b. Dopo avendo fatto le ultime telefonate, se ne andò a casa. ☐
   c. Dopo che abbia fatto le ultime telefonate, se ne andò a casa. ☐
   d. Dopo che avere fatto le ultime telefonate, se ne andò a casa. ☐
   e. Facendo le ultime telefonate. se ne andò a casa. ☐
   f. Fece le ultime telefonate, se ne andò a casa. ☐

3. a. Stavo guardando le ballerine danzando. ☐
   b. Stavo guardante le ballerine danzare. ☐
   c. Stavo guardante le ballerine che danzavano. ☐
   d. Stavo guardando le ballerine che danzavano. ☐
   e. Stavo a guardare le ballerine danzando. ☐
   f. Guardando le ballerine che danzavano. ☐

4. a. Sta' sicuro che questa volta non sarebbe venuto. ☐
   b. Sta sicuro che quella volta non sarebbe venuto. ☐
   c. Sta' sicuro che questa volta non viene. ☐
   d. Sta' sicuro che quella volta non verrà. ☐
   e. Sta' sicuro che questa volta non verrebbe. ☐
   f. Stai sicuro che questa volta non verrebbe. ☐

5. a. In quel caso sono certo di aiutarti in tutti i modi. ☐
   b. In quel caso sono certo di aiutandoti in tutti i modi. ☐
   c. In quel caso cono certo che averti aiutato in tutti i modi. ☐
   d. In quel caso sono certo averti aiutato in tutti i modi. ☐
   e. In quel caso sono certo che ti abbia aiutato in tutti i modi. ☐
   f. In quel caso sono certo di averti aiutato in tutti i modi. ☐

6. a. Non è vero! Non avrei mai fatto una cosa simile! ☐
   b. Non è vero! Non ebbi mai fatto una cosa simile! ☐
   c. Non è vero! Non avendo mai fatto una cosa simile! ☐
   d. Non è vero! Fatta mai una cosa simile! ☐
   e. Non è vero! Non facendo mai una cosa simile! ☐
   f. Non è vero! Non abbia fatto mai una cosa simile! ☐

7. a. Ritengo che si non tratterebbe della persona giusta. ☐
   b. Ritengo che non trattandosi della persona giusta. ☐
   c. Ritengo di non trattarsi della persona giusta. ☐
   d. Ritengo che non si tratti della persona giusta. ☐
   e. Ritengo che non trattare della persona giusta. ☐
   f. Ritengo che si non tratti della persona giusta. ☐

8. a. Che dici? Arriveranno già a casa a quest'ora? ☐
   b. Che dici? Arriverebbero già a casa a quest'ora? ☐
   c. Che dirai? Saranno già arrivati a casa a quest'ora? ☐
   d. Che diresti? Saranno già arrivati a casa a quest'ora? ☐
   e. Che dici? Saranno già arrivati a casa a quest'ora? ☐
   f. Che avresti detto? Arriverebbero a casa a quest'ora? ☐

9. a. Fa attenzione ché non ci rubino questa idea! ☐
   b. Fa attenzione ché non ci rubano questa idea! ☐
   c. Fa' attenzione che non ci ruberanno questa idea! ☐
   d. Fa' attenzione ché non ci rubino questa idea! ☐
   e. Fa' attenzione che non ci avrebbero rubato questa idea! ☐
   f. Fai attenzione ché non ci hanno rubato questa idea! ☐

10. a. Leggendo questo libro, ebbi scoperto molte cose. ☐
    b. Avendo letto questo libro, avevo scoperto molte cose. ☐
    c. Leggendo questo libro, ho scoperto molte cose. ☐
    d. Leggendo quel libro, avevo scoperto molte cose. ☐
    e. Dopo avendo letto quel libro, ho scoperto molte cose. ☐
    f. Dopo che avere letto questo libro, ho scoperto molte cose. ☐

11. a. Che ore sarebbero ieri quando ci siamo incontrate? ☐
    b. Che ore sarebbero state ieri quando ci siamo incontrate? ☐
    c. Che ore fossero ieri quando ci siamo incontrate? ☐
    d. Che ore saranno ieri quando ci siamo incontrate? ☐
    e. Che ore siano state ieri quando ci siamo incontrate? ☐
    f. Che ore saranno state ieri quando ci siamo incontrate? ☐

12. a. Terminati gli studi, aveva subito trovato lavoro. ☐
    b. Essendo terminati gli studi, trovò subito lavoro. ☐
    c. Avendo terminato gli studi, trovava subito lavoro. ☐
    d. Terminati gli studi, ha trovato subito lavoro. ☐
    e. Dopo che ebbe terminato gli studi, ha trovato subito lavoro. ☐
    f. Dopo che abbia terminato gli studi, ha trovato subito lavoro. ☐

13. a. Non avrei mai immaginato che tu fossi così pigra. ☐
    b. Non avendo mai immaginato che tu fossi così pigra. ☐
    c. Non avrei mai immaginato che tu saresti così pigra. ☐
    d. Non immaginerei mai che tu sia così pigra. ☐
    e. Non avrò mai immaginato che tu saresti stata così pigra. ☐
    f. Non immaginerò mai che tu sia così pigra. ☐

14. a. Scusa, Franco, ma che cosa voglia da tutti noi? ☐
    b. Scusa, Franco, ma che cosa volesti da tutti noi? ☐
    c. Scusa, Franco, ma che cosa avrai voluto da tutti noi? ☐
    d. Scusa, Franco, ma che cosa stai volendo da tutti noi? ☐
    e. Scusa, Franco, ma che cosa vorresti da tutti noi? ☐
    f. Scusa, Franco, ma che cosa avevi voluto da tutti noi? ☐

15. a. Appena fu finito lo spettacolo, me ne andai a casa. ☐
    b. Fu appena finito lo spettacolo, me ne andai a casa. ☐
    c. Appena era finito lo spettacolo, me ne andai a casa. ☐
    d. Dopo essere finito lo spettacolo, me ne andai a casa. ☐
    e. Dopo finito lo spettacolo, me ne andai a casa. ☐
    f. Appena avendo finito lo spettacolo, me ne andai a casa. ☐

V
La forma riflessiva

> Esercizi facili >
1

>> Esercizi medi >>
2-3-5-6

>>> Esercizi difficili >>>
4-7-8

>>>> Esercizi molto difficili >>>>

V. La forma riflessiva

1. > *Trasformare al singolare o al plurale le forme riflessive.* ☑ p. 256

Es. Mi dimentico spesso di comprare il pane.
***Ci dimentichiamo** spesso di comprare il pane.*

Non si ricordano mai di fare la spesa.
*Non **si ricorda** mai di fare la spesa.*

1) Stefano e Bruno si lamentano spesso del lavoro che fanno.

....

2) Prima non mi ricordavo mai la data del suo compleanno.

....

3) Posso solo dirti che ti pentirai di quello che hai fatto!

....

4) Ma non vi accorgete che lui sta sbagliando tutto?

....

5) Posso sedermi su questa sedia, o devo accomodarmi su quell'altra?

....

6) Non siamo d'accordo! Ci rifiutiamo di accettare una simile proposta!

....

7) Si sposeranno la prossima settimana in una chiesetta di campagna.

....

8) Non ti vergogni di quello che hai fatto? Perché ti comporti sempre così?

....

9) Si arrabbia sempre per gli stessi motivi e così si rovina la salute.

....

10) Mi metto sempre abiti comodi. Non mi vesto mai in modo elegante.

....

2. >> *Mettere la forma giusta del verbo fra parentesi.*
(Modo Indicativo - Tempi semplici) ☑ p. 256

Es. In vacanza (io-alzarmi) .... tutte le mattine alle sei.
*In vacanza **mi alzavo** tutte le mattine alle sei.*

1) Lui preferisce fare tutto da solo: (lui-fidarsi) .... solo di se stesso. 2) Elisabetta, non mi hai ancora detto a che ora (noi-trovarci) .... domani in pizzeria. 3) Di solito in estate (io-asciugarmi) .... i capelli al sole. 4) Negli anni cinquanta tutte le donne (pettinarsi) .... come le dive del cinema. 5) Beatrice, se hai freddo, perché (tu-non metterti) .... un maglione di lana? 6) Quando i miei amici e io (incontrarci) ...., (noi-baciarci) .... e (noi-abbracciarci) .... calorosamente. 7) Domani mattina (io-alzarmi) .... tardi, perché non devo andare al lavoro. 8) (Loro-non sentirsi) .... a loro agio in quella situazione. 9) Vedrai che se (tu-sederti) .... e (tu-riposarti) .... un po', (tu-sentirti) .... subito meglio. 10) Scusa, ma (io-non ricordarmi) .... il tuo nome.

3. >> *Mettere la forma giusta del verbo fra parentesi.*
(Modo Imperativo) ☑ p. 256

Es. Mario, (tu-ricordarti) .... di comprare il latte!
*Mario, **ricordati** di comprare il latte!*

1) (Tu-alzarti) .... e cammina! 2) Bambini, (voi-togliervi) .... le scarpe, prima di entrare! 3) La prego, Signora, (Lei-mettersi) .... pure al mio posto! 4) (Voi-non dimenticarvi) .... di quello che avete visto! 5) Gianpiero, (tu-non sederti) .... su quella sedia! È tutta rotta 6) Carlo, (tu-calmarti) ....! 7) Signore, (Lei-calmarsi) ....! 8) (Voi-lavarvi) .... bene i denti prima di andare a letto! 9) (Noi-fermarci) .... a salutare Marianna! 10) (Lei-non permettersi) .... di parlarmi così! Capito? Lei non sa chi sono io!

4. >>> *Mettere la forma giusta del verbo fra parentesi.*
(Modo Indicativo - Tempi composti) ☑ p. 257

Es. Paola, (tu-dimenticarti) .... un'altra volta di salutare Giorgio!
*Paola, **ti sei dimenticata** un'altra volta di salutare Giorgio!*

1) Appena saputa la bella notizia (io-rallegrarmi) .... subito con loro. 2) Ma (tu-guardarti) .... allo specchio prima di uscire? Non vedi che hai ancora la schiuma da barba sul collo? 3) Mio marito e io non siamo più tornati in quell'albergo, perché l'ultima volta (noi-trovarci) .... male. 4) Ho messo il bambino a letto, perché (lui-addormentarsi) .... sul divano. 5) Carlo sembrerà di sicuro un'altra persona, quando (lui-tagliarsi) .... la barba. 6) Noi ce ne andammo perché (noi-stancarci) .... di sentire sempre le stesse chiacchiere. 7) (Lei-ricordarsi) .... di andare alla posta a spedire quella raccomandata, signorina? 8) Sai che cosa è successo a Piero? (Lui-rompersi) .... un braccio per la seconda volta! 9) Dopo che (noi-incontrarci) .... non feci che pensare a lei. 10) Dove hai conosciuto quella donna? Cara, ti giuro che le ho parlato ieri sera per la prima volta e che (noi-non incontrarci) .... mai prima! 11) Sta' più attenta, Giulia! (Tu-non accorgerti) .... che hai tutta la camicetta macchiata di rossetto? 12) Dove (voi-vedervi) .... ieri pomeriggio tu e Loredana? 13) Ma perché ci hanno detto di svoltare a destra al primo semaforo? Chissà! (Loro-sbagliarsi) ....! 14) Solo quando ho chiuso la porta (io-rendermi conto) .... che non avevo soldi e che (io-dimenticarmi) .... il portafoglio in casa. 15) I clienti del nostro ristorante (non lamentarsi) .... mai per la qualità del cibo e del servizio. 16) Gianni, mi puoi spiegare perché ieri (tu-rifiutarti) .... di rispondere alle domande del professore? 17) (Noi-incontrarci) .... già prima di vederci a quella festa in casa di Manuela. 18) Quella volta che sono stata ricoverata in ospedale, i miei genitori (preoccuparsi) .... molto per me.

5. >> *Mettere la forma giusta del verbo fra parentesi.*
(Modo Congiuntivo - Tempi semplici) ☑ p. 257

Es. Spero che (tu-non dimenticarti) .... di avvertire Gianni.
Spero che tu ***non ti dimentichi*** *di avvertire Gianni.*

1) Mi dispiace che (tu-non sentirti) .... bene stasera e che (tu-non divertirti) .... come tutti noi. 2) Temo che tua moglie (arrabbiarsi) .... veramente se anche quest'anno ti dimenticherai il suo compleanno. 3) Sarebbe meglio che (tu-esprimerti) .... con parole meno volgari. 4) Signorina, vorrei che (Lei-sedersi) .... qui accanto a me. 5) Sarebbe meglio che (voi-non fidarvi) .... delle sue parole. 6) Speriamo che (loro-farsi) .... vivi presto e ci diano una risposta definitiva. 7) Mi auguro che (voi-mettervi) .... d'accordo una buona volta. 8) Temevamo che (voi-preoccuparvi) .... non vedendoci arrivare, e così vi abbiamo telefonato. 9) Voleva arrivare fino in cima alla montagna, benché (lui-non sentirsela) .... 10) È meglio che (tu-metterti) .... quel maglione se vuoi uscire.

6. >> *Mettere la forma giusta del verbo fra parentesi.*
(Condizionale semplice) ☑ p. 257

Es. (Io-non lamentarmi) .... tanto se fossi in te.
Io non mi lamenterei *tanto se fossi in te.*

1) (Tu-sentirti) .... subito meglio se bevessi qualcosa di caldo. 2) (Io-riposarmi) .... un po' prima di andare avanti. 3) Al tuo posto (io-non prendermela) .... tanto per quel che dice Andrea. 4) Penso che (lui-cavarsela) .... meglio senza il loro aiuto. 5) (Loro-preoccuparsi) molto .... se lo sapessero. 6) Lei (trovarsi) .... più a suo agio qui da noi. 7) (Lui-sposarsi) .... anche domani. 8) Gianna e Aldo (rivedersi) .... volentieri, dopo tanti anni. 9) Ada e Gino (non lasciarsi) .... mai. 10) (Io-andarmene) .... subito.

7. >>> *Mettere la forma giusta del verbo fra parentesi.*
(Modo Congiuntivo - Tempi composti) ☑ p. 257

Es. Spero che (tu-ricordarti) .... di telefonare a Piero.
*Spero che tu **ti sia ricordato** di telefonare a Piero.*

1) Mi dispiace che (lei-non farsi) .... più viva da quando è partita. 2) Sono proprio contenta che (voi-divertirvi) .... a vedere lo spettacolo che vi avevo consigliato. 3) Se davvero Laura e Piero non stanno più bene insieme, mi chiedo come mai (loro-non decidersi) .... ancora a divorziare. 4) Ho paura che (lui-non adattarsi) .... a vivere in una grande città. 5) Dov'è il gatto? Mi pare che (lui-arrampicarsi) .... su quell'albero. 6) Tutti credevano che (loro-mettersi) .... d'accordo, ma purtroppo non era così semplice. 7) Se prima (tu-essere) .... più attento, ora non ti troveresti in questa situazione. 8) Signorina, mi auguro che questa volta (Lei-prepararsi) .... bene per l'esame. 9) Pare che la seconda moglie di mio padre (sposarsi) .... in precedenza altre tre volte. 10) Credevo che (loro-dirsi) .... già tutto. 11) È strano che (lui-non presentarsi) .... all'appuntamento. Sembrava interessato a questo lavoro. 12) Questa volta pare che Daniela (innamorarsi) .... davvero! 13) È davvero incredibile che (loro-lasciarsi) .... sfuggire un'occasione del genere! 14) È ovvio che (loro-arrabbiarsi) .... con lui. Ha deluso tutte le loro aspettative. 15) Mi domando perché (tu-fidarti) .... di quella donna. Si vedeva chiaramente che era un'imbrogliona. Mi chiedo proprio come (tu-non accorgertene) .... prima. 16) Ti prego, uscendo dalla camera, non fare rumore! Mi pare che i bambini (addormentarsi) .... appena e non voglio che si sveglino. 17) È davvero sorprendente che (loro-riconoscersi) .... immediatamente, dopo che, abitando in città diverse, non si erano visti per più di quindici anni. 18) Pare che il paziente (calmarsi) .... solo quando il medico gli ha fatto un'iniezione contro il dolore.

8. >>> *Mettere la forma giusta del verbo fra parentesi.*
(Condizionale composto) ☑ p. 257

Es. Ero certa che (tu-ricordarti) .... di telefonare a Piero.
Ero certa che ***ti saresti ricordato*** *di telefonare a Piero.*

1) (Io-non aspettarmi) .... mai che alla fine (lui-comprarsi) .... davvero una macchina così cara. 2) Dopo tutto quel freddo che avevo preso, ero certa che (io-ammalarmi) .... 3) Perché ti sorprendi? Ti avevo detto che (io-tagliarmi) .... i capelli a zero. 4) Non si aspettavano di certo che la loro figlia (sposarsi) .... con un uomo così ricco. 5) Immaginavo che, prima o poi, (lui-tornarsene) .... nel suo paese. Qui aveva troppe difficoltà. 6) Ero sicura che quei due (innamorarsi) .... al primo sguardo. 7) Sapevo che (tu-non dimenticarti) .... di me e che un giorno o l'altro (noi-rivederci) .... 8) Loro promisero che (loro-interessarsi) .... al suo caso e avrebbero cercato di aiutarlo come meglio potevano. 9) Quando l'ho visto con quella brutta gente ho pensato che (lui-mettersi) .... nei guai. 10) Peccato che non ci rivediamo più con i vecchi compagni di scuola, ma lo sapevo che, finito il corso, (noi-perderci) .... di vista. 11) Quando gli offrimmo il nostro aiuto, ci risposero che (loro-arrangiarsi) .... da soli. 12) Speravamo tanto che, finito il lavoro, (lui-rilassarsi) .... e (lui-divertirsi) .... un po'. Ne aveva tanto bisogno! 13) Alla TV dissero che il Parlamento (riunirsi) .... il giorno dopo per discutere sulla nuova legge. 14) Disse che (lei-andarsene) .... il giorno stesso, ma poi rimase per più di una settimana. 15) Sapevo che anche questa volta (tu-presentarti) .... con qualche scusa. Ma ricordati che questa è l'ultima volta che ammetto un ritardo del genere! 16) E chi poteva immaginare che Anna e Giorgio (frequentarsi) ....? 17) Chi sapeva che (io-licenziarmi) .... entro Natale? 18) Nessuno metteva in dubbio che quei due (amarsi) .... per sempre.

Test 1 >

Scegliere la frase giusta. ☑ p. 257

1. a. Non mi ricordo mai dove metto le chiavi di casa. ☐
   b. Non ricordo mai dove mi metto le chiavi di casa. ☐

2. a. Perché non fatevi un bel bagno rinfrescante? ☐
   b. Perché non vi fate un bel bagno rinfrescante? ☐

3. a. Fatevi riconoscere mostrando il passaporto. ☐
   b. Fateci riconoscere mostrando il passaporto. ☐

4. a. Andiamo a ci riposare un po' dopo il viaggio. ☐
   b. Andiamo a riposarci un po' dopo il viaggio. ☐

5. a. La mattina, di solito, ti sveglio presto. ☐
   b. La mattina, di solito, mi sveglio presto. ☐

6. a. Mio padre si arrabbia spesso con mio fratello. ☐
   b. Mio padre arrabbia spesso con mio fratello. ☐

7. a. Perché non compriti questo bel maglione? ☐
   b. Perché non ti compri questo bel maglione? ☐

8. a. Paolo e Marcello non ti salutano mai. ☐
   b. Paolo e Marcello non si salutano mai. ☐

9. a. Sei proprio sicuro che noi ci conosciamo? ☐
   b. Sei proprio sicuro che noi conosciamo? ☐

10. a. Come chiama quella bella ragazza? ☐
    b. Come si chiama quella bella ragazza? ☐

11. a. Smettila di lamentarsi sempre e lavora un po'! ☐
    b. Smettila di lamentarti sempre e lavora un po'! ☐

12. a. Perché non vi organizzate meglio? ☐
    b. Perché non organizzatevi meglio? ☐

Test 2 >>

Scegliere la frase giusta. ☑ p. 257

1. a. Ti ricordi di comprare il latte per domattina! ☐
   b. Ricordati di comprare il latte per domattina! ☐
   c. Ricorda di ti comprare il latte per domattina! ☐
2. a. Perché non ci facciamo un bel regalo? ☐
   b. Perché non facciamoci un bel regalo? ☐
   c. Perché non facciamo ci un bel regalo? ☐
3. a. Voglio mi sposare dopo i trent'anni. ☐
   b. Voglio sposarci dopo i trent'anni. ☐
   c. Voglio sposarmi dopo i trent'anni. ☐
4. a. Non sanno si comportare bene a tavola. ☐
   b. Non si sanno comportarsi bene a tavola. ☐
   c. Non si sanno comportare bene a tavola. ☐
5. a. Sarà molto meglio ci vedere come amici. ☐
   b. Sarà molto meglio vederci come amici. ☐
   c. Ci sarà molto meglio vederci come amici. ☐
6. a. Arrabbiandovi non risolverete nulla. ☐
   b. Vi arrabbiando non risolverete nulla. ☐
   c. Arrabbiandovi non vi risolverete nulla. ☐
7. a. Si sono emozionati, essendo vistisi all'improvviso. ☐
   b. Si sono emozionati, essendo si visti all'improvviso. ☐
   c. Si sono emozionati, essendosi visti all'improvviso. ☐
8. a. Dovresti vergognareti per quello che hai fatto. ☐
   b. Dovresti ti vergognare per quello che hai fatto. ☐
   c. Ti dovresti vergognare per quello che hai fatto. ☐
9. a. Ieri, incontrandosi, non si sono salutate. ☐
   b. Ieri, incontrandosi, si non sono salutate. ☐
   c. Ieri, incontrandosi, non si hanno salutato. ☐
10. a. Ma perché voi due ti odiate tanto? ☐
    b. Ma perché voi due vi odiate tanto? ☐
    c. Ma perché voi due si odiate tanto? ☐

Test 3 >>>

Scegliere la frase giusta. ☑ p. 257

1. a. Stanotte non mi ho potuto riposare bene. ☐
   b. Stanotte non sono potuta riposarmi bene. ☐
   c. Stanotte non mi sono potuta riposare bene. ☐
   d. Stanotte non ho potuto mi riposare bene. ☐

2. a. Carla non si è ricordato di passare dalla banca. ☐
   b. Carlo non si ha ricordato di passare dalla banca. ☐
   c. Carla non ha si ricordata di passare dalla banca. ☐
   d. Carlo non si è ricordato di passare dalla banca. ☐

3. a. Ma fai ti crescere un po' questi capelli! ☐
   b. Ma fatti crescere un po' questi capelli! ☐
   c. Ma fa' ti crescere un po' questi capelli! ☐
   d. Ma ti fai crescere un po' questi capelli! ☐

4. a. Dopo essere incontratisi sono diventati amici. ☐
   b. Dopo si essere incontrati, sono diventati amici. ☐
   c. Dopo essersi incontrati, sono diventati amici. ☐
   d. Dopo aversi incontrato, sono diventati amici. ☐

5. a. Mi ho voluto togliere questa soddisfazione. ☐
   b. Sono voluto togliermi questa soddisfazione. ☐
   c. Sono voluto mi togliere questa soddisfazione. ☐
   d. Ho voluto togliermi questa soddisfazione. ☐

6. a. Credo che Sandra non si sia resa conto dell'errore. ☐
   b. Credo che Sandra si sia non resa conto dell'errore. ☐
   c. Credo che Sandra si non sia resa conto dell'errore. ☐
   d. Credo che Sandra non sia resasi conto dell'errore. ☐

7. a. Non sono mai si dimenticato di telefonarmi per Natale. ☐
   b. Non sono mai si dimenticati di telefonarmi a Natale. ☐
   c. Non si hanno mai dimenticato di telefonarmi a Natale. ☐
   d. Non si sono mai dimenticati di telefonarmi a Natale. ☐

8. a. Come ti hai permesso di dirmi quelle parole? ☐
   b. Come sei ti permessa di dirmi quelle parole? ☐
   c. Come hai permesso di dirmi quelle parole? ☐
   d. Come ti sei permessa di dirmi quelle parole? ☐

Test 4 >>>>

Scegliere la frase giusta. ☑ p. 257

1. a. Non mi sono potuta ricordare di fare la spesa. ☐
   b. Non ho potuto mi ricordare di fare la spesa. ☐
   c. Non sono potuta ricordarmi di fare la spesa. ☐
   d. Non sono potuta mi ricordare di fare la spesa. ☐
   e. Non mi ho potuta ricordare di fare la spesa. ☐
   f. Non mi ho potuto ricordare di fare la spesa. ☐

2. Purtroppo non ho superato l'esame e adesso
   a. non posso mi iscrivere al corso successivo. ☐
   b. non mi posso iscrivermi al corso successivo. ☐
   c. non posso iscriversi al corso successivo. ☐
   d. non mi posso iscrivere al corso successivo. ☐
   e. non posso mi iscrivere al corso successivo. ☐
   f. posso non mi iscrivere al corso successivo. ☐

3. a. Non ho mi mai sentito così bene in tutta la mia vita! ☐
   b. Non sono mai sentito così bene in tutta la mia vita! ☐
   c. Non mi ho mai sentito così bene in tutta la mia vita! ☐
   d. Non mi sono mai sentito così bene in tutta la mia vita! ☐
   e. Mi non sono mai sentito così bene in tutta la mia vita! ☐
   f. Non sono mai sentirsi così bene in tutta la mia vita! ☐

4. a. Vi consiglio di non dimenticarvi delle cose che avete imparato. ☐
   b. Vi consiglio di vi non dimenticare delle cose che avete imparato. ☐
   c. Vi consiglio di non dimenticare delle cose che vi siete imparati. ☐
   d. Vi consiglio di non dimenticarvi delle cose che vi siete imparati. ☐
   e. Vi consiglio di vi non dimenticare delle cose che siete imparati. ☐
   f. Vi consiglio di non dimenticarsi delle cose che avete imparato. ☐

5. a. Essendo sedutosi su una sedia rotta, è caduto per terra. ☐
   b. Essendo si seduto su una sedia rotta, è caduto per terra. ☐
   c. Avendosi seduto su una sedia rotta, è caduto per terra. ☐
   d. Avendo sedutosi su una sedia rotta, è caduto per terra. ☐
   e. Essendosi seduto su una sedia rotta, è caduto per terra. ☐
   f. Essendo sedersi su una sedia rotta, è caduto per terra. ☐

6. a. Abbiamo dovuti arrangiarci, perché l'albergo era pieno. ☐
   b. Ci abbiamo dovuto arrangiare, perché l'albergo era pieno. ☐
   c. Ci siamo dovuto arrangiare, perché l'albergo era pieno. ☐
   d. Ci siamo dovuti arrangiare, perché l'albergo era pieno. ☐
   e. Siamo dovuti arrangiarci, perché l'albergo era pieno. ☐
   f. Siamo dovuti arrangiarsi, perché l'albergo era pieno. ☐

7. a. Ragazzi, ricordate vi di tutto quello che vi ho detto! ☐
   b. Ragazzi, vi ricordate di tutto quello che vi ho detto! ☐
   c. Ragazzi, ricordatevi di tutto quello che vi ho detto! ☐
   d. Ragazzi, ricordarsi di tutto quello che vi ho detto! ☐
   e. Ragazzi, ricordarvi di tutto quello che vi ho detto! ☐
   f. Ragazzi, ricordarevi di tutto quello che vi ho detto! ☐

8. Franca e Lucia non sono con noi in viaggio, perché

   a. si hanno dovuto fermare alla stazione precedente. ☐
   b. si hanno dovute fermare alla stazione precedente. ☐
   c. si sono dovuti fermare alla stazione precedente. ☐
   d. sono dovute fermarsi alla stazione precedente. ☐
   e. si sono dovute fermare alla stazione precedente. ☐
   f. hanno dovuto fermaresi alla stazione precedente. ☐

9. a. Dopo essersi visti l'ultima volta, non si sono più parlati. ☐
   b. Dopo essersi visti l'ultima volta, non si hanno più parlato. ☐
   c. Dopo aversi visto l'ultima volta, non si hanno più parlato. ☐
   d. Dopo aversi visto l'ultima volta, non si sono più parlati. ☐
   e. Dopo essersi visti l'ultima volta, non si sono più parlate. ☐
   f. Dopo esersi viste l'ultima volta, non si sono più parlati. ☐

10. Daniela ha detto di avere visto gli extraterrestri.

    a. Secondo me se lo è inventata. Vuole prenderci in giro. ☐
    b. Secondo me si l'è inventata. Vuole prenderci in giro. ☐
    c. Secondo me se l'è inventato. Vuole prenderci in giro. ☐
    d. Secondo me si lo è inventata. Vuole prenderci in giro. ☐
    e. Secondo me si l'è inventato. Vuole prenderci in giro. ☐
    f. Secondo me s'è lo inventata. Vuole prenderci in giro. ☐

VI
La forma passiva e la forma impersonale

> *Esercizi facili* >
1-9

>> *Esercizi medi* >>
2-3-4-6-7-10

>>> *Esercizi difficili* >>>
5-8

>>>> *Esercizi molto difficili* >>>>
11

VI. La forma passiva e la forma impersonale

1. > *Trasformare le frasi seguenti con la forma passiva.*
(Tempi semplici) ☑ p. 257

Es. Il Parlamento voterà domani la legge sulle pensioni.
La legge sulle pensioni ***sarà (verrà) votata*** *domani dal Parlamento.*

Facemmo molti tentativi, prima di risolvere il problema.
Molti tentativi ***furono (vennero) fatti****, prima di risolvere il problema.*

1) Mio padre costruì questa casa nel 1960.

....

2) Da piccolo mia madre mi accompagnava ogni giorno a scuola.

....

3) Dobbiamo presentare la domanda d'assunzione entro la fine del mese.

....

4) Speravo che loro accettassero le mie richieste.

....

5) Mi dispiace che tu fraintenda sempre le mie parole.

....

6) Il mio gatto ruppe il posacenere che avevo comprato a Venezia.

....

7) Se tutti rispettassero il codice della strada, ci sarebbero meno incidenti.

....

8) Per il nostro anniversario inviteremo tutti gli amici, vicini e lontani.

....

9) Dovranno tradurre quel romanzo in molte lingue, perché tutti lo leggano.

....

10) Firmarono il nuovo contratto dopo molti mesi di incontri e trattative.

....

2. >> *Trasformare le frasi seguenti con la forma passiva.*
(Tempi composti) ☑ p. 258

Es. Il Parlamento ha votato ieri la nuova legge sulle pensioni.
La nuova legge sulle pensioni ***è stata votata*** *ieri dal Parlamento.*

Luigi e Sandro avevano visto tutta la scena.
Tutta la scena ***era stata vista*** *da Luigi e Sandro.*

1) Mia moglie e io abbiamo ideato tutto l'arredamento della nostra casa.

....

2) Sembra che ultimamente le imprese abbiano assunto nuovo personale.

....

3) Lui non sapeva nemmeno chi avesse scritto *La Divina Commedia*.

....

4) Ero certa che loro avrebbero vinto il primo premio.

....

5) Saremo famosi dopo che avremo pubblicato questo libro.

....

6) Pensavo che avessimo preso la decisione giusta, ma non era così.

....

7) Mi dispiaceva che non avessero accettato la mia domanda di lavoro.

....

8) Non ricordo chi ha vinto l'ultimo campionato del mondo di calcio.

....

9) Anche mia madre mi aveva dato lo stesso tuo consiglio.

....

10) Dissero che di sicuro avrebbero dato l'incarico a Gianni.

....

3. >> *Trasformare le frasi seguenti con la forma passiva.*
(Tempi composti) ☑ p. 258

Es. Il Parlamento ha votato ieri la nuova legge sulle pensioni.
La nuova legge sulle pensioni ***è stata votata*** *ieri dal Parlamento.*

Luigi e Sandro avevano visto tutta la scena.
Tutta la scena ***era stata vista*** *da Luigi e Sandro.*

1) Chi ha diretto questo film?

....

2) Sapevo che prima o poi quella ragazza mi avrebbe deluso.

....

3) La moglie se ne andò, perché il marito l'aveva tradita troppe volte!

....

4) Ti avevamo detto che l'esame era molto difficile.

....

5) Non immaginavo che ci avrebbero invitato al loro matrimonio.

....

6) Questo stilista milanese ha ottenuto un grande successo.

....

7) Non so chi abbia rubato la mia bicicletta nuova.

....

8) Sapete che qualcuno vi ha visto insieme, mano nella mano?

....

9) Non avrei mai immaginato che tu mi avresti fatto questo brutto scherzo!

....

10) L'agenzia assicurò che ci avrebbe prenotato tutte le camere.

....

4. >> *Trasformare le frasi seguenti con il «si» passivo.*
(Presente e Passato prossimo) ☑ p. 258

Es. Scrivere la lettera → ***si scrive** la lettera* - ***si è scritta** la lettera.*
Fare dei lavori → ***si fanno** dei lavori* - ***si sono fatti** dei lavori.*

	Presente	*Passato prossimo*
1) Leggere molti libri	....	....
2) Guardare la TV	....	....
3) Fissare un appuntamento	....	....
4) Spendere molti soldi	....	....
5) Rispettare le regole	....	....
6) Trovare un amico	....	....
7) Chiudere la finestra	....	....
8) Avere un'idea	....	....
9) Incontrare qualcuno	....	....
10) Iniziare le vacanze	....	....
11) Vivere molti anni	....	....
12) Dare una risposta	....	....
13) Chiedere un aiuto	....	....
14) Togliere le scarpe	....	....
15) Spegnere la luce	....	....
16) Mangiare molti dolci	....	....
17) Fumare molte sigarette	....	....
18) Preparare una cena	....	....
19) Fare una promessa	....	....
20) Ricevere un invito	....	....

5. >>> *Completare le frasi seguenti con il «si» passivo.*
(Tempi semplici e composti) ☑ p. 258

Es. Nella nostra scuola (studiare) .... molte lingue e (fare) .... gli esami quasi tutti i mesi.
Nella nostra scuola ***si studiano*** *molte lingue e* ***si fanno*** *gli esami quasi tutti i mesi.*

1) Di solito in Italia per colazione (bere) .... solo un caffè. 2) Se (conoscere) .... bene tutti i programmi del computer, (trovare) .... più facilmente un lavoro. 3) Penso che finora (non affrontare) .... con il giusto impegno i problemi legati all'inquinamento. 4) Qualche volta (fare) .... delle promesse che poi (non potere) .... mantenere. 5) Ricordo che quando ero piccolo in casa mia (fare) .... una grande festa per Natale e Capodanno. 6) Per preparare gli spaghetti al tonno, (tagliare) .... una cipolla e (metterla) .... in una padella con un po' d'olio, (buttare) .... due pomodori tagliati a pezzettini e poi (cuocere) .... il tutto per venti minuti. (Aggiungere) .... il tonno a pezzi non troppo grandi e (spegnere) .... il fuoco quasi subito. A parte (cuocere) .... gli spaghetti e quando sono bene al dente (scolare) .... e (mettere) .... nella padella con il sugo. (Girare) .... per pochi minuti e (servire) .... in tavola ben caldi. 7) Prima a scuola (studiare) .... molte poesie a memoria. 8) Mi pare che negli ultimi anni nella nostra città (realizzare) .... molte importanti opere. 9) In inverno è facile che (prendere) .... l'influenza o qualche altra malattia da raffreddamento. 10) Una volta che (dire) .... la verità, (avere) .... la coscienza a posto e (fare) .... sonni tranquilli. 11) In questi ultimi tempi (commettere) .... troppi errori. 12) Da molti anni a Sanremo (organizzare) .... un famoso festival di musica leggera.

6. >> *Trasformare le frasi seguenti con il «si» impersonale. (Presente e Passato prossimo)*

☑ p. 258

Es. Mangiare bene	→	***si mangia** bene*	-	***si è mangiato** bene.*
Partire presto	→	***si parte** presto*	-	***si è partiti** presto.*
Essere felice	→	***si è felici***	-	***si è stati felici.***
Ricordarsi male	→	***ci si ricorda** male*	-	***ci si è ricordati** male.*

	Presente	*Passato prossimo*
1) Lavorare molto	....	....
2) Vestirsi bene	....	....
3) Uscire con gli amici	....	....
4) Viaggiare molto	....	....
5) Andare a letto tardi	....	....
6) Essere malato	....	....
7) Lamentarsi di tutto	....	....
8) Parlare senza pensare	....	....
9) Svegliarsi presto	....	....
10) Andare di fretta	....	....
11) Suonare bene	....	....
12) Ridere di gusto	....	....
13) Preoccuparsi inutilmente	....	....
14) Essere giovane	....	....
15) Correre tutto il giorno	....	....
16) Pentirsi amaramente	....	....
17) Dormire poco	....	....
18) Riuscire a studiare bene	....	....
19) Sedersi comodamente	....	....
20) Bere troppo	....	....

7. >> *Completare le frasi seguenti con il «si» impersonale. (Tempi semplici)*

☑ p. 259

Es. Quando (partire) .... in tempo (non arrivare) .... in ritardo.
*Quando **si parte** in tempo **non si arriva** in ritardo.*

1) Quando (essere) .... in vacanza spesso (non pensare) .... più ai problemi di tutti i giorni. 2) Dicono che in quel negozio (spendere) .... poco. 3) Nei centri storici delle città (camminare) .... meglio quando il traffico sarà più limitato. 4) (Sapere) .... già da molto tempo che quei due uscivano insieme. 5) Dove (andare) .... a cena stasera? (Potere) .... andare in quella trattoria in campagna dove (andare) .... spesso l'anno scorso. 6) Se davvero (volere) .... essere sicuri di trovare un buon posto a teatro (dovere) .... prenotare qualche giorno prima. 7) Quando (riuscire) .... a riposare bene (essere) .... in forma per tutto il giorno. 8) In passato (pensare) .... che le donne dovessero occuparsi solo della famiglia. 9) Lo sai che (non dovere) .... fumare così tanto come fai tu? 10) In questa stagione sarebbe meglio che (viaggiare) .... di notte, per evitare il traffico in autostrada. 11) Vorrei che (non entrare) .... nei cinema in ritardo, quando il film è già cominciato. 12) Lo sai che se (telefonare) .... di sera (spendere) .... molto meno? 13) Di che cosa (parlare) .... esattamente nella riunione di domani? 14) Mi sembra di ricordare che quel giorno (non potere) .... partire a causa della fitta nebbia che avvolgeva l'aeroporto. 15) (Dire) .... che fosse scappato all'estero con tutti i soldi. 16) Per favore, signorina, spenga la sigaretta. In questo scompartimento (non potere) .... fumare. 17) Come (dire) .... nella tua lingua «arrivederci»? 18) Perché non studi mai insieme a noi? Perché penso che (imparare) .... di più quando (studiare) .... da soli.

8. >>> *Completare le frasi seguenti con il «si» impersonale. (Tempi composti)* ☑ p. 259

Es. (partire) .... di mattina e (camminare) .... per tutto il giorno.
***Si è partiti** di mattina e **si è camminato** per tutto il giorno.*

1) Quando (vivere) .... sempre nello stesso paese si ha una mentalità meno aperta. 2) Con la nuova legge si potrà andare in pensione soltanto quando (lavorare) .... per almeno trentacinque anni. 3) Qualcuno pensa che sarebbe stato meglio se (non andare) .... tanto avanti con il progresso tecnologico. 4) Non avrei mai pensato che (scendere) .... tanto in basso. 5) Quando (stare) .... bene in un posto, fa sempre piacere ritornarci. 6) Dispiace sempre lasciare una città dove (abitare) .... per tanti anni. 7) Sono felice che (rimanere) .... a casa stasera. Se (uscire) .... con questo tempo si sarebbe certamente preso freddo. 8) Qualche anno fa nessuno credeva che (andare) .... su Marte. 9) Se (riuscire) .... a concludere questo lavoro, il merito è solo mio! 10) In una giornata limpida e soleggiata, dopo che (salire) .... in cima a questa montagna, si può vedere persino il mare. 11) Alla festa di ieri sera (mangiare) .... troppo. 12) (Partire) .... in orario, se tu non fossi arrivato in ritardo come fai sempre! 13) La scorsa domenica (passeggiare) .... per tutto il pomeriggio e la sera (andare) .... a cena in un ristorante vegetariano. 14) Adesso basta con queste sigarette! Mi pare che (fumare) .... anche troppo per oggi! 15) Scusaci se non ti abbiamo telefonato prima, ma questa mattina (dormire) .... fino a tardi. 16) Siamo contenti perché finalmente (riuscire) .... a capire che cosa significa questa formula matematica. 17) Se proprio volete la mia opinione, credo che (fare) .... molto male a non accettare la sua proposta. 18) Nella riunione di stamattina (parlare) .... troppo e (non giungere) .... a nessuna conclusione concreta.

9. > *Trasformare le frasi seguenti con il «si» impersonale.*
(«Si» impersonale con un aggettivo) ☑ p. 259

Es. Quando uno è allegro, è sempre più ottimista.
Quando ***si è allegri, si è*** *sempre più* ***ottimisti****.*

1) Quando sono felice, vorrei che tutto il mondo lo sapesse.

....

2) Per avere molti amici devi essere altruista, disponibile e sincero.

....

3) Spesso, quando una persona è stanca, è insoddisfatta e pessimista.

....

4) Se bevi troppo, non sei cosciente di quello che fai e diventi maleducato.

....

5) Per ballare bene, uno deve essere elegante e agile.

....

6) Quando c'è una giornata di sole, sono più allegra.

....

7) Quando una persona è giovane, è sempre piena di ideali.

....

8) Quando torna dalle vacanze, Letizia è più sorridente e rilassata.

....

9) Non è bene che in un rapporto uno sia troppo geloso.

....

10) Quando sono innamorato, bevo e mangio poco.

....

11) Qualche volta uno è scortese senza rendersene conto.

....

12) Solo se sei ottimista e in pace con te stesso, puoi vivere felicemente.

....

10. >> *Trasformare le frasi seguenti con il «si» impersonale.*
(«Si» impersonale con un verbo riflessivo) ☑ p. 259

Es. Se uno si sveglia presto la mattina, può vedere l'alba.
*Se **ci si sveglia** presto la mattina, si può vedere l'alba.*

1) Una volta la gente si preoccupava meno dell'inquinamento.

....

2) Ci siamo persi in un bosco e ci siamo sentiti abbandonati.

....

3) Può succedere che una persona non si accorga di offendere qualcuno.

....

4) Ci siamo resi conto di avere sbagliato in quell'occasione.

....

5) Mi pare che ci siamo divertiti di più alla festa di Piero che a questa.

....

6) Ci siamo spaventati molto a vedere quella scena.

....

7) Quando mi sveglio presto la mattina, mi sento male tutto il giorno.

....

8) Perché non ci incontriamo domani sera al solito bar?

....

9) Per la cerimonia di stasera è bene che tu ti vesta elegantemente.

....

10) L'ultima volta che ci siamo visti è stato l'anno scorso.

....

11) Mi chiedo perché Lorenzo non si dedichi di più ai propri figli.

....

12) Se fossi più ricco non mi preoccuperei di risparmiare.

....

11. >>>> *Completare le frasi seguenti, scegliendo fra il «si» passivo e il «si» impersonale.* ☑ p. 259

1) Quando alla fine di molti sforzi (ottenere) .... quello che (volere) .... (sentirsi) .... soddisfatt... di se stessi. 2) È piuttosto difficile riparare questa macchina, perché (smettere) .... di fabbricarla più di dodici anni fa e (non trovare) .... più i pezzi di ricambio. 3) Fra un paio di settimane, dopo che (terminare) .... i lavori di restauro, (potere) .... visitare di nuovo questo magnifico palazzo del seicento. 4) (Potersi) .... considerare fortunat... quando (trovare) .... l'anima gemella. 5) Sai dove (potere) .... trovare delle belle ceramiche decorate a mano? 6) A volte (pentirsi) .... delle cose che (dire) .... prima in un momento di rabbia. 7) (Lavorare) .... molto per trovare una cura a questa malattia, ma purtroppo pare che ancora (non trovare) .... 8) (Ripetere) .... tante volte che il fumo passivo fa male, ma ancora molta gente continua a fumare in presenza d'altri. 9) Quando (avere) .... bene in mente un obiettivo, (non doversi) .... scoraggiare di fronte alle prime difficoltà. 10) Mi pare che queste giacche lunghe siano molto di moda quest'anno: (vederne) .... dappertutto. 11) (Partire) .... tardi, perché (dormire) .... fino a mezzogiorno e mezzo. 12) Se tu ieri avessi avuto più tempo (potere) .... parlare un po' insieme. 13) Quando la notte prima (fare) .... una bella dormita, il giorno dopo (essere) .... più tranquill... e di buon umore. 14) In un recente sondaggio (affermare) .... che in Italia molte abitudini stanno cambiando: (fare) .... più spesso un'abbondante colazione, (bere) .... e (fumare) .... molto meno, e (praticare) .... più sport. 15) Ieri pomeriggio (restare) .... per troppo tempo a casa di sua sorella e (annoiarsi) ....

Test 1 >

Scegliere la frase giusta. ☑ p. 259

1. a. Questo libro è scritto l'anno scorso. ☐
   b. Questo libro è stato scritto l'anno scorso. ☐

2. a. Quando si è malati si deve stare a letto! ☐
   b. Quando si è malato si deve stare a letto! ☐

3. a. La marmellata è venuta mangiata tutta da Piero. ☐
   b. La marmellata è stata mangiata tutta da Piero. ☐

4. a. Di domenica ci si alza più tardi del solito. ☐
   b. Di domenica si ci alza più tardi del solito. ☐

5. a. Ragazzi, questi esercizi vengono fatti per domani. ☐
   b. Ragazzi, questi esercizi vanno fatti per domani. ☐

6. a. Ieri pomeriggio si è andati al cinema tutti insieme. ☐
   b. Ieri pomeriggio si è andato al cinema tutti insieme. ☐

7. a. Questa lingua può essere imparata in un anno. ☐
   b. Questa lingua può venire imparata in un anno. ☐

8. a. Con quell'aereo si è viaggiati molto bene. ☐
   b. Con quell'aereo si è viaggiato molto bene. ☐

9. a. Le lezioni d'italiano sono seguiti da molti studenti. ☐
   b. Le lezioni d'italiano sono seguite da molti studenti. ☐

10. a. Durante la riunione si è parlati di molte cose. ☐
    b. Durante la riunione si è parlato di molte cose. ☐

11. a. Questo artista non è stato capito dai suoi contemporanei. ☐
    b. Questo artista non è venuto capito dai suoi contemporanei. ☐

12. a. Con Patrizia ogni volta che si vede si saluta. ☐
    b. Con Patrizia ogni volta che ci si vede ci si saluta. ☐

Test 2 >>

Scegliere la frase giusta. ☑ p. 259

1. a. Ricordiamoci che questo lavoro deve si fare per domani. ☐
   b. Ricordiamoci che questo lavoro viene fatto per domani. ☐
   c. Ricordiamoci che questo lavoro va fatto per domani. ☐
2. a. Stamattina si è dormiti fino a mezzogiorno. ☐
   b. Stamattina si è dormito fino a mezzogiorno. ☐
   c. Stamattina ci si è dormiti fino a mezzogiorno. ☐
3. a. Questa lettera non potrà essere firmata dal direttore. ☐
   b. Questa lettera non può venire firmata dal direttore. ☐
   c. Questa lettera non può andare firmata dal direttore. ☐
4. a. In questo ristorante si mangiano davvero bene. ☐
   b. In questo ristorante si mangiamo davvero bene. ☐
   c. In questo ristorante si mangia davvero bene. ☐
5. a. Le lezioni vengono seguiti da molti studenti. ☐
   b. Le lezioni sono seguiti da molti studenti. ☐
   c. Le lezioni sono seguite da molti studenti. ☐
6. a. Ieri si è usciti tardi dalla lezione d'italiano. ☐
   b. Ieri si è uscito tardi dalla lezione d'italiano. ☐
   c. Ieri si sono usciti tardi dalla lezione d'italiano. ☐
7. a. La poesia che leggi è venuta scritta da un giovane poeta. ☐
   b. La poesia che leggi è stata scritta da un giovane poeta. ☐
   c. La poesia che leggi è stata scrivere da un giovane poeta. ☐
8. a. Perché non ci si saluta mai con i signori Pieri? ☐
   b. Perché non ci si saluti mai con i signori Pieri? ☐
   c. Perché non si saluta mai con i signori Pieri? ☐
9. a. Posso sapere da chi sono stati preparati gli spaghetti? ☐
   b. Posso sapere da chi sono venuti preparati gli spaghetti? ☐
   c. Posso sapere da chi è stati preparati gli spaghetti? ☐
10. a. Quando ci si accorge di non essere più giovani è troppo tardi. ☐
    b. Quando si ci accorge di non essere più giovane è troppo tardi. ☐
    c. Quando ci si accorge di non essere più giovane è troppo tardi. ☐

Test 3 >>>

Scegliere la frase giusta. ☑ p. 260

1. a. La relazione dovrà essere pronta per domani mattina. ☐
   b. La relazione deve sarà pronta per domani mattina. ☐
   c. La relazione va essere pronta per domani mattina. ☐
   d. La relazione andrà essere pronta per domani mattina. ☐

2. a. A questo gioco se si sbaglia si è eliminato. ☐
   b. A questo gioco se si sbagliano si è eliminato. ☐
   c. A questo gioco se si sbaglia si è eliminati. ☐
   d. A questo gioco se si sbagliano si è eliminati. ☐

3. a. Alla cena di ieri sera si è mangiati troppi dolci. ☐
   b. Alla cena di ieri sera si è mangiato troppi dolci. ☐
   c. Alla cena di ieri sera si sono mangiati troppi dolci. ☐
   d. Alla cena di ieri sera si sono stati mangiati troppi dolci. ☐

4. a. Ci si sente bene quando si è riposato a lungo. ☐
   b. Ci si sente bene quando si è riposati a lungo. ☐
   c. Ci si sente bene quando ci si è riposato a lungo. ☐
   d. Ci si sente beni quando si ha riposato a lungo. ☐

5. a. Non si doveva scrivere queste frasi sul muro! ☐
   b. Non si andava scrivere queste frasi sul muro! ☐
   c. Non dovevano si scrivere queste frasi sul muro! ☐
   d. Non si dovevano scrivere queste frasi sul muro! ☐

6. a. Sappi che quando ci si vede, ci si saluta! ☐
   b. Sappi che quando si vede, si saluta! ☐
   c. Sappi che quando si ci vede, si ci saluta! ☐
   d. Sappi che quando si vede, ci si saluta! ☐

7. a. Nella mia scuola si è studiato bene la chimica e la fisica. ☐
   b. Nella mia scuola si sono studiate bene la chimica e la fisica. ☐
   c. Nella mia scuola si è studiati bene la chimica e la fisica. ☐
   d. Nella mia scuola si sono studiati bene la chimica e la fisica. ☐

8. a. Si può sapere quanto si ha dormito questa notte? ☐
   b. Si può sapere quanto si è dormiti questa notte? ☐
   c. Si può sapere quanto si è dormito questa notte? ☐
   d. Si può sapere quanto si ha dormiti questa notte? ☐

Test 4 >>>>

Scegliere la frase giusta. ☑ p. 260

1. a. Quando si è molto giovani non sempre ci si rende conto delle cose stupide che si fanno. ☐
   b. Quando si è molto giovane non sempre ci si rende conto delle cose stupide che si fa. ☐
   c. Quando si è molto giovane non sempre si rende conto delle cose stupide che si fanno. ☐
   d. Quando si è molto giovani non sempre si rende conto delle cose stupide che si fanno. ☐

2. a. Tutte le mattine ci si incontra al bar e ci si saluta. Si prende un cappuccino e una pasta e si va a lezione. ☐
   b. Tutte le mattine ci si incontra al bar e si saluta. Si prendono un cappuccino e una pasta e si va a lezione. ☐
   c. Tutte le mattine ci si incontra al bar e ci si saluta. Si prendono un cappuccino e una pasta e si va a lezione. ☐
   d. Tutte le mattine si incontrano al bar e si salutano. Si prende un cappuccino e una pasta e si vanno a lezione. ☐

3. a. Mi ricordo che quando si fu terminati gli esami si era contenti. Si lasciarono i libri a scuola e tutti insieme si andò a fare una passeggiata nel parco. ☐
   b. Mi ricordo che quando si fu terminato gli esami si era contenti. Si lasciarono i libri a scuola e tutti insieme si andò a fare una passeggiata nel parco. ☐
   c. Mi ricordo che quando si fu terminati gli esami si era contenti. Si lasciarono i libri a scuola e tutti insieme si andarono a fare una passeggiata nel parco. ☐
   d. Mi ricordo che quando si furono terminati gli esami si era contenti. Si lasciarono i libri a scuola e tutti insieme si andò a fare una passeggiata nel parco. ☐

4. a. Nonostante si sia partiti presto, si sia viaggiati senza problemi, e non si sia incontrato traffico, si è arrivati tardi alla cerimonia. ☐

   b. Nonostante si sia partiti presto, si sia viaggiato senza problemi, e non si sia incontrato traffico, si è arrivato tardi alla cerimonia. ☐

   c. Nonostante si sia partiti presto, si sia viaggiati senza problemi, e non si sia incontrati traffico, si è arrivati tardi alla cerimonia. ☐

   d. Nonostante si sia partiti presto, si sia viaggiato senza problemi, e non si sia incontrato traffico, si è arrivati tardi alla cerimonia. ☐

5. a. Non si è potuta fare la lezione, perché si era stanchi a causa della lunga passeggiata che si era fatta prima. ☐

   b. Non si è potuto fare la lezione, perché si era stanchi a causa della lunga passeggiata che si era fatta prima. ☐

   c. Non si ha potuto fare la lezione, perché si era stanchi a causa della lunga passeggiata che si era fatta prima. ☐

   d. Non si è potuti fare la lezione, perché si era stanchi a causa della lunga passeggiata che si era fatta prima. ☐

6. a. Si è fatta una bella corsa e si è camminati molto. ☐

   b. Si è fatto una bella corsa e si è camminato molto. ☐

   c. Si è fatti una bella corsa e si è camminati molto. ☐

   d. Si è fatta una bella corsa e si è camminato molto. ☐

7. a. Per l'esame ci si è dovuto ricordare di tutti i verbi irregolari. ☐

   b. Per l'esame ci si è dovuti ricordare di tutti i verbi irregolari. ☐

   c. Per l'esame si è dovuti ricordare di tutti i verbi irregolari. ☐

   d. Per l'esame si ci è dovuto ricordare di tutti i verbi irregolari. ☐

8. a. Durante la lezione si era distratti e non si è capiti nulla. ☐

   b. Durante la lezione si era distratto e non si è capita nulla. ☐

   c. Durante la lezione si era distratti e non si è capita nulla. ☐

   d. Durante la lezione si era distratti e non si è capito nulla. ☐

9. a. Ieri ci si è andati a letto durante il pomeriggio. ☐
   b. Ieri si è andati a letto durante il pomeriggio. ☐
   c. Ieri si è andato a letto durante il pomeriggio. ☐
   d. Ieri si si è andati a letto durante il pomeriggio. ☐

10. a. Si è dovuti cominciare con mezz'ora di ritardo. ☐
    b. Si ha dovuto cominciare con mezz'ora di ritardo. ☐
    c. Si ha dovuto cominciare con mezz'ora di ritardo. ☐
    d. Si è dovuto cominciare con mezz'ora di ritardo. ☐

11. a. In quel ristorante si mangiavano bene. ☐
    b. In quel ristorante si mangiava bene la pasta e il pesce. ☐
    c. In quel ristorante si mangiavano bene la pasta e il pesce. ☐
    d. In quel ristorante si mangiavano bene il pesce. ☐

12. a. Prima di partire non si conoscevano nessuno, ma durante il viaggio si è fatta amicizia con quasi tutti. ☐
    b. Prima di partire non si conosceva nessuno, ma durante il viaggio si è fatta amicizia con quasi tutti. ☐
    c. Prima di partire non si conoscevano nessuno, ma durante il viaggio si è fatto amicizia con quasi tutti. ☐
    d. Prima di partire non si conosceva nessuno, ma durante il viaggio si è fatto amicizia con quasi tutti. ☐

13. a. Andrea e io non ci si è visti per tanto tempo. E pensare che prima si era tanto amici! ☐
    b. Andrea e io non ci si è visti per tanto tempo. E pensare che prima si erano tanto amici! ☐
    c. Andrea e io non ci si è visti per tanto tempo. E pensare che prima si eravamo tanto amici! ☐
    d. Andrea e io non si è visto per tanto tempo. E pensare che prima si era tanto amici! ☐

VII
Il periodo ipotetico

> Esercizi facili >
1

>> Esercizi medi >>
2-3

>>> Esercizi difficili >>>
4

>>>> Esercizi molto difficili >>>>
5

VII. Il periodo ipotetico

1° tipo (realtà)

1. > *Trovare le forme giuste del periodo ipotetico.* ☑ p. 260

Es. Se (io-potere) ...., (io-aiutarti) .... sicuramente.
Se ***posso*** *(****potrò****)* ***ti aiuto*** *(****ti aiuterò****) sicuramente.*

1) Se il prossimo fine settimana (fare) .... bel tempo, la scuola (organizzare) .... una gita al mare. 2) Se domani pomeriggio (tu-andare) .... a casa di Francesco (venirci) .... anch'io. 3) Carlo, se (tu-non avere) .... tempo questo pomeriggio, (noi-potere) .... anche rimandare a domani il nostro incontro. 4) (Io-prestarti) .... la mia bicicletta solo se (tu-riportarmela) .... prima delle otto di stasera. 5) Se (voi-essere) .... gentili con lui e (voi-non fare) .... richieste impossibili da soddisfare, certamente (lui-aiutarvi) .... 6) Sai che (noi-incontrare) .... di sicuro molto traffico se (noi-partire) .... a quell'ora del pomeriggio? 7) Se (loro-farmi) .... una proposta di lavoro interessante, (io-accettare) .... anche di trasferirmi all'estero. 8) (Io-sposarti) .... solo se (tu-giurarmi) .... amore eterno! 9) Se i nostri genitori (sapere) .... tutto quello che è successo qui ieri sera, (loro-arrabbiarsi) .... certamente e (loro-non darci) .... più il permesso di usare l'appartamento. 10) Se (voi-venire) .... a cena stasera da noi (voi-trovare) .... una bella sorpresa. 11) Se (noi-potere) .... (noi-venire) .... di sicuro, anche senza la sorpresa. 12) Se (tu-non restituirmi) .... subito tutti i soldi che ti ho prestato (io-rivolgermi) .... a un avvocato! Capito? 13) Signora, se (Lei-non smettere) .... di fumare (Lei-avere) .... seri problemi di salute. 14) Se (io-continuare) .... a trascurare gli studi in questo modo, i miei genitori (loro-non darmi) .... più una lira! 15) Se (io-chiederti) .... aiuto, (tu-darmelo) ....?

VII. Il periodo ipotetico
2° tipo (possibilità)

2. >> *Trovare le forme giuste del periodo ipotetico.* ☑ p. 260

Es. Se (io-potere) ...., (io-aiutarti) .... con piacere.
*Se **potessi**, ti **aiuterei** con piacere.*

1) Se (tu-essere) .... una persona un po' più tollerante (tu-capire) .... che non è giusto comportarsi in questo modo. 2) Se (io-avere) .... molti soldi (io-fare) .... una vita completamente diversa da quella che faccio ora. 3) Se mio figlio (studiare) .... di più (lui-andare) .... molto meglio a scuola. 4) Se (tu-prendere) .... regolarmente tutte le medicine che ti ordina il medico (tu-guarire) .... molto prima. 5) (Io-andare) .... volentieri alla sua festa se (lui-invitarmi) .... 6) Se i vostri genitori in questo momento (essere) .... qui e (loro-vedere) .... tutta la confusione che state creando, (loro-arrabbiarsi) .... 7) Mio padre dice che se (io-decidere) .... di non sposarmi mai (lui-essere) .... contento, ma non è vero. 8) Forse (tu-non avere) .... tutto questo sonno se la sera (tu-andare) .... a letto prima! 9) Se (esistere) .... un uomo così simpatico, intelligente, bello, ricco e gentile (io-amarlo) .... subito. 10) Se (noi-potere) .... (noi-venire) .... con piacere alla festa per l'inaugurazione della casa nuova. 11) (Tu-non dire) .... tutte queste cattiverie sul conto di Silvano, se (tu-conoscerlo) .... 12) Che cosa (tu-dire) .... se anch'io (comportarmi) .... così tutte le volte che ne ho voglia? 13) Ragazzi, voglio dirvi che (essere) .... molto meglio se (voi-farvi) .... un esame di coscienza e (voi-dire) .... tutta la verità. 14) Se Aldo (essere) .... un po' più alto e (lui-avere) .... più capelli, forse (lui-piacermi) .... 15) Se solo (tu-volere) .... (tu-potere) .... fare di più.

3. >> *Trovare le forme giuste del periodo ipotetico.* ☑ p. 260

Es. Se quella volta (io-potere) ...., (io-aiutarti) ....
Se quella volta ***avessi potuto****, ti* ***avrei aiutato****.*

1) Se (tu-venire) .... alla gita che la scuola ha organizzato sabato scorso, (tu-divertirti) .... moltissimo e (tu-vedere) .... tante cose interessanti. 2) Se quella volta voi due (comportarvi) .... come si deve in quelle situazioni, (voi-non fare) .... una figura così brutta. 3) Se (noi-sapere) .... quello che vi stava succedendo, certamente (noi-non partire) .... o (noi-interrompere) .... subito il viaggio e (noi-ritornare) .... per aiutarvi. 4) Mi dispiace, ma l'altro giorno non ti ho visto passare. Se (io-vederti) .... (io-salutarti) .... certamente. 5) A nostro parere voi avete sbagliato. Se (noi-essere) .... al vostro posto, di sicuro (noi-fare) .... diversamente. 6) Ti rendi conto di quello che hai fatto? Se quella macchina (non fermarsi) .... in tempo (noi-provocare) .... un terribile incidente e tutti noi (farci) .... molto male! 7) Se in quell'occasione così importante per la mia carriera (io-avere) .... più fortuna, in seguito tutto (essere) .... più facile. 8) Se allora (tu-chiedergli) .... aiuto, (lui-fare) .... di tutto per toglierti dai guai. 9) Purtroppo Luca non c'è. Se (voi-arrivare) .... soltanto pochi minuti fa (voi-trovarlo) .... ancora in casa. 10) Se (io-sapere) .... che eri a letto malata (io-venire) .... a trovarti e (io-portare) .... dei fiori e della cioccolata per tirarti su il morale. 11) Se l'altra sera Lucia e Fabio, invece di andarsene via così presto, (rimanere) .... qui ancora un po' (loro-vedere) .... Sergio in TV. 12) Se (lei-accorgersi) .... che la prendevano in giro tutti, (lei-non dire) .... quelle cose.

4. >>> *Trovare le forme giuste del periodo ipotetico.* ☑ p. 260

Es. Se domani (noi-potere) .... (noi-essere) .... presenti di sicuro.
Se domani ***potremo (possiamo), saremo (siamo)*** *presenti di sicuro.*

Se (noi-potere) .... (noi-venire) .... volentieri.
Se ***potessimo, verremmo*** *volentieri.*

Se ieri (noi-potere) .... (noi-venire) .... ma non è stato possibile.
Se ieri ***avessimo potuto, saremmo venuti****, ma non è stato possibile.*

Se (tu-spendere) .... meno, ora (tu-non essere) .... in difficoltà.
Se tu ***avessi speso*** *meno, ora non* ***saresti*** *in difficoltà.*

1) Se domani (io-essere) .... libero, di certo (io-venire) .... con voi. 2) (Essere) .... meglio se (tu-ascoltarmi) .... e (tu-non fare) .... sempre di testa tua. 3) Adesso (tu-non trovarti) .... in questa brutta situazione se (tu-fare) .... come ti avevo detto io. 4) Se (voi-avere) .... bisogno di me, telefonatemi pure! 5) Forse (essere) .... meglio se la prossima volta che lo vediamo (noi-chiedergli) .... scusa. 6) Lo sai quante cose (io-fare) .... se (io-avere) .... la tua età? 7) Se prima (tu-essere) .... più attento e concentrato, ora (tu-conoscere) .... la soluzione di questo problema. 8) Come (essere) .... bello se tutto il mondo (vivere) .... in pace e (non-esserci) .... più guerre. 9) Se ieri (io-non avere) .... quell'impegno, (io-accettare) .... volentieri il vostro invito. 10) Se (io-cominciare) .... a studiare qualche settimana fa, adesso (io-non trovarmi) .... qui a preparare in ritardo l'esame. 11) (Io-potere) .... fare certamente qualcosa per te, se solo (tu-avvertirmi) .... che ti trovavi in simili difficoltà. 12) Sono del tutto sicuro che se (loro-avere) .... più pazienza, (loro-non perdere) .... la partita in quel modo.

5. >>>> *Trovare le forme giuste del periodo ipotetico.* ☑ p. 260

Es. Se domani (noi-potere) .... (noi-essere) .... presenti.
Se domani ***potremo (possiamo)***, ***saremo (siamo)*** *presenti.*

Se (noi-potere) .... (noi-venire) .... volentieri.
Se ***potessimo, verremmo*** *volentieri.*

Se ieri (noi-potere) .... (noi-venire) .... ma non è stato possibile.
Se ieri ***avessimo potuto, saremmo venuti*** *ma non è stato possibile.*

Qualora (essere) .... necessario, (voi-chiamarmi) ....
Qualora ***fosse*** *necessario,* ***chiamatemi****!*

(Volere) .... (tu-potere) .... aiutarmi.
Volendo, potresti *aiutarmi.*

1) Se domani mattina (tu-svegliarmi) .... ancora con quella musica orribile, (io-arrabbiarmi) .... di sicuro e (io-romperti) .... in testa la radio! 2) Esagerato! Se davvero (tu-essere) .... così violento, (tu-non essere) .... il mio migliore amico! 3) Se allora (tu-ascoltare) .... tutti i miei consigli, ora (tu-non trovarti) .... in difficoltà. 4) Nel caso in cui (rendersi) .... necessario un mio intervento, (voi-chiamarmi) .... immediatamente! 5) Quel ragazzo (non comportarsi) .... così l'altra sera a casa nostra, se (essere) .... un po' meno maleducato. 6) Beato te che sei in questa situazione. Ah! Se (io-essere) .... al tuo posto...! 7) Se (tu-vedere) .... Camillo, (tu-salutarlo) .... da parte mia! 8) (Studiare e applicarti) .... di più, (tu-superare) .... certamente il prossimo esame. 9) Il medico mi ha detto che (essere) .... meglio se (noi-telefonargli) .... prima dell'ora di cena. 10) Signori, qualora questa situazione (dovere) .... peggiorare ancora, (voi-telefonarmi) .... subito, senza perdere neanche un minuto! Io cercherò di arrivare qui il più presto possibile.

Test 1 >

Scegliere la frase giusta.

☑ p. 261

1. a. Se potrò aiutarti, lo farò sicuramente. ☐
   b. Se potrò aiutarti, lo farei sicuramente. ☐

2. a. Sarebbe meglio se tu verresti con noi. ☐
   b. Sarebbe meglio se tu venissi con noi. ☐

3. a. Se ieri voi mi telefonaste, non mi avreste trovato. ☐
   b. Se ieri mi aveste telefonato, non mi avreste trovato. ☐

4. a. Se lui mi ha invitato alla festa, ci andrei. ☐
   b. Se mi invitasse alla festa, ci andrei. ☐

5. a. Sarei molto felice se trovassi un buon lavoro. ☐
   b. Sarei stato molto felice se trovassi un buon lavoro. ☐

6. a. Se l'anno scorso andai al mare, sarebbe stato meglio. ☐
   b. Se l'anno scorso fossi andato al mare, sarebbe stato meglio. ☐

7. a. Se l'anno prossimo andrò a trovare Lisa, te lo direi. ☐
   b. Se l'anno prossimo andrò a trovare Lisa, te lo dirò. ☐

8. a. Ti divertissi se verresti con noi. ☐
   b. Ti divertiresti se venisssi con noi. ☐

9. a. Se arriverai troppo tardi, perderesti il treno. ☐
   b. Se arriverai troppo tardi, perderai il treno. ☐

10. a. Se guardereste da questa parte, vedreste un bel panorama. ☐
    b. Se guarderete da questa parte, vedrete un bel panorama. ☐

11. a. Se tu sarai in classe con noi, sarebbe molto divertente. ☐
    b. Se tu fossi in classe con noi, sarebbe molto divertente. ☐

12. a. Andremmo a fare una gita, se domani facesse bel tempo. ☐
    b. Andremo a fare una gita, se domani farebbe bel tempo. ☐

Test 2 >>

Scegliere la frase giusta. ☑ p. 261

1. a. Che ne diresti se faremo una passeggiata domani? ☐
   b. Che ne dirai se faremo una passeggiata domani? ☐
   c. Che ne diresti se facessimo una passeggiata domani? ☐
2. a. Se ne avrò la possibilità, verrei certamente con voi. ☐
   b. Se ne avrò la possibilità, verrò certamente con voi. ☐
   c. Se ne avessi avuto la possibilità, verrei certamente con voi. ☐
3. a. Se sei d'accordo, possiamo concludere subito l'affare. ☐
   b. Se saresti d'accordo, potremo concludere subito l'affare. ☐
   c. Se fossi d'accordo, potremo concludere subito l'affare. ☐
4. a. Domani sarei andato al mare, se fosse bel tempo. ☐
   b. Domani andrei al mare, se fosse bel tempo. ☐
   c. Domani andrò al mare, se fosse bel tempo. ☐
5. a. Se avessi accettato, avresti fatto un errore. ☐
   b. Se accettassi, farai un errore. ☐
   c. Se accetterai, faresti un errore. ☐
6. a. Se fossi stata al tuo posto, farei la stessa cosa. ☐
   b. Se starei al tuo posto, farei la stessa cosa. ☐
   c. Se fossi stata al tuo posto, avrei fatto la stessa cosa. ☐
7. a. Starai molto meglio, se seguissi i miei consigli. ☐
   b. Staresti molto meglio, se seguissi i miei consigli. ☐
   c. Stessi molto meglio, se seguiresti i miei consigli. ☐
8. a. Se fossi partito in tempo, non perderesti il treno. ☐
   b. Se partivi in tempo, non perdevi il treno. ☐
   c. Se partirai in tempo, non perderesti il treno. ☐
9. a. Se prendi più vitamine, non ti ammali di certo. ☐
   b. Se prenderai più vitamine, non ti ammaleresti di certo. ☐
   c. Se prendessi più vitamine, non ti ammalerai di certo. ☐
10. a. Che cosa faresti se avessi molti soldi e fossi ricco? ☐
    b. Che cosa farai se avrai molti soldi e fossi ricco? ☐
    c. Che cosa facevi se avevi molti soldi e fossi ricco? ☐

Test 3 >>>

Scegliere la frase giusta. ☑ p. 261

1. a. Se fosse un uomo onesto, non si sarebbe comportato così. ☐
   b. Se fosse stato un uomo onesto, non si comporterebbe così. ☐
   c. Se era un uomo onesto, non si comporterebbe così. ☐
   d. Se fosse un uomo onesto, non si comportava così. ☐

2. a. Non capisco perché tu sia triste. Ah, se sarei al tuo posto...! ☐
   b. Non capisco perché tu sia triste. Ah, se ero al tuo posto...! ☐
   c. Non capisco perché tu sia triste. Ah, se fossi al tuo posto...! ☐
   d. Non capisco perché tu sia triste. Ah, se ero stato al tuo posto...! ☐

3. a. Se domani fossi stato libero, partirei con voi. ☐
   b. Se domani sarò libero, partirei con voi. ☐
   c. Se domani sarei stato libero, sarei partito con voi. ☐
   d. Se domani fossi stato libero, sarei partito con voi. ☐

4. a. Se prima mi ascoltassi, ora non ti troveresti male. ☐
   b. Se prima mi avessi ascoltato, ora non ti troveresti male. ☐
   c. Se prima mi avessi ascoltato, ora non ti saresti trovato male. ☐
   d. Se prima mi ascoltassi, ora non ti saresti trovato male. ☐

5. a. Se stasera incontri Giovanna, la saluti da parte mia. ☐
   b. Se stasera incontrassi Giovanna, la saluteresti da parte mia. ☐
   c. Se stasera incontri Giovanna, salutala da parte mia. ☐
   d. Se stasera incontri Giovanna, la saluteresti da parte mia. ☐

6. a. Se Bruno non fosse così distratto, avrebbe fatto più carriera. ☐
   b. Se Bruno non fosse così distratto, farà più carriera. ☐
   c. Se Bruno non fosse stato così distratto, farebbe più carriera. ☐
   d. Se Bruno non era così distratto, farebbe più carriera. ☐

7. a. Se avevo diciotto anni, potrei vedere quel film. ☐
   b. Se avessi diciotto anni, potrò vedere quel film. ☐
   c. Se avessi avuto diciotto anni, potrei vedere quel film. ☐
   d. Se avevo diciotto anni, potevo vedere quel film. ☐

8. a. Se mi fosse stato possibile, ti avrei impedito di fare ciò. ☐
   b. Se mi fosse possibile, ti avrei impedito di fare ciò. ☐
   c. Se mi era possibile, ti avrei impedito di fare ciò. ☐
   d. Se mi fossi stato possibile, ti avrei impedito di fare ciò. ☐

Test 4 >>>>

Scegliere la frase giusta. ☑ p. 261

1. a. Se vorrai, potresti anche aiutarmi un po'. ☐
   b. Se volessi, avresti potuto anche aiutarmi un po'. ☐
   c. Avendo voluto, potresti anche aiutarmi un po'. ☐
   d. Volendo, potresti anche aiutarmi un po'. ☐

2. a. Nel caso in cui saremo invitati, andremo alla festa. ☐
   b. Nel caso in cui fossimo invitati, andremmo alla festa. ☐
   c. Nel caso in cui siamo invitati, andiamo alla festa. ☐
   d. Nel caso in cui fossimo invitati, saremmo andati alla festa. ☐

3. a. Studiando di più, avresti potuto superare l'esame. ☐
   b. Studiando di più, avendo potuto superare l'esame. ☐
   c. Avendo studiato di più, potrai superare l'esame. ☐
   d. Studiando di più, potessi superare l'esame. ☐

4. a. Qualora abbia dei problemi, mi telefoni subito! ☐
   b. Qualora avesse dei problemi, mi telefoni subito! ☐
   c. Qualora avesse dei problemi, mi telefonerebbe subito! ☐
   d. Qualora abbia dei problemi, mi telefona subito! ☐

5. a. Signora, se darà la risposta giusta vincerà un bel premio. ☐
   b. Signora, dando la risposta giusta, vincesse un bel premio. ☐
   c. Signora, se dia la risposta giusta, vincerà un bel premio. ☐
   d. Signora, avendo dato la risposta giusta, vincerà un bel premio. ☐

6. a. Se leggi bene la spiegazione, capirai tutto. ☐
   b. Avendo letto bene la spiegazione, capirai tutto. ☐
   c. Se leggevi bene la spiegazione, capiresti tutto. ☐
   d. Se capissi tutto, leggendo bene la spiegazione. ☐

7. a. Se fossi attento, non avresti avuto questo incidente. ☐
   b. Qualora eri attento, non avresti avuto questo incidente. ☐
   c. Essendo stato attento, non avresti avuto questo incidente. ☐
   d. Se fossi stato più attento, non avresti avuto questo incidente. ☐

8. a. Se per caso il paziente avesse una crisi, fategli quest'iniezione! ☐
   b. Se per caso il paziente abbia una crisi, fategli quest'iniezione! ☐
   c. Se per caso il paziente avesse una crisi, gli fareste quest'iniezione! ☐
   d. Se per caso il paziente avendo una crisi, gli fate quest'iniezione! ☐

VIII
Le preposizioi..
semplici e articolate

di - a - da - per - in - con - su - tra (fra)

	di	**a**	**da**	**in**	**su**
il	*del*	*al*	*dal*	*nel*	*sul*
lo	*dello*	*allo*	*dallo*	*nello*	*sullo*
l'	*dell'*	*all'*	*dall'*	*nell'*	*sull'*
i	*dei*	*ai*	*dai*	*nei*	*sui*
gli	*degli*	*agli*	*dagli*	*negli*	*sugli*
la	*della*	*alla*	*dalla*	*nella*	*sulla*
le	*delle*	*alle*	*dalle*	*nelle*	*sulle*

> *Esercizi facili* >
1-2

>> *Esercizi medi* >>
3

>>> *Esercizi difficili* >>>
4

>>>> *Esercizi molto difficili* >>>>

1. > *Scegliere la giusta preposizione semplice o articolata.* ☑ p. 261

Es. Domani sera andrò (a-da-di) ..... vedere un bel film.
Domani sera andrò ***a*** *vedere un bel film.*

1) Domani devo partire (*in-a-per*) .... Roma. Spero (*per-di-a*) .... non perdere il treno. 2) Sono più di dieci giorni che questo dente ti fa male. Sei già stato (*dal-al-con il*) .... dentista? 3) Quando avrò finito (*per-di-a*) .... scrivere questa lettera, verrò (*a-per-con*) .... voi. 4) (*Per-da-fra*) .... quanto tempo abiti (*in-a-su*) .... questa città? 5) (*Da-di-con*) .... che cosa hai parlato stamattina con Paolo?

6) Quando sarai pronta per uscire, cara? Mah, non so, probabilmente (*in-per-fra*) .... due ore. 7) Devi avere più coraggio, ragazzo mio, e credere (*di-in-da*) .... più nelle tue qualità. 8) Sono due ore che aspetto! Comincio (*di-a-per*) .... stancarmi. 9) Davvero hai smesso (*per-di-a*) .... fumare? Congratulazioni! Io non ci sono ancora riuscito. 10) Non credo che andrò (*a-dalla-in*) .... Sicilia questa estate. Fa troppo caldo per me.

11) Penso (*a-di-da*) .... avere fatto la cosa giusta quando ti ho consigliato (*per-a-di*) .... non partire. 12) Questo romanzo è stato scritto (*da-per-di*) .... un grande scrittore contemporaneo. 13) Lo sai quante cose ho fatto (*a-per-con*) .... te? Non puoi trattarmi così! Io ti ho sempre aiutato quando ho potuto! 14) Se sei davvero così stanca, sdraiati un po' (*nel-al-sul*) .... divano: ti farà bene. 15) È assolutamente impossibile imparare questa lingua (*in-fra-per*) .... soli tre mesi.

16) (*Per-da-con*) .... me hai ragione tu. Quel vigile non doveva parlarti (*in-da-a*) .... quel modo. 17) Firenze in estate è piena (*di-a-con*) .... gente. È quasi impossibile girare (*per le-sulle-nelle*) .... strade. 18) Come vai a scuola, (*in-con-a*) .... piedi o (*per-in-con*) .... autobus? 19) Almeno una volta (*per l'-all'-nell'*) .... anno faccio un bel viaggio (*dai-nei-ai*) mari del Sud. 20) Non voglio più vederti! (*In-fra-da*) .... me e te tutto è finito!

2. > *Scegliere la giusta preposizione semplice o articolata.* ☑ p. 261

Es. Quando partirete (al-per il-nel) ..... Marocco?
Quando partirete ***per il*** *Marocco?*

1) Luciana e io andiamo spesso (*dal-sul-al*) .... bar che si trova sotto casa mia. 2) (*Su-in-per*) .... quale canale sarà trasmessa la partita di stasera? 3) Mi sono abituato (*di-a-da*) .... non mangiare troppo tardi la sera. 4) Ha preso la buona abitudine (*da-di-a*) .... fare un'abbondante colazione tutte le mattine. 5) La prego, signora, si accomodi, non stia (*a-in-da*) .... piedi! Si metta pure (*al-nel-sul*) .... mio posto!

6) (*Da-per-con*) .... questa volta ti perdono, ma ricordati di non fare mai più una cosa del genere! 7) Ditemi, avete detto tutta la verità (*al-per il-del*) .... giudice? 8) È stato condannato (*a-per-con*) .... tre anni di prigione per il furto che ha commesso. 9) Che cosa c'è (*nella-alla-sulla*) .... TV? C'è un documentario (*dalla-sulla-della*) .... vita degli animali. 10) Fosse stato (*con-da-per*) .... me, non gli avrei dato un centesimo!

11) Se continui (*a-per-con*) .... spendere tutti quei soldi, (*in-fra-per*) .... poco non ti resterà più niente. 12) Ma (*con-da-per*) .... chi mi prendi? Credi che io sia uno stupido? 13) Ti sei deciso finalmente (*di-a-per*) .... comprarti una macchina nuova? 14) Sei pazzo (*di-per-a*) .... uscire (*in-con-a*) .... questa pioggia? 15) Ammetto (*a-per-di*) .... avere sbagliato. Sono stato uno stupido (*a-di-per*) .... comportarmi così.

16) Franco, sei riuscito (*a-di-da*) .... capire che cosa ha detto il Presidente? 17) Ho pensato (*a-di-con*) .... molte soluzioni possibili, e questa mi sembra la migliore. 18) Credo che (*con-su-per*) .... questo punto lui possa avere ragione. 19) Ma dove è andata (*per-da-a*) .... finire la lettera che ho ricevuto l'altro ieri (*di-da-per*) .... mio zio? Come (*per-da-al*) .... solito l'hai persa! 20) (*Con-per-di*) .... tutto quello che ha da fare, è difficile che lui possa riceverti prima di lunedì.

3. >> *Scegliere la giusta preposizione, semplice o articolata, fra quelle proposte.* ☑ p. 261

(a, da, di, in, su)

Es. Domani devo andare ..... zio Amilcare.
Domani devo andare ***dallo*** *zio Amilcare.*

(***a, da, di, in, su***)

1) Davanti .... questo quadro rimango sempre estasiato. 2) .... quale occasione hai conosciuto quell'uomo? 3) .... quanto tempo conosci quella donna? 4) Hai guardato .... cassetta .... lettere se c'è posta per me? 5) Per andare .... montagna bisogna essere degli esperti scalatori. 6) Ho paura .... andare .... questa pista. Non scio molto bene. 7) Dove hai comprato questa bellissima camicetta .... seta? 8) .... fine non ho capito più nulla .... quello che aveva detto. 9) Quella bella signora .... cinquant'anni è la madre di Stefania. 10) Comincio .... annoiarmi .... questa festa. 11) .... finestra .... cucina si può vedere un bel panorama con vista .... colli. 12) .... che cosa avete parlato ieri sera? 13) Napoli è .... circa 500 km .... Firenze. 14) .... maggioranza dei casi i politici non dicono tutta la verità. 15) Lavoro .... otto .... mezzogiorno.

(***con, in, per, da, fra-tra***)

16) .... ultimi giorni ho conosciuto molte persone. 17) Lucio è appena tornato .... Stati Uniti. 18) .... di noi c'è un ottimo rapporto di amicizia. 19) Mi piace passeggiare .... strade di sera. 20) .... quale ragione vuoi creare questo problema .... me e la mia ragazza? 21) Vengo .... te .... miei amici. 22) .... un attimo ho capito cosa voleva .... me. 23) Aspetta qui un momento. Torno .... cinque minuti. 24) .... tutto quello che hai mangiato, non mi sorprende che tu stia male. 25) È un lavoro che non si può fare .... poco tempo. 26) Oggi Lucia è assente .... malattia, ma .... qualche giorno potrà tornare .... nostro ufficio .... finire il lavoro. 27) Se anche .... te va bene, partiamo lunedì pomeriggio. 28) Ha reagito .... stupore alla notizia. 29) .... ultimi giorni ho visto poca gente. 30) Ho trovato la sua fotografia .... pagine di un libro.

4. >>> Scegliere la giusta preposizione, semplice o articolata. ☑ p. 261

Es. Vado ..... scuola ..... ballo due volte ..... settimana.
*Vado **a** scuola **di** ballo due volte **alla** settimana.*

1) .... andare al Duomo dovete girare .... destra .... primo semaforo. 2) .... che cosa state parlando? Volete dirlo anche .... me? 3) .... me hai completamente ragione. Non ci si comporta .... quel modo .... chi non si conosce. 4) Una settimana .... vacanza è troppo poco .... noi. Non possiamo organizzare un bel viaggio .... soli sette giorni. 5) Il padre .... Giorgio è quell'uomo .... cinquantina seduto laggiù .... fondo .... sala. 6) È un uomo .... cui mi fido ciecamente e .... quale non posso che parlare bene. 7) .... tutti questi libri troverai certamente quello che ti interessa. 8) Oggi sono .... cattivo umore e non voglio essere disturbato .... nessuno. 9) L'anno scorso pesavo .... quintale, ma adesso sono dimagrito .... almeno venti chili! 10) Questo vestito è stato fatto .... misura .... un famoso sarto che ha il laboratorio .... Via Condotti .... Roma. 11) .... tutto il caldo che fa non riesco .... dormire. 12) Verrà organizzato un ricevimento .... onore .... Presidente .... Repubblica. 13) Ho venduto la mia vecchia macchina .... seimila euro e credo proprio .... avere fatto un buon affare! 14) Che cosa c'è .... programma stasera .... Teatro Comunale? 15) C'è un concerto .... musiche .... Mozart, ma io sono troppo stanca .... andarci. 16) .... qualche giorno Piero sta .... spine, perché non ha ancora ricevuto una risposta .... sua domanda .... lavoro. 17) Non sto mai .... mani .... mano. Non riesco .... stare fermo senza fare niente. 18) .... cento intervistati, solo alcuni non hanno voluto rispondere .... nostre domande. 19) Scusatemi! Vado .... fretta e non posso fermarmi .... parlare con voi. 20) Potresti fare più .... fretta .... favore? 21) Perché non ci sdraiamo un po' qui .... ombra, invece di stare sempre .... spiaggia .... sole? 22) Per favore, non ricominciare .... capo .... tuoi soliti discorsi. 23) Finisci .... mangiare la minestra e poi potrai andare .... giocare .... amici .... giardino. 24) .... dove viene, Signora? 25) Non accetterò mai .... parlare .... lui! Chiaro?

Test 1 >

Scegliere la frase giusta.

☑ p. 261

1. a. Quando andate al mare? ☐
   b. Quando andate nel mare? ☐

2. a. In città d'arte ci sono sempre molti turisti. ☐
   b. Nelle città d'arte ci sono sempre molti turisti. ☐

3. a. Sono rimasta in Italia per tre mesi. ☐
   b. Sono rimasta a Italia per tre mesi. ☐

4. a. Abbiamo deciso di fare un viaggio a Sicilia. ☐
   b. Abbiamo deciso di fare un viaggio in Sicilia. ☐

5. a. David è un ragazzo che viene dal Canada. ☐
   b. David è un ragazzo che viene da Canada. ☐

6. a. In nostra città fa molto caldo d'estate. ☐
   b. Nella nostra città fa molto caldo d'estate. ☐

7. a. Nel 1997 Hong-Kong è passata alla Cina. ☐
   b. In 1997 Hong-Kong è passata alla Cina. ☐

8. a. Alla casa mia c'è sempre troppa confusione! ☐
   b. A casa mia c'è sempre troppa confusione! ☐

9. a. Cominciamo di lavorare seriamente, per favore. ☐
   b. Cominciamo a lavorare seriamente, per favore. ☐

10. a. Ho smesso di fumare due anni fa. ☐
    b. Ho smesso per fumare due anni fa. ☐

11. a. Mi sono abituato di fare colazione presto. ☐
    b. Mi sono abituato a fare colazione presto. ☐

12. a. Telefono con mia madre quasi tutti i giorni. ☐
    b. Telefono a mia madre quasi tutti i giorni. ☐

Test 2 >>

Scegliere la frase giusta. ☑ p. 261

1. a. Questo libro è stato scritto per un giovane scrittore. ☐
   b. Questo libro è stato scritto da un giovane scrittore. ☐
   c. Questo libro è stato scritto di un giovane scrittore. ☐
2. a. La mia ragazza viene dell'Argentina. ☐
   b. La mia ragazza viene di Argentina. ☐
   c. La mia ragazza viene dall'Argentina. ☐
3. a. Non ho tempo adesso. Sono molto di fretta. ☐
   b. Non ho tempo adesso. Sono molto in fretta. ☐
   c. Non ho tempo adesso. Sono molto con fretta. ☐
4. a. Puoi fare un po' più con fretta, per favore? ☐
   b. Puoi fare un po' più di fretta, per favore? ☐
   c. Puoi fare un po' più in fretta, per favore? ☐
5. a. Stasera verrò con la macchina di mio padre. ☐
   b. Stasera verrò in macchina di mio padre. ☐
   c. Stasera verrò sulla macchina di mio padre. ☐
6. a. Ho comprato delle nuove scarpe di tennis. ☐
   b. Ho comprato delle nuove scarpe da tennis. ☐
   c. Ho comprato delle nuove scarpe per tennis. ☐
7. a. Firenze si trova a circa 300 km da Roma. ☐
   b. Firenze si trova a circa 300 km di Roma. ☐
   c. Firenze si trova a circa 300 km fra Roma. ☐
8. a. Come sono i rapporti con te e tua madre? ☐
   b. Come sono i rapporti fra te e tua madre? ☐
   c. Come sono i rapporti di te e tua madre? ☐
9. a. A Sardegna c'è un mare meraviglioso. ☐
   b. Da Sardegna c'è un mare meraviglioso. ☐
   c. In Sardegna c'è un mare meraviglioso. ☐
10. a. Non siamo mai saliti in quella montagna. ☐
    b. Non siamo mai saliti su quella montagna. ☐
    c. Non siamo mai saliti a quella montagna. ☐

Test 3 >>>

Scegliere la frase giusta. ☑ p. 261

1. a. Sono felice, perché in due giorni sarò sulla montagna a sciare. ☐
   b. Sono felice, perché fra due giorni sarò in montagna a sciare. ☐
   c. Sono felice, perché in due giorni sarò in montagna a sciare. ☐
   d. Sono felice, perché fra due giorni sarò nella montagna a sciare. ☐

2. a. La scuola dell'italiano che ho scelto per il mio soggiorno di studio in Italia si trova tra Firenze e Siena. ☐
   b. La scuola d'italiano che ho scelto per il mio soggiorno di studio nell'Italia si trova tra Firenze e Siena. ☐
   c. La scuola d'italiano che ho scelto sul mio soggiorno di studio in Italia si trova tra Firenze e Siena. ☐
   d. La scuola d'italiano che ho scelto per il mio soggiorno di studio in Italia si trova tra Firenze e Siena. ☐

3. a. Non capisco per quale ragione ti sei arrabbiata con lui. ☐
   b. Non capisco con quale ragione ti sei arrabbiata con lui. ☐
   c. Non capisco di quale ragione ti sei arrabbiata con lui. ☐
   d. Non capisco per la quale ragione ti sei arrabbiata con lui. ☐

4. a. In Italia di sud d'inverno il clima è mite. ☐
   b. In Italia del sud d'inverno il clima è mite. ☐
   c. Nell'Italia del sud d'inverno il clima è mite. ☐
   d. Nell'Italia di sud d'inverno il clima è mite. ☐

5. a. Potresti spiegarmi una volta di tutte che cosa succede nell' ufficio dove lavori con mio marito? ☐
   b. Potresti spiegarmi una volta per tutte che cosa succede in ufficio dove lavori con mio marito? ☐
   c. Potresti spiegarmi una volta da tutte che cosa succede dall'ufficio dove lavori con mio marito? ☐
   d. Potresti spiegarmi una volta per tutte che cosa succede nell'ufficio dove lavori con mio marito? ☐

6. a. Ieri sera sono andato per ballare a discoteca con alcuni amici. ☐
   b. Ieri sera sono andato a ballare a discoteca con alcuni amici. ☐
   c. Ieri sera sono andato per ballare in discoteca con alcuni amici. ☐
   d. Ieri sera sono andato a ballare in discoteca con alcuni amici. ☐

7. a. Per iscriverti alla scuola devi spedire per raccomandata questo formulario prima dell'inizio dei corsi. ☐
   b. Per iscriverti nella scuola devi spedire con raccomandata questo formulario prima dell'inizio dei corsi. ☐
   c. Per iscriverti alla scuola devi spedire con raccomandata questo formulario prima dell'inizio dei corsi. ☐
   d. Per iscriverti alla scuola devi spedire per raccomandata questo formulario prima dall'inizio dei corsi. ☐

8. a. Da oggi in poi non potrai più contare dal mio aiuto! ☐
   b. Da oggi a poi non potrai più contare sul mio aiuto! ☐
   c. Da oggi in poi non potrai più contare del mio aiuto! ☐
   d. Da oggi in poi non potrai più contare sul mio aiuto! ☐

9. a. L'aereo del Presidente è atterrato all'aeroporto di nostra città alle nove in punto di stamattina. ☐
   b. L'aereo del Presidente è atterrato all'aeroporto della nostra città alle nove in punto di stamattina. ☐
   c. L'aereo del Presidente è atterrato nell'aeroporto della nostra città alle nove in punto di stamattina. ☐
   d. L'aereo di Presidente è atterrato in aeroporto della nostra città alle nove in punto di stamattina. ☐

10. a. La nuova legge sull'Università è stata votata dal Parlamento nella serata di giovedì. ☐
    b. La nuova legge dell'Università è stata votata per il Parlamento nella serata di giovedì. ☐
    c. La nuova legge sull'Università è stata votata dal Parlamento in serata di giovedì. ☐
    d. La nuova legge dell'Università è stata votata del Parlamento nella serata del giovedì. ☐

Test 4 >>>>

Scegliere la frase giusta.

☑ p. 261

1. a. Luciana, l'ultima moglie di mio padre, è una donna di straordinaria generosità. Pensa che nel gennaio scorso ha invitato tutti noi nella sua casa al mare, in Calabria. Con noi c'erano anche Pino, il figlio di mia madre e del suo primo marito, e Angela, la bambina che mio padre ha avuto con Elena: ti ricordi? Quella signora che qualche anno fa veniva spesso a trovarci... È stata una vacanza bellissima, che ricorderò per sempre. ☐

b. Luciana, l'ultima moglie di mio padre, è una donna di straordinaria generosità. Pensa che in gennaio scorso ha invitato tutti noi nella sua casa al mare, in Calabria. Con noi c'erano anche Pino, il figlio di mia madre e del suo primo marito, e Angela, la bambina che mio padre ha avuto con Elena: ti ricordi? Quella signora che qualche anno fa veniva spesso a trovarci... È stata una vacanza bellissima, che ricorderò per sempre. ☐

c. Luciana, l'ultima moglie di mio padre, è una donna di straordinaria generosità. Pensa che in gennaio scorso ha invitato tutti noi nella sua casa al mare, in Calabria. Con noi c'erano anche Pino, il figlio di mia madre e di suo primo marito, e Angela, la bambina che mio padre ha avuto con Elena: ti ricordi? Quella signora che qualche anno fa veniva spesso a trovarci... È stata una vacanza bellissima, che ricorderò per sempre. ☐

d. Luciana, l'ultima moglie di mio padre, è una donna di straordinaria generosità. Pensa che nel gennaio scorso ha invitato tutti noi nella sua casa al mare, in Calabria. Con noi c'erano anche Pino, il figlio di mia madre e del suo primo marito, e Angela, la bambina che mio padre ha avuto con Elena: ti ricordi? Quella signora che qualche anno fa veniva spesso per trovarci... È stata una vacanza bellissima, che ricorderò per sempre. ☐

2. a. Apriamo il nostro telegiornale con la notizia della visita nel nostro Paese di Sua Altezza Reale Principe Antonio Fernando Cortez. Il Principe, che alloggerà al Grand Hotel a Piazza Minerva, incontrerà domani mattina il nostro ministro degli Esteri, con il quale si tratterrà a colazione. L'incontro con il Papa è previsto per la serata di domani, mentre per quanto riguarda il resto della giornata di oggi per Sua Altezza non ci saranno impegni ufficiali. Il Principe ha dichiarato di volere visitare, in forma privata, il nostro museo cittadino. ☐

b. Apriamo il nostro telegiornale con la notizia della visita nel nostro Paese di Sua Altezza Reale Principe Antonio Fernando Cortez. Il Principe, che alloggerà al Grand Hotel in Piazza Minerva, incontrerà domani mattina il nostro ministro degli Esteri, con il quale si tratterrà a colazione. L'incontro con il Papa è previsto per la serata di domani, mentre per quanto riguarda il resto della giornata di oggi per Sua Altezza non ci saranno impegni ufficiali. Il Principe ha dichiarato di volere visitare, per forma privata, il nostro museo cittadino. ☐

c. Apriamo il nostro telegiornale con la notizia della visita nel nostro Paese di Sua Altezza Reale Principe Antonio Fernando Cortez. Il Principe, che alloggerà al Grand Hotel in Piazza Minerva, incontrerà domani mattina il nostro ministro degli Esteri, con il quale si tratterrà a colazione. L'incontro con il Papa è previsto per la serata di domani, mentre per quanto riguarda il resto della giornata di oggi per Sua Altezza non ci saranno impegni ufficiali. Il Principe ha dichiarato di volere visitare, in forma privata, il nostro museo cittadino. ☐

d. Apriamo il nostro telegiornale con la notizia della visita nel nostro Paese di Sua Altezza Reale Principe Antonio Fernando Cortez. Il Principe, che alloggerà al Grand Hotel in Piazza Minerva, incontrerà domani mattina il nostro ministro degli Esteri, con il quale si tratterrà a colazione. L'incontro con il Papa è previsto per la serata di domani, mentre con quanto riguarda il resto della giornata di oggi per Sua Altezza non ci saranno impegni ufficiali. Il Principe ha dichiarato di volere visitare, in forma privata, il nostro museo cittadino. ☐

3. a. Ringrazio voi tutti per essere convenuti qui stasera. Come sapete, sono stato in capo della nostra Società per più di trent'anni e posso assicurarvi che, durante tutto questo lungo periodo, non ho mai avuto modo di lamentarmi di voi, di nessuno dei miei fidati collaboratori. Vorrei anzi approfittare di questa occasione per ringraziarvi tutti e dirvi che la passione e l'entusiasmo che avete dimostrato in questi anni hanno dato i loro frutti. La nostra Società è più che mai di salute e possiamo guardare al futuro con grande ottimismo. ☐

b. Ringrazio voi tutti per essere convenuti qui stasera. Come sapete, sono stato a capo della nostra Società da più di trent'anni e posso assicurarvi che, durante tutto questo lungo periodo, non ho mai avuto modo di lamentarmi di voi, di nessuno dei miei fidati collaboratori. Vorrei anzi approfittare di questa occasione per ringraziarvi tutti e dirvi che la passione e l'entusiasmo che avete dimostrato in questi anni hanno dato i loro frutti. La nostra Società è più che mai in salute e possiamo guardare al futuro con grande ottimismo. ☐

c. Ringrazio voi tutti per essere convenuti qui stasera. Come sapete, sono stato a capo della nostra Società per più di trent'anni e posso assicurarvi che, durante tutto questo lungo periodo, non ho mai avuto modo di lamentarmi di voi, di nessuno dei miei fidati collaboratori. Vorrei anzi approfittare per questa occasione per ringraziarvi tutti e dirvi che la passione e l'entusiasmo che avete dimostrato in questi anni hanno dato i loro frutti. La nostra Società è più che mai di salute e possiamo guardare al futuro con grande ottimismo. ☐

d. Ringrazio voi tutti per essere convenuti qui stasera. Come sapete, sono stato a capo della nostra Società per più di trent'anni e posso assicurarvi che, durante tutto questo lungo periodo, non ho mai avuto modo di lamentarmi di voi, di nessuno dei miei fidati collaboratori. Vorrei anzi approfittare di questa occasione per ringraziarvi tutti e dirvi che la passione e l'entusiasmo che avete dimostrato in questi anni hanno dato i loro frutti. La nostra Società è più che mai in salute e possiamo guardare al futuro con grande ottimismo. ☐

IX
I pronomi
diretti, indiretti e combinati

diretti	*indiretti*	*Combinati*				
mi	*mi*	*me lo*	*me la*	*me li*	*me le*	*me ne*
ti	*ti*	*te lo*	*te la*	*te li*	*te le*	*te ne*
lo	***gli***	*glielo*	*gliela*	*glieli*	*gliele*	*gliene*
la	***le***	*glielo*	*gliela*	*glieli*	*gliele*	*gliene*
ci	*ci*	*ce lo*	*ce la*	*ce li*	*ce le*	*ce ne*
vi	*vi*	*ve lo*	*ve la*	*ve li*	*ve le*	*ve ne*
li	***gli*** ***(loro)***	*glielo*	*gliela*	*glieli*	*gliele*	*gliene*
le	***gli*** ***(loro)***	*glielo*	*gliela*	*glieli*	*gliele*	*gliene*

> *Esercizi facili* >
1-2-3-9-10-14

>> *Esercizi medi* >>
4-11-12-15

>>> *Esercizi difficili* >>>
5-6-7-8-16-17

>>>> *Esercizi molto difficili* >>>>
13-18

diretti

1. > *Trasformare le frasi seguenti con i pronomi diretti.*
(Tempi semplici) ☑ p. 262

*Es. Noi scriviamo una lettera. → Noi **la** scriviamo.*

1) Tu leggi un bel romanzo. ....
2) Il professore spiega le lezioni. ....
3) Io non firmerò questo assegno! ....
4) Non accetto la tua proposta. ....
5) Lei non beve mai il vino rosso. ....

6) Aspettiamo le nostre amiche. ....
7) Conosci Stefano e Paolo? ....
8) Consegnerò il pacco domani. ....
9) Lui copiava tutte le volte i compiti. ....
10) Chi cucinerà gli spaghetti? ....

11) Prendo sempre l'autobus. ....
12) Vendi i vecchi dischi? ....
13) Domani metteremo a posto la casa. ....
14) Fissiamo un appuntamento? ....
15) Spesso incontriamo Anna e Clara. ....

16) Amo mia moglie più di prima. ....
17) Parlava bene lo spagnolo. ....
18) Compriamo questa bella borsa? ....
19) Fumi i sigari? ....
20) Firmerai questa lettera? ....

21) Guidi bene la macchina. ....
22) Chi ascoltava i vostri discorsi? ....
23) Mangiavo spesso la frutta. ....
24) Invitate le sorelle di Piero? ....
25) Perché non saluti Maria? ....

2. > *Trasformare le frasi seguenti con i pronomi diretti e il «ne» partitivo. (Tempi semplici)* ☑ p. 262

Es. Noi leggiamo la lettera. → *Noi **la** leggiamo.*
Noi scriviamo molte lettere → *Noi **ne** scriviamo molte.*

1) Quel pittore dipinge molti quadri. ....
2) Ripeteva sempre la stessa frase. ....
3) Ricordiamo solo pochi episodi. ....
4) Firmerai il nuovo contratto? ....
5) Non farò nessuna dichiarazione. ....

6) Non chiama me quando è nei guai. ....
7) Ringrazio voi tutti per l'accoglienza. ....
8) Parlava bene la nostra lingua. ....
9) Prendo due panini per il viaggio. ....
10) Per le vacanze spenderò molti soldi. ....

11) Abbiamo molta fame. ....
12) Conosco quel medico da tre anni. ....
13) Invita spesso alcuni amici. ....
14) Incontrerò Gianni all'aeroporto. ....
15) Lui possiede molti appartamenti. ....

16) Di solito bevo poco caffè. ....
17) Non conosco nessuno di loro. ....
18) Ordinate il vino al cameriere? ....
19) Non dubitare! Lui ama te. ....
20) Pochi conoscono la sua opera. ....

3. > *Trasformare le frasi seguenti dal singolare al plurale e dal plurale al singolare. (Tempi semplici)*

☑ p. 262

Es. ***Lo*** *vedo molto spesso* → ***Li*** *vedo molto spesso*
Le *incontreremo domani* → ***La*** *incontreremo domani.*
Non ***mi*** *chiedi niente?* → *Non* ***ci*** *chiedi niente?*
Vi *chiamo domani.* → ***Ti*** *chiamo domani.*

1) Lo conosciamo da tanti anni. ....
2) Non li voglio più vedere. ....
3) Ti chiamo a casa stasera? ....
4) Lo ascolti volentieri? ....
5) Ci aspettano al bar. ....

6) Non le capiamo. ....
7) Lo vedi, laggiù? ....
8) La tengo nell'armadio. ....
9) Lui mi conosce bene. ....
10) Ci scusi tanto, signora. ....

11) Vi ringrazio per l'aiuto. ....
12) Ti aiutiamo con piacere. ....
13) Le metto subito in garage. ....
14) Perché non la mangi? ....
15) Loro ti amano moltissimo. ....

16) Mi lasciate sola qui? ....
17) Vi accompagno alla stazione. ....
18) Lo incontro solo poche volte. ....
19) Perché non mi inviti mai? ....
20) Li leggo domani sera. ....

4. >> *Rispondere alle domande, usando i pronomi diretti.*
(Tempi semplici) ☑ p. 262

Es. Quando chiamerai Anna? **La** *chiamerò (più tardi).*

1) Come preferisci la pizza? ....
2) Da quanto tempo ti conoscono? ....
3) Dove comprerete il giornale? ....
4) Signora, può aiutarmi? ....
5) Chi vi accompagna alla stazione? ....

6) Ricordi quella bella ragazza? ....
7) Dottore, quando potrò chiamarLa? ....
8) A che ora venivano a prendervi? ....
9) Quando incontrasti quel ragazzo? ....
10) Ti conosce quell'uomo? ....

11) Mi senti adesso? ....
12) Puoi aspettarci un momento? ....
13) Da quanto tempo mi conosci? ....
14) Insomma, ti ama o no? ....
15) Volete mangiare dei dolci? ....

16) Dottore, quando potrà visitarmi? ....
17) Per chi compravi sempre i fiori? ....
18) Mi aspetterai? Rispondi! ....
19) Posso rivederti ancora? ....
20) Ci informerete del vostro arrivo? ....

21) Bevi un caffè con me? ....
22) Puoi firmare il documento? ....
23) Quando rivedrai i tuoi amici? ....
24) Quando devo chiamarti? ....
25) Perché non vuoi conoscere Anna? ....

5. >>> *Trasformare le frasi seguenti con i pronomi diretti.*
(Tempi semplici e composti) ☑ p. 262

Es. Quando leggerai questo libro? → *Quando* **lo** *leggerai?*
Hai letto questo libro? → ***L****'hai letto?*

1) Parlo bene il francese. ....
2) Ieri ho scritto la lettera. ....
3) Abbiamo chiuso la porta. ....
4) Hai chiamato Franco e Paola? ....
5) Devi assolutamente finire i compiti. ....

6) Non conoscevo Helga prima di oggi. ....
7) Hai mai assaggiato questo vino? ....
8) Vorrei raccontare una bella storia. ....
9) Hai ripetuto questa frase troppe volte. ....
10) Non dovevi sbattere la porta. ....

11) Non ho mai ascoltato questa musica. ....
12) Non abbiamo mai visitato quel museo. ....
13) Spedisci questo pacco! ....
14) Posso buttare questo vecchio maglione? ....
15) Chiamate subito il medico! ....

16) Chi ha dipinto questo quadro? ....
17) Ho spiegato più volte la mia opinione. ....
18) Gianni pagherà la cena di domani . ...
19) Purtroppo non puoi frequentare il corso. ....
20) Negli ultimi tempi ho trascurato gli studi. ....

21) Domani chiameremo Paola e Alessia. ....
22) Ho perso i biglietti per il teatro. ....
23) Prendevamo l'autobus tutte le mattine. ....
24) Non avevo mai visto una cosa simile! ....
25) Posso prendere i tuoi appunti? ....

6. >>> *Rispondere alle domande, usando i pronomi diretti.*
(Tempi composti) ☑ p. 263

Es. Hai visto Piero? Si, ***l'ho visto*** *stamattina.*

1) Hai visto le fotografie? ....
2) Dove avete incontrato Paola? ....
3) Hai chiamato il medico? ....
4) Vi hanno invitato alla festa? ....
5) Chi ti ha accompagnato a casa? ....

6) Avevi mai visto prima questa città? ....
7) Ma tu avresti invitato anche lei? ....
8) Hai mai letto le poesie di Pasolini? ....
9) Quando ha conosciuto Suo marito? ....
10) Avevate già fatto queste frasi? ....

11) Mi hai capito? ....
12) Dove hai lasciato le chiavi? ....
13) Avete visitato quel museo? ....
14) Hai preso i biscotti al miele? ....
15) Avete ricevuto la mia lettera? ....

16) Dove hai parcheggiato la macchina? ....
17) Ti ha scusato per il tuo ritardo? ....
18) Quando hai perduto gli occhiali? ....
19) Ci ha cercato qualcuno oggi? ....
20) Dove hai messo la mia borsa? ....

21) Signora, dove ha imparato l'inglese? ....
22) Avete ringraziato la nonna? ....
23) Chi ha portato quei bei fiori? ....
24) Dove avete comprato questa sedia? ....
25) Quanto hai pagato queste scarpe? ....

7. >>> *Rispondere alle domande con i pronomi diretti e il «ne» partitivo. (Tempi semplici e composti)* ☑ p. 263

Es. Quando vedi Marta? ***La vedo*** *stasera a cena.*
Hai visto Marta ieri sera? Si, ***l'ho vista*** *a cena.*

1) Hai fissato l'appuntamento dal dentista?
Sì, ... per domani pomeriggio.

2) Avete assaggiato questi dolci regionali liguri?
No, ... mai.

3) Quante sigarette fuma al giorno, Signora?
.... troppe.

4) Come, non hai ancora finito il corso di russo?
No, ...

5) Avete imbucato queste lettere urgentissime?
No, ... ancora. .... domani.

6) Dove avete parcheggiato la macchina?
.... sotto casa.

7) Peter, stai barcollando. Quante birre hai bevuto?
.... dodici.

8) Allora, mi inviti o no alla festa di matrimonio?
Ma certo che ....!

9) Non posso crederci! Hai letto tutti questi libri?
No, non tutti, ma .... molti.

10) È tardi. Hai svegliato le bambine?
Sì, ...già.

8. >>> *Rispondere alle domande con i pronomi diretti e il «ne» partitivo. (Tempi semplici e composti)* ☑ p. 263

Es. Quando finirete i compiti? ***Li finiremo*** *più tardi.*
Avete finito i compiti? Sì, ***li abbiamo finiti****.*

1) Professore, ha tradotto Lei queste poesie?
No, ... il mio collega.

2) Quanti regali avete ricevuto, bambini?
....tanti, ma non abbastanza.

3) Dove avete trascorso questi giorni di vacanza?
.... al mare.

4) Quando hai visto l'ultima volta Francesca?
.... ieri sera al caffè.

5) Avete trasmesso questo telegramma?
No, ... ancora.

6) Chi di voi due prese l'iniziativa?
.... lui. Io non c'ero.

7) Quante telefonate hai fatto in Australia?
.... molte.

8) Chi ha rotto il vetro?
.... Giorgio.

9) Dove avete spedito i miei bagagli?
.... a Roma, signore.

10) Quanti soldi hai risparmiato quest'anno?
.... pochi.

9. > *Trasformare le frasi seguenti con i pronomi indiretti.*
(Tempi semplici e composti) ☑ p. 263

Es. Domani telefoniamo a Giancarlo → Domani ***gli*** *telefoniamo.*

1) Fai una domanda al professore? ....
2) La giuria darà a te il primo premio. ....
3) Scriviamo agli amici. ....
4) A me non dispiace affatto. ....
5) Quando rispondi a tuo padre? ....

6) Non daranno mai ragione a te. ....
7) Piace la festa a tua sorella? ....
8) A me basta solo un po' di pane. ....
9) Non ha risposto a noi. ....
10) Hai restituito la bicicletta a Pino? ....

11) A Luigi non piace il gelato. ....
12) Voglio raccontare tutto a voi. ....
13) Cosa hai promesso ai bambini? ....
14) Racconto una fiaba a mia nipote. ....
15) Chiede sempre favori a noi. ....

16) Ho dato la notizia a mia madre. ....
17) Quando racconti a me il tuo viaggio? ....
18) Manderò un mazzo di fiori a Giulia. ....
19) A Lucia piace leggere romanzi gialli. ....
20) A Luca non piaceva la matematica. ....

21) Chi telefonava sempre a tuo fratello? ....
22) A me sembra un bravo ragazzo. ....
23) A mia madre interessa la musica. ....
24) Che cosa regalerai a tua moglie? ....
25) A voi servirebbe un'auto nuova. ....

10. > *Trasformare le frasi seguenti dal singolare al plurale e dal plurale al singolare.* ☑ p. 263

Es. Gli hai scritto?	→	***Gli** hai scritto?*
Le hai scritto?	→	***Gli** hai scritto?*
Ti è dispiaciuto?	→	***Vi** è dispiaciuto?*
Vi interessa?	→	***Ti** interessa?*

1) Vi mostro le mie ultime fotografie. ....
2) Signora, Le offro un aperitivo. ....
3) Lei ci prepara sempre dolci squisiti. ....
4) Per favore, mi chiama un taxi? ....
5) Ti ho già detto tutto. ....

6) Mi presti la macchina fotografica? ....
7) Architetto, Le spedisco un fax. ....
8) Ci ha spiegato cosa era successo. ....
9) Ti telefonerò appena sarò arrivato. ....
10) Non mi interessano i fatti vostri. ....

11) Vi assicuro che qui starete bene. ....
12) Loro ci hanno mandato tanti saluti. ....
13) Questi soldi non vi basteranno. ....
14) Ti giuro che questa è la verità. ....
15) Mi dispiace di non poter venire. ....

16) Non mi piacciono quelli come te! ....
17) Le occorrerà molto tempo per finire. ....
18) Ci hanno promesso molte cose. ....
19) Carlo, ti presento mia moglie. ....
20) Le ho chiesto di svegliarci presto. ....

11. >> *Rispondere alle domande, usando i pronomi indiretti.* ☑ p. 263

Es. Hai telefonato allo zio per avvertirlo del tuo arrivo?
Sì, ***gli ho telefonato*** *ieri sera.*

1) Come ti sembra la ragazza di Luca? ....
2) A che ora mi telefonerai? ....
3) Che cosa regalerai ai tuoi figli? ....
4) Vi dispiace lasciare il nostro Paese? ....
5) Signore, Le serve qualcosa? ....

6) Che cosa hai scritto a Cinzia? ....
7) Ti manca molto la tua famiglia? ....
8) Quanto tempo vi occorre per finire? ....
9) Che cosa mi consigli di fare? ....
10) Vi è piaciuta la nostra sorpresa? ....

11) Le dispiace se chiudo la finestra? ....
12) Mi scriverete da Napoli? ....
13) Quando ti è successo l'incidente? ....
14) È vero che somiglio molto al nonno? ....
15) Ti basta questo piatto di spaghetti? ....

16) Vuoi bene a tua sorella? ....
17) Signora, Le serve altro? ....
18) Avvocato, mi dà ragione o no? ....
19) Ti interessa questo discorso? ....
20) Hai telefonato ad Anna e Marco? ....

21) Signora, Le occorre del pane? ....
22) Ti piace la mortadella? ....
23) Hai detto tutto al Commissario? ....
24) Come Le sembra questo film? ....
25) Quando gli hai risposto? ....

12. >> *Trasformare le frasi seguenti, scegliendo fra pronomi diretti e indiretti. (Tempi semplici e composti)* ☑ p. 264

Es. Quando leggerai questa poesia? → *Quando **la** leggerai?*
Hai letto questa poesia? → ***L**'hai lett**a**?*

Scriverai a Paola? → ***Le** scriverai?*
Hai scritto a Paola? → ***Le** hai scritto?*

1) Quando terminerai gli studi? ....
2) Questo film non interessa a voi? ....
3) Avete avvertito vostro padre? ....
4) A noi non è dispiaciuto affatto. ....
5) Hai telefonato a zia Beatrice? ....

6) Hai sentito uno strano rumore? ....
7) Dove avete perso le chiavi? ....
8) Chi ha rotto i vasi? ....
9) Perché non hai risposto al direttore? ....
10) Hai ringraziato la signora? ....

11) A te piace la musica lirica? ....
12) A Lei piace la musica classica? ....
13) A lui non piacciono i gatti. ....
14) Chi ha preparato questi dolci? ....
15) Inviterai Anna e Paola alla festa? ....

16) A Lucia interessano solo i soldi. ....
17) Studio l'italiano solo da un anno. ....
18) Avete sentito le notizie ieri sera? ....
19) Da quanto tempo suoni la tromba? ....
20) La giuria ha scelto me per il premio. ....

13. >>>> *Completare le frasi seguenti, scegliendo fra pronomi diretti, indiretti e il «ne» partitivo. (Tempi semplici e composti)* ☑ p. 264

Es. Ho comprato cinque tavolette di cioccolata. ... porterò due a Gianna, perché so che la cioccolata ... piace molto, ma le altre ... mangio tutte io!

Ho comprato cinque tavolette di cioccolata. **Ne** *porterò due a Gianna, perché so che la cioccolata* **le** *piace molto, ma le altre* **le** *mangio tutte io!*

1) Ho cercato questo disco in tutti i negozi, fino a quando non ... ho trovat... una copia e ora ... ascolto tutti i giorni. 2) I nostri amici ... mancano molto e siamo contenti di riveder... presto. 3) Carlo, ... puoi prestare la tua scheda telefonica? ... dispiace, ma ... ho finit... con quest'ultima telefonata. 4) Avete comprato le candele per l'albero di Natale? Sì, ... abbiamo scelt... sei bianche e sei rosse. 5) Signora, ... posso chiedere un ultimo favore? 6) ... ringrazio per la pazienza, signor Beltrami e ... scusi ancora per il disturbo che ... ho provocat.... 7) Sergio, la tua stanza è un vero disastro! ... prego di metter... in ordine immediatamente! 8) Per fare questo dolce ... occorrono almeno sei uova e in casa ... ho solo due. Devo subito andare a comprar... altre. 9) Perché non parli più a Luisella? Non ... parlo più perché ... ha offeso, dicendo... quelle brutte parole. 10) Se ... aspetti un momento, ... accompagno io in macchina. 11) Signor Bianchi, scusi se non ... abbiamo informat... del nuovo orario. 12) Dove hai conosciuto quelle ragazze? Una ... ho incontrat... a casa di Piero e le altre due ... ho vist... per la prima volta l'altra sera alla festa di Susanna. 13) Signora, ... telefoni pure quando vuole. Sono sempre a Sua disposizione per accontentar... 14) Hai comprato il pane? Si, ma temo di aver... pres... poco. 15) Non so che cosa regalare a Riccardo per il suo compleanno. Regala... una bella cravatta! So che ... piacciono molto. 16) Hai sentito il suo discorso? Si, ... ho sentit... 17) Maurizio, devo dir... che questo tuo ragionamento non ... è piaciuto. 18) Avvocato, ... ho scritt... una lettera.

14. > *Trasformare le frasi seguenti con i pronomi combinati. (Tempi semplici)* ☑ p. 264

*Es. Scriviamo una lettera a Gianni → **Gliela** scriviamo.*
*Faccio un bel regalo a voi → **Ve lo** faccio.*

1) Porto molti fiori a mia madre ....
2) Dici sempre a me le stesse cose ....
3) Chi insegna a te la musica? ....
4) Ernesto paga la cena a noi ....
5) Preparo il pranzo a voi ....

6) Tu consigli a me questo libro? ....
7) Presterò la macchina a Luigi ....
8) Diamo questi consigli a te ....
9) Il cameriere serve il vino a noi ....
10) Loro mostrano le foto agli amici ....

11) Descriviamo a voi questi luoghi ....
12) Carlo presenta a me la sua famiglia ....
13) Racconterò a te quello che è successo ....
14) Spieghiamo a lui molte frasi ....
15) Gianni confida a me i suoi problemi ....

16) Lei racconta a noi tante bugie ....
17) Dico alcune cose a te ....
18) Spediremo a voi questa lettera ....
19) Loro restituiscono a noi i dischi ....
20) Ripeto la regola agli studenti ....

21) Leggo le fiabe a mio figlio ....
22) Scrivo un biglietto a Susanna ....
23) Domando un'informazione al vigile ....
24) Offro la colazione a voi ....
25) Non regalo i miei soldi a te ....

15. >> *Trasformare le frasi seguenti con i pronomi combinati.*
(Tempi composti) ☑ p. 264

Es. Abbiamo scritto una lettera a Gianni → ***Gliel'abbiamo scritta.***
Ho fatto un bel regalo a voi → ***Ve l'ho fatto.***

1) Ho chiesto a loro un'informazione ....
2) Abbiamo ordinato molti gelati al cameriere ....
3) Hanno fatto a noi un ottimo sconto ....
4) Non hanno mostrato a voi la strada giusta ....
5) Lui ha dato a me una grande delusione ....

6) Angela ha detto a te la verità ....
7) Ho letto due fiabe al bambino ....
8) Hanno spiegato a noi la situazione ....
9) Abbiamo già dato a voi il nostro indirizzo? ....
10) Eva ha fatto conoscere a te i suoi genitori? ....

11) Lui ha suggerito a me delle buone idee ....
12) Io non ho fatto a voi nessuna promessa ....
13) Ho promesso a Enzo di telefonargli ....
14) Chi ha regalato a te queste rose? ....
15) Il dottore ha detto a me di non fumare ....

16) Il nonno ha lasciato a noi tutti i suoi averi ....
17) Ho già mostrato a te dove abito? ....
18) Loro hanno fatto a me molti favori ....
19) Non ha più dato a noi sue notizie ....
20) Ho mandato a voi molte cartoline ....

21) Abbiamo restituito i soldi a Piero ....
22) Ho ordinato una torta al pasticciere ....
23) Hai regalato il libro a Luciano? ....
24) Abbiamo portato il dolce a Laura ....
25) Hanno fatto a te alcune domande ....

16. >>> *Rispondere alle domande seguenti, usando i pronomi combinati. (Tempi semplici e composti)* ☑ p. 264

Es. Avete scritto la lettera a Gianni? → **Sì, gliel'abbiamo scritta.**
Hai fatto il regalo a loro? → **No, non gliel'ho fatto.**

1) Quando vi consegneranno la macchina nuova?

....

2) Vi ho già fatto vedere le foto del nostro matrimonio?

....

3) Chi ti ha regalato questo anello così prezioso?

....

4) Hai dato da mangiare al gatto prima di uscire?

....

5) Ti ricordi i tuoi vecchi compagni di scuola?

....

6) Quante videocassette hai prestato a Vincenzo?

....

7) Chi ha dato a Giulio questa bella notizia?

....

8) Quando ti ha riparato la macchina il carrozziere?

....

9) Stefano, quanti libri mi hai spedito?

....

10) Chi vi ha raccontato queste sciocchezze?

....

11) Scusa, mi puoi prestare mille Euro?

....

12) Massimo, ci presenti la ragazza che era con te ieri?

....

17. >>> *Rispondere alle domande seguenti, usando i pronomi combinati. (Tempi semplici e composti)* ☑ p. 264

Es. Avete scritto la lettera a Gianni? → **Sì, gliel'abbiamo scritta.**
Hai fatto il regalo a loro? → **No, non gliel'ho fatto.**

1) Hai fatto le congratulazioni a Letizia?

....

2) Vi hanno portato i bagagli fino in camera?

....

3) Quante telefonate ti fa al giorno il tuo ragazzo?

....

4) Quanti buoni alberghi ci potete consigliare?

....

5) Vi ha permesso vostro padre di uscire stasera?

....

6) Mi puoi restituire le chiavi di casa?

....

7) Quante lingue straniere vi hanno insegnato a scuola?

....

8) Quanti biscotti hai dato al cane?

....

9) Hai comprato i sigari al nonno?

....

10) Quante foto mi hai fatto questo pomeriggio?

....

11) Silvia, mi dai per favore un passaggio fino a casa?

....

12) Quando avete scritto questo biglietto a Cristina?

....

18. >>>> *Completare le frasi seguenti, usando i pronomi combinati. (Tempi semplici e composti)* ☑ p. 265

Es. Siamo andati in quel ristorante, perché .... aveva consigliat... un nostro amico cuoco.

Siamo andati in quel ristorante, perché ***ce l'****aveva consigliat****o*** *un nostro amico cuoco.*

1) Ragazzi, ... ripeto per l'ultima volta. Smettetela di fare tutto questo rumore! 2) Vedo che hai molti dischi di musica jazz. .... potresti registrare qualcuno? 3) Questo è il nostro numero di telefono. .... diamo, così puoi chiamarci se hai bisogno di aiuto. 4) Signora, desidera un caffè? .... posso offrire io? 5) Laura mi ha chiesto un nuovo programma per il computer, così ieri .... ho portat... 6) Andate a vedere questo film! .... consiglio vivamente. 7) I poliziotti hanno chiesto a quell'uomo il passaporto, ma lui non ha voluto mostrar............ 8) Appena ho detto a mio marito che mi sarebbe tanto piaciuta quella borsa, subito .... ha comprat... 9) Mi dispiace tanto di averti rotto questa tazzina e ti prometto che .... ricomprerò una identica. 10) Avevo perso le chiavi, ma per mia fortuna Sonia le ha trovate e .... ha riportat... 11) Alcuni turisti ci hanno chiesto la strada per andare al Duomo e noi .... abbiamo spiegat... 12) Sono troppo grassa. Devo dimagrire di almeno cinque chili: .... ha ordinat... il medico. 13) Babbo, devi assolutamente portarci a Gardaland: .... hai promess... 14) Non ho ancora letto quel libro, nonostante che tutti .... abbiano consigliat... 15) Francesco ci ha chiesto molti soldi in prestito, e noi .... possiamo dare solo la metà. 16) Avevo un gran male al dente del giudizio e il dentista .... ha tolt... 17) Mario non voleva raccontarci la verità, ma alla fine, dopo tante insistenze, ... ha dett... 18) Vedi tutti questi libri di fiabe? Nostra madre .... leggeva tutte le sere prima di addormentarci. 19) Ieri ho preparato il dolce che ti piace. Se vuoi oggi .... porto un po'. 20) Per la cena di stasera avevo comprato una bottiglia di ottimo vino, ma non .... ho portat..., perché .... sono dimenticat... a casa.

Test 1 >

Scegliere la frase giusta. ☑ p. 265

1. a. Quando telefoni a Giancarlo? Lo telefono domani. ☐
   b. Quando telefoni a Giancarlo? Gli telefono domani. ☐

2. a. Se per caso vedi Angela, le saluti da parte mia? ☐
   b. Se per caso vedi Angela, la saluti da parte mia? ☐

3. a. Vi chiamerò quando sarà il vostro turno. ☐
   b. Mi chiamerò quando sarà il vostro turno. ☐

4. a. Puoi mi prestare il tuo libro di grammatica? ☐
   b. Mi puoi prestare il tuo libro di grammatica? ☐

5. a. Signora, mi permetta di regalarLe questi fiori. ☐
   b. Signora, mi permetta di regalarLa questi fiori. ☐

6. a. Signor Ferretti, Le posso parlare un momento? ☐
   b. Signor Ferretti, La posso parlare un momento? ☐

7. a. È il compleanno di Antonio. Lo regalerò un bel libro. ☐
   b. È il compleanno di Antonio. Gli regalerò un bel libro. ☐

8. a. Perché fai questo lavoro? Perché gli piace. ☐
   b. Perché fai questo lavoro? Perché mi piace. ☐

9. a. Quando finirai gli esercizi? Li finirò domani mattina. ☐
   b. Quando finirai gli esercizi? Gli finirò domani mattina. ☐

10. a. Non darmi tutta quella pasta. Sai che la mangio poca. ☐
    b. Non darmi tutta quella pasta. Sai che ne mangio poca. ☐

11. a. Senti spesso questa musica? No, non la sento quasi mai. ☐
    b. Senti spesso questa musica? No, non ne sento quasi mai. ☐

12. a. Mangio la verdura tutti i giorni perché la piace. ☐
    b. Mangio la verdura tutti i giorni perché mi piace. ☐

Test 2 >>

Scegliere la frase giusta.

☑ p. 265

1. a. Ho visto il professore e gli ho chiesto alcune spiegazioni. ☐
   b. Ho visto il professore e Le ho chiesto alcune spiegazioni. ☐
   c. Ho visto il professore e L'ho chiesto alcune spiegazioni. ☐
2. a. Signor Paoli, risponda! Gli ho fatto una domanda! ☐
   b. Signor Paoli, risponda! Le ho fatto una domanda! ☐
   c. Signor Paoli, risponda! Le ho fatta una domanda! ☐
3. a. Ho visto in centro Annamaria e le ho salutata. ☐
   b. Ho visto in centro Annamaria e l'ho salutata. ☐
   c. Ho visto in centro Annamaria e le ho salutato. ☐
4. a. Paolo non ha portato la birra. Ne ha dimenticata a casa. ☐
   b. Paolo non ha portato la birra. L'ha dimenticato a casa. ☐
   c. Paolo non ha portato la birra. L'ha dimenticata a casa. ☐
5. a. Hai comprato il latte? Sì, ne ho preso nel negozio qui sotto. ☐
   b. Hai comprato il latte? Sì, n'ho preso nel negozio qui sotto. ☐
   c. Hai comprato il latte? Sì, l'ho preso nel negozio qui sotto. ☐
6. a. Le posso chiedere un'informazione, signor vigile? ☐
   b. Gli posso chiedere un'informazione, signor vigile? ☐
   c. La posso chiedere un'informazione, signor vigile? ☐
7. a. Non comprare cravatte per Giorgio: non le piacciono. ☐
   b. Non comprare cravatte per Giorgio: non gli piacciono. ☐
   c. Non comprare cravatte per Giorgio: non ne piacciono. ☐
8. a. Belle queste camicie! Posso provarle qualcuna? ☐
   b. Belle queste camicie! Posso provarla qualcuna? ☐
   c. Belle queste camicie! Posso provarne qualcuna? ☐
9. a. Quanto hai pagato questi pantaloni? Li ho pagati poco. ☐
   b. Quanto hai pagato questi pantaloni? Ne ho pagati poco. ☐
   c. Quanto hai pagato questi pantaloni? Ne ho pagato poco. ☐
10. a. La fisica non mi piace, ma le ho dovuta studiare per un anno. ☐
    b. La fisica non mi piace, ma le ho dovuto studiare per un anno. ☐
    c. La fisica non mi piace, ma l'ho dovuta studiare per un anno. ☐

Test 3 >>>

Scegliere la frase giusta. ☑ p. 265

1. a. Dopo le avere telefonato ieri, non ho più parlato con Gina. ☐
   b. Dopo l'avere telefonata ieri, non ho più parlato con Gina. ☐
   c. Dopo averle telefonata ieri, non ho più parlato con Gina. ☐
   d. Dopo averle telefonato ieri, non ho più parlato con Gina. ☐

2. a. Non preoccupatevi. Ci pensiamo noi a glielo dire. ☐
   b. Non preoccupatevi. Ci pensiamo noi a dirglilo. ☐
   c. Non preoccupatevi. Ci pensiamo noi direglielo. ☐
   d. Non preoccupatevi. Ci pensiamo noi a dirglielo. ☐

3. a. Chi ti ha regalato il computer? Mi ha regalato la zia Lucia. ☐
   b. Chi ti ha regalato il computer? Me l'ha regalato la zia Lucia. ☐
   c. Chi ti ha regalato il computer? Mi l'ha regalato la zia Lucia. ☐
   d. Chi ti ha regalato il computer? Me l'ha regalata la zia Lucia. ☐

4. a. Ti è piaciuta la pasta? Sì, ma ne ho mangiata troppa. ☐
   b. Ti è piaciuta la pasta? Sì, ma ne ho mangiato troppo. ☐
   c. Ti è piaciuta la pasta? Sì, ma n'ho mangiata troppa. ☐
   d. Ti è piaciuta la pasta? Sì, ma l'ho mangiata troppa. ☐

5. a. Hai risposto al signor Bencini? Sì, gli ho risposto ieri. ☐
   b. Hai risposto al signor Bencini? Sì, Le ho risposto ieri. ☐
   c. Hai risposto al signor Bencini? Sì, Gli ho risposto ieri. ☐
   d. Hai risposto al signor Bencini? Sì, L'ho risposto ieri. ☐

6. a. Vi ho detto una cosa importante e voi le avete dimenticata. ☐
   b. Vi ho detta una cosa importante e voi vi avete dimenticata. ☐
   c. Vi ho detto una cosa importante e voi l'avete dimenticata. ☐
   d. Vi ho detta una cosa importante e voi l'avete dimenticata. ☐

7. a. Direttore, dammi ancora qualche giorno di tempo! ☐
   b. Direttore mi dia ancora qualche giorno di tempo! ☐
   c. Direttore, diami ancora qualche giorno di tempo! ☐
   d. Direttore, me dia ancora qualche giorno di tempo! ☐

8. a. Non ho potuto raccontarLe tutto, Signora. ☐
   b. Non ho potuto raccontarLa tutto, Signora. ☐
   c. Non ho potuto raccontarVi tutto, Signora. ☐
   d. Non ho potuto raccontarGli tutto, Signora. ☐

9. a. Hai parlato con Franca? Sì, gli ho parlato ieri sera. ☐
   b. Hai parlato con Franca? Sì, l'ho parlato ieri sera. ☐
   c. Hai parlato con Franca? Sì, le ho parlata ieri sera. ☐
   d. Hai parlato con Franca? Sì, le ho parlato ieri sera. ☐

10. a. Signora, telefoni a Suo marito! Le faccia subito! ☐
    b. Signora, telefoni a Suo marito! Faccialo subito! ☐
    c. Signora, telefoni a Suo marito! Lo faccia subito! ☐
    d. Signora, telefoni a Suo marito! Gli faccia subito! ☐

11. a. Quando scriverai a Valentina e Piero? Lo farò domani. ☐
    b. Quando scriverai a Valentina e Piero? Glielo farò domani. ☐
    c. Quando scriverai a Valentina e Piero? Gli farò domani. ☐
    d. Quando scriverai a Valentina e Piero? Li farò domani. ☐

12. a. Avendo lo studiato molto, ora parlo bene l'italiano. ☐
    b. Lo avendo studiato molto, ora parlo bene l'italiano. ☐
    c. Avendo studiatolo molto, ora parlo bene l'italiano. ☐
    d. Avendolo studiato molto, ora parlo bene l'italiano. ☐

13. a. È molto meglio rispondergli subito, prima che si arrabbi. ☐
    b. È molto meglio gli rispondere subito, prima che si arrabbi. ☐
    c. È molto meglio risponderlo subito, prima che si arrabbi. ☐
    d. È molto meglio rispondere subito, prima che gli si arrabbi. ☐

14. a. Risponda, prego! Gli è stata fatta una domanda! ☐
    b. Risponda, prego! L'è stata fatta una domanda! ☐
    c. Risponda, prego! Le è stata fatta una domanda! ☐
    d. Risponda, prego! La è stata fatta una domanda! ☐

15. a. Che ore sono? Non le so, Signora. Non ho l'orologio. ☐
    b. Che ore sono? Non lo so, Signora. Non ho l'orologio. ☐
    c. Che ore sono? Non Le so, Signora. Non ho l'orologio. ☐
    d. Che ore sono? Non La so, Signora. Non ho l'orologio. ☐

Test 4 >>>>

Scegliere la frase giusta. ☑ p. 265

1. a. Signore, ha il biglietto? Certo che l'ho! ☐
   b. Signore, ha il biglietto? Certo che ce l'ho! ☐
   c. Signore, ha il biglietto? Certo che cel'ho! ☐
   d. Signore, ha il biglietto? Certo che Le ho! ☐
   e. Signore, ha il biglietto? Certo che ci l'ho! ☐
   f. Signore, ha il biglietto? Certo che ho! ☐

2. a. Ho visto Paola, ma non l'ho potuto salutare. ☐
   b. Ho visto Paola, ma non ho potuto salutare. ☐
   c. Ho visto Paola, ma non le ho potuto salutare. ☐
   d. Ho visto Paola, ma non l'ho potuta salutare. ☐
   e. Ho visto Paola, ma non ho potuta salutarla. ☐
   f. Ho visto Paola, ma non le ho potuta salutare. ☐

3. a. Adesso, dopo avergli parlato, mi sento più tranquilla. ☐
   b. Adesso, dopo gli avere parlato, mi sento più tranquilla. ☐
   c. Adesso, dopo avere gli parlato, mi sento più tranquilla. ☐
   d. Adesso, dopo avere parlatogli, mi sento più tranquilla. ☐
   e. Adesso, dopo le avere parlato, mi sento più tranquilla. ☐
   f. Adesso, dopo avere parlatole, mi sento più tranquilla. ☐

4. a. L'hai detto a Maria? No, non gliel'ho potuta dire. ☐
   b. L'hai detto a Maria? No, non ho potuta dirglielo. ☐
   c. L'hai detto a Maria? No, non ho potuto glielo dire. ☐
   d. L'hai detto a Maria? No, non l'ho potuto dirgli. ☐
   e. L'hai detto a Maria? No, non gliel'ho potuto dire. ☐
   f. L'hai detto a Maria? No, non ho potuto direglielo. ☐

5. a. Ti ha creduto Susanna? Sì, mi ha creduto. ☐
   b. Ti ha creduto Susanna? Sì, mi ha creduta. ☐
   c. Ti ha creduto Susanna? Sì, m'ha creduta. ☐
   d. Ti ha creduto Susanna? Sì, me l'ha creduta. ☐
   e. Ti ha creduto Susanna? Sì, ce l'ha creduta. ☐
   f. Ti ha creduto Susanna? Sì, mel'ha creduta. ☐

6. a. Ma è vera la storia che hai raccontato? Certo che la è. ☐
   b. Ma è vera la storia che hai raccontato? Certo che l'è. ☐
   c. Ma è vera la storia che hai raccontato? Certo che lo è. ☐
   d. Ma è vera la storia che hai raccontato? Certo che le è. ☐
   e. Ma è vera la storia che hai raccontato? Certo che è. ☐
   f. Ma è vera la storia che hai raccontato? Certo che gli è. ☐

7. a. Conoscendoti meglio, ho capito che era simpatica. ☐
   b. Conoscendola meglio, ho capito che era simpatica. ☐
   c. Conoscendo la meglio, ho capito che era simpatica. ☐
   d. La conoscendo meglio, ho capito che era simpatica. ☐
   e. Conoscendogliela meglio, ho capito che era simpatica. ☐
   f. Conoscendola meglio, ho capito che eri simpatica. ☐

8. a. Quando posso telefonarLe? Va bene se Le chiamo lunedì? ☐
   b. Quando posso telefonarLa? Va bene se Le chiamo lunedì? ☐
   c. Quando La posso telefonare? Va bene se La chiamo lunedì? ☐
   d. Quando Le posso telefonare? Va bene se Le chiamo lunedì? ☐
   e. Quando posso Le telefonare? Va bene se La chiamo lunedì? ☐
   f. Quando posso telefonarLe? Va bene se La chiamo lunedì? ☐

9. Sono pronte le automobili per il Presidente?

   a. Sì, gliene ho fatte preparare due. ☐
   b. Sì, gliele ho fatte preparare due. ☐
   c. Sì, gliel'ho fatte preparare due. ☐
   d. Sì, Gliele ho fatte preparare due. ☐
   e. Sì, Gliene ho fatte preparare due. ☐
   f. Sì, gli ne ho fatte preparare due. ☐

10. Avete pagato il conto del ristorante alle ragazze?

   a. Ma certo che gliel'abbiamo pagate! ☐
   b. Ma certo che Gliel'abbiamo pagato! ☐
   c. Ma certo che Le l'abbiamo pagato! ☐
   d. Ma certo che gliel'abbiamo pagato! ☐
   e. Ma certo che le l'abbiamo pagato! ☐
   f. Ma certo che ce l'abbiamo pagato! ☐

11. Alessandro, ti ricordi il tuo primo amore?

a. E come potrei dimenticarlo? Si chiamava Elena. ☐
b. E come potrei dimenticarla? Si chiamava Elena. ☐
c. E come lo potrei dimenticarla? Si chiamava Elena. ☐
d. E come potrei le dimenticare? Si chiamava Elena. ☐
e. E come potrei la dimenticare? Si chiamava Elena. ☐
f. E come potrei dimenticargli? Si chiamava Elena. ☐

12. Hai invitato anche Carolina?

a. Le avrei voluto invitare, ma non l'ho trovata a casa. ☐
b. L'avrei voluto invitare, ma non le ho trovata a casa. ☐
c. L'avrei voluta invitare, ma non l'ho trovata a casa. ☐
d. Avrei voluta invitarla, ma non l'ho trovata a casa. ☐
e. L'avrei voluto invitare, ma non l'ho trovata a casa. ☐
f. Avrei voluto invitarla, ma non le ho trovata a casa. ☐

13. a. Signor Ministro, io non L'ho mai offeso in vita mia. ☐
b. Signor Ministro, io non Le ho mai offesa in vita mia. ☐
c. Signor Ministro, io non Gliel'ho mai offeso in vita mia. ☐
d. Signor Ministro, io non Le l'ho mai offesa in vita mia. ☐
e. Signor Ministro, io non Vi ho mai offesi in vita mia. ☐
f. Signor Ministro, io non L'ho mai offesa in vita mia. ☐

14. a. Giulia non ha portato il dolce: se l'è dimenticato. ☐
b. Giulia non ha portato il dolce: se l'è dimenticata. ☐
c. Giulia non ha portato il dolce: se l'ha dimenticato. ☐
d. Giulia non ha portato il dolce: se le è dimenticata. ☐
e. Giulia non ha portato il dolce: si l'ha dimenticato. ☐
f. Giulia non ha portato il dolce: si l'è dimenticata. ☐

15. a. Anna, quanto vino hai bevuto? Non ne ho bevuto affatto. ☐
b. Anna, quanto vino hai bevuto? Non l'ho bevuto affatto. ☐
c. Anna, quanto vino hai bevuto? Non ne ho bevuta affatto. ☐
d. Anna, quanto vino hai bevuto? Non l'ho bevuta affatto. ☐
e. Anna, quanto vino hai bevuto? Non n'ho bevuto affatto. ☐
f. Anna, quanto vino hai bevuto? Non n'ho bevuta affatto. ☐

X
I relativi e gli interrogativi

> *Esercizi facili* >
1

>> *Esercizi medi* >>
2-7

>>> *Esercizi difficili* >>>
3-5-6

>>>> *Esercizi molto difficili* >>>>
4

X. I relativi e gli interrogativi

1. > *Trasformare le frasi seguenti, usando i relativi.*
(«che», «il quale», «la quale», «i quali», «le quali») ☑ p. 265

Es. Ho incontrato un ragazzo - Il ragazzo si chiama Francesco.
Il ragazzo ***che*** *(****il quale****) ho incontrato si chiama Francesco.*

Ho incontrato una ragazza - La ragazza si chiama Donatella.
La ragazza ***che*** *(****la quale****) ho incontrato si chiama Donatella.*

1) Prendo ogni giorno il treno - Il treno è molto comodo.

....

2) Sto leggendo delle poesie - Le poesie sono di Giuseppe Ungaretti.

....

3) Andrea ha comprato una motocicletta - La motocicletta è bellissima.

....

4) Quei signori ci hanno salutato - Conosci quei signori?

....

5) Il parrucchiere mi ha tagliato i capelli - Il parrucchiere è molto bravo.

....

6) Vedi quei ragazzi laggiù? - Quei ragazzi sono i figli della signora Bruni.

....

7) Questo signore, aveva ordinato un cappuccino - Ecco il cappuccino.

....

8) Il regista ha girato questo film - Ti piace il regista?

....

9) Ascolto un brano di musica classica - Il brano è di Brahms.

....

10) Tu mi hai scritto una bella lettera - Ti ringrazio per la bella lettera.

....

11) Enrico indossa sempre giacche - Le giacche sono stravaganti.

....

12) Loro mi hanno fatto un regalo - Il regalo mi ha sorpreso molto.

....

2. >> *Trasformare le frasi seguenti, usando i relativi.*
(«...cui», «...quale» e «...quali») ☑ p. 265

Es. Ho parlato con un ragazzo - Il ragazzo si chiama Francesco.
Il ragazzo ***con cui*** *(****con il quale****) ho parlato si chiama Francesco.*

Ho telefonato a due ragazze - Le ragazze sono Anna a Silvia.
Le ragazze ***a cui*** *(****alle quali****) ho telefonato sono Anna e Silvia.*

1) Lui lavora in un negozio - Il negozio vende oggetti d'antiquariato.

....

2) Per andare a casa passo da una piazza - La piazza è molto conosciuta.

....

3) Mio figlio va a scuola - La scuola è privata.

....

4) Tu parli di un pittore - Il pittore ha vissuto all'inizio del secolo.

....

5) Devo decidere fra due soluzioni - Le due soluzioni non mi piacciono.

....

6) Ieri ti ho vista con un ragazzo - Il ragazzo mi piace molto.

....

7) Cerco un regalo per una persona - La persona è la mia segretaria.

....

8) Discutete su un soggetto - Il soggetto non mi interessa.

....

9) Ci faremo assistere da un avvocato - L'avvocato è molto bravo.

....

10) Siamo usciti con tre amici - I tre amici sono messicani.

....

11) Dormiamo in una camera - La camera dà sul giardino.

....

12) Abbiamo telefonato al dottore - Il dottore è molto disponibile.

....

3. >>> *Completare le frasi seguenti, usando i giusti relativi.*
(«che» [«il-la quale», «i-le quali»] «...cui» [«...quale», «...quali»]) ☑ p. 265

Es. Il professore .... ho incontrato insegna chimica.
Il professore **che** *(**il quale**) ho incontrato insegna chimica.*

Il professore .... ho telefonato insegna chimica.
Il professore **a cui** *(**al quale**) ho telefonato insegna chimica.*

1) Il dottore .... vado è un mio vecchio amico. 2) Quelle sono persone .... non si può proprio scherzare. 3) Per favore, puoi ripetere quello .... ha detto il professore poco fa? 4) Hai visto il film .... ha trasmesso ieri sera la TV? 5) Scusi, mi può indicare la strada .... devo fare per andare alla stazione? 6) Non capisco la ragione .... lei si comporta in questo modo. 7) Qual è il colore .... preferisci? 8) La strada .... abiti è troppo rumorosa. Io non ci potrei stare. 9) Sta' attento. La sedia .... sei seduto è molto vecchia e poco stabile. 10) Il giornalaio .... tutte le mattine compro il giornale è una persona molto allegra. 11) Dimmi il tuo parere. Mi interessa molto quello .... pensi riguardo a questa faccenda. 12) La ragazza .... sto comprando questa camicetta è un po' più robusta di me. 13) L'ufficio .... lavoriamo è una stanza molto grande e luminosa. 14) Finalmente ho trovato quel libro .... cercavo da tanto tempo. 15) Nel mio palazzo abitano molte famiglie straniere .... anche una di Cinesi. 16) Potresti dirmi qual è lo scopo .... metti da parte così tanti soldi? 17) L'auto .... viaggeremo è quella di Giovanni. 18) Il poeta .... la nostra città ha dedicato questo monumento è il premio Nobel Eugenio Montale. 19) Vi piace la cena .... abbiamo preparato per voi stasera? 20) Non mi piace affatto il modo .... ti sei comportato con me! 21) Scusate, ma non sono d'accordo con quello .... avete appena detto. 22) Le ragazze .... hanno dovuto scegliere la nuova miss Italia erano tutte giovanissime. 23) Non mi piacciono le persone .... vogliono sempre avere ragione. 24) Mi sono innamorata del ragazzo .... ho conosciuto a casa di Silvana.

4. >>>> *Completare le frasi seguenti, usando i giusti relativi.*
(«che» [«il-la quale», «i-le quali»] «...cui» [«...quale», «...quali»]) ☑ p. 266

Es. Il professore .... ho incontrato insegna chimica.
Il professore **che** *ho incontrato insegna chimica.*

Il professore .... ho telefonato insegna chimica.
Il professore **a cui** *(***al quale***) ho telefonato insegna chimica.*

1) Mi piace molto stare con le persone .... hanno molti interessi e .... si può parlare di tutto. 2) Sta' pure tranquillo: lui è una persona .... ci possiamo fidare ciecamente. 3) La situazione economica .... si trova il nostro Paese ci dà molte speranze per il futuro. 4) Io non dimentico gli amici .... mi hanno aiutato nei momenti .... ero in difficoltà. 5) Questo è un argomento .... non saremo mai d'accordo. 6) L'esame .... ti preoccupi tanto non è così difficile come quello .... abbiamo dato tre mesi fa. 7) La cosa .... ho più paura è che lui venga a sapere tutta la verità. 8) Il bambino .... sto facendo questo maglioncino è il figlio di mia sorella, ... è nato otto mesi fa. 9) Il letto .... ho dormito stanotte è il più scomodo .... abbia mai provato in tutta la mia vita. 10) In quel negozio è possibile trovare tutte le cose .... si può avere bisogno per fare campeggio. 11) Le due persone .... sedevo a quella cena erano due medici .... per tutta la sera hanno parlato di malattie! 12) Qualche anno fa un mio amico cadde in una depressione .... riuscì a sollevarsi grazie all'aiuto di uno psicanalista .... gli era stato consigliato per la sua bravura. 13) Roberta è una persona .... non rivelerei mai i miei segreti, perché sono certo che andrebbe a raccontarli a tutti quelli .... conosce. 14) Era un uomo .... avevo sentito parlare molto, ma .... non avevo mai incontrato e .... non avevo mai parlato prima. 15) La casa .... viviamo adesso ci fu lasciata da uno zio .... non abbiamo mai conosciuto. 16) Il mio vecchio professore di letteratura era una persona .... ho ricevuto tanto e .... conservo ancora oggi un ottimo ricordo.

5. >>> *Completare le frasi seguenti con i pronomi interrogativi.*
(«chi», «che cosa» [«che», «cosa»], «quale,i», «quanto») ☑ p. 266

Es. .... ha comprato questa bottiglia di vino?
***Chi** ha comprato questa bottiglia di vino?*

.... hai detto? Puoi ripetere?
***Che cosa** (**che, cosa**) hai detto? Puoi ripetere?*

Fra tutti questi cappelli, ... hai scelto?
*Fra tutti questi cappelli, **quale** hai scelto?*

.... ti è costata questa bella motocicletta?
***Quanto** ti è costata questa bella motocicletta?*

1) .... ti ha mandato questo mazzo di fiori? 2) .... ti dice Mario nella sua lettera? 3) Di questi due vini rossi, ... preferisci? 4) Vuoi sapere .... ha detto quelle belle cose su di te? 5) .... ti è costata questa bella vacanza? 6) Si può sapere con .... parlavi prima al telefono? 7) .... c'è dentro il grosso pacco che ti ha mandato ieri tua madre? 8) Ragazzi miei, ma .... vi ha insegnato queste brutte parole? 9) .... manca all'inizio del film? 10) .... vestito hai scelto fra tutti quelli che ti sei provata? 11) Ma .... dici, Armando? Io non so nulla di questa storia. 12) .... di voi due ha rotto il mio preziosissimo vaso? 13) .... sono le tue attrici preferite? 14) Ma lo sai .... costano tutte le telefonate che fai dall'Italia al Giappone? 15) Signora, Lei ha detto di aver visto uno di questi uomini vicino al luogo dell'omicidio. Ci può dire ....? 16) Eva, ma .... pesa questa valigia? Si può sapere .... ci hai messo dentro? 17) .... credi di aver dimostrato con quel tuo atteggiamento? 18) Con .... sei stata fino a quest'ora? E .... hai fatto? 19) Ivo, ... sono i migliori ricordi della tua infanzia? 20) Allora, ... hai deciso di comprare a Patrizia per il suo compleanno? 21) Mi piacerebbe tanto regalarle quel computer che abbiamo visto ieri. Ti ricordi per caso .... costava? 22) Sai .... mi ha chiamato ieri sera dopo cena? Era Riccardo. E sai .... voleva? Voleva dirti che gli è dispiaciuto per quello che è successo fra di voi.

6. >>> *Completare le frasi seguenti con gli aggettivi interrogativi. («che», «quale,i», «quanto,a,i,e»)* ☑ p. 266

Es. .... *tipo di vino hai comprato questa volta?*
Che *tipo di vino hai comprato questa volta?*

.... *vino hai comprato fra tutti quelli che hai assaggiato?*
Quale *vino hai comprato fra tutti quelli che hai assaggiato?*

.... *bottiglie di vino contiene questa cantina?*
Quante *bottiglie di vino contiene questa cantina?*

1) .... volte devo dirti che non sopporto quando parli con la bocca piena? 2) .... argomenti hai usato per convincerlo che non era il caso di arrabbiarsi tanto? 3) .... impressione ti ha fatto il nuovo fidanzato di Valeria? 4) .... tipo di musica preferisci? Classica, leggera o jazz? Mi piace molto la musica lirica. 5) .... ore dura quest'opera di Puccini? E .... attori sono stati scelti per interpretare i ruoli principali? 6) .... libro stai leggendo? Sto leggendo un libro giallo. 7) Hai visto .... macchine percorrono questa strada la mattina presto? E .... motorini? Hai sentito .... rumore siamo costretti a sentire e .... aria cattiva dobbiamo respirare? Hai ragione. È una vera tortura! 8) .... tipo di fotografie sono esposte in quella mostra? 9) .... tavolo hai comprato per la sala da pranzo? 10) Hai visto .... bei quadri e .... belle sculture ci sono in questo museo? 11) .... giornale è quello che stai leggendo? Mi sembra difficile. È vero. Si tratta di un giornale specializzato in economia e finanza. 12) È incredibile! Ma hai visto .... gente c'è stasera alla "prima" di questo spettacolo? 13) Elisabetta, ma .... dolci mangi? Lo sai che ti fa male mangiarne così tanti? 14) .... lavoro fai? Faccio il cameriere. 15) Sai .... minuti ho impiegato per venire fin qui? 16) .... lavoro Le interesserebbe fare, Signora? 17) .... chili pesa questa borsa? Pesa molto, perché contiene dei grossi libri. 18) .... sigarette fumavi al giorno, prima di smettere definitivamente? E .... marca preferivi? 19) .... neve c'è lassù in montagna? Circa un metro. 20) .... facoltà frequenti? Sono al primo anno di Architettura.

7. >> *Completare le frasi seguenti con gli avverbi interrogativi. («dove», «quando», «perché», «come»)* ☑ p. 266

Es. .... siete stati ieri pomeriggio? Non vi abbiamo visto.
Dove *siete stati ieri pomeriggio? Non vi abbiamo visto.*

.... capirai che non ci si può comportare così?
Quando *capirai che non ci si può comportare così?*

.... non ascoltate mai i nostri consigli?
Perché *non ascoltate mai i nostri consigli?*

.... sta Sua moglie, professore? Spero che si senta meglio.
Come *sta Sua moglie, professore? Spero che si senta meglio.*

1) .... pensi di fare per uscire fuori da questa situazione? 2) .... avete comprato questo bellissimo armadio? In un negozio vicino a casa nostra. 3) .... non mi avete svegliato prima? Adesso arriverò certamente in ritardo. 4) Allora, ... verrete a trovarci? Vi aspettiamo già da una settimana. 5) .... ti senti in questi ultimi giorni? Mi sento meglio. La febbre ormai è passata. 6) .... hai messo la videocassetta che ho noleggiato? 7) Luca, ... non rispondi mai alle domande che ti faccio? 8) Da .... sente questi dolori, signor Bertini? Da stamattina, dottore, ma mi può dire .... passeranno? 9) .... ti trovi in quella scuola? E .... è esattamente? 10) .... puoi dirmi queste cose senza provare un minimo di vergogna? 11) .... pensi di finire gli esami all'università? 12) .... esci proprio stasera che mi sento tanto solo? .... vai? .... torni a casa? E .... ci torni, se non ci sono più gli autobus? 13) Posso sapere .... mi fai tutte queste domande? 14) .... vi organizzerete per la festa di domenica? 15) .... non mi dici mai quello che ti passa per la testa? .... posso aiutarti se non so mai quello che pensi? 16) Possiamo entrare? C'è qualcuno in casa? Ma .... siete finiti tutti quanti? 17) Papà, vuoi dirci .... hai incontrato la mamma per la prima volta e .... vi siete conosciuti? 18) .... non mi hai detto subito la verità? 19) .... è finita quella storia? 20) .... siete partiti? .... avete viaggiato? .... vi siete fermati per riposare un po'?

Test 1 >

Scegliere la frase giusta.

☑ p. 266

1. a. Anna è quella ragazza chi è seduta sul divano. ☐
   b. Anna è quella ragazza che è seduta sul divano. ☐

2. a. Che tipo di libri stai leggendo in questo periodo? ☐
   b. Che cosa tipo di libro stai leggendo in questo periodo? ☐

3. a. Non mi interessa l'argomento del quale parlate. ☐
   b. Non mi interessa l'argomento che parlate. ☐

4. a. Hai già spedito la lettera cui avevi scritto ieri? ☐
   b. Hai già spedito la lettera che avevi scritto ieri? ☐

5. a. Che vuole venire con noi? ☐
   b. Chi vuole venire con noi? ☐

6. a. L'avvocato dal cui sono andata è molto famoso. ☐
   b. L'avvocato da cui sono andata è molto famoso. ☐

7. a. Quali lezioni frequentate in questa scuola? ☐
   b. Quale lezioni frequentate in questa scuola? ☐

8. a. Questo è un argomento del cui non voglio parlare. ☐
   b. Questo è un argomento del quale non voglio parlare. ☐

9. a. Perché dici? Non sento bene da qui. ☐
   b. Che dici? Non sento bene da qui. ☐

10. a. L'aereo con cui ho viaggiato era molto grande. ☐
    b. L'aereo che ho viaggiato era molto grande. ☐

11. a. Ma quanto carne mangi? È incredibile! ☐
    b. Ma quanta carne mangi? È incredibile! ☐

12. a. I pantaloni quali porti sono molto belli. ☐
    b. I pantaloni che porti sono molto belli. ☐

Test 2 >>

Scegliere la frase giusta.

☑ p. 266

1. a. Le frasi che hai scritto sono tutte giuste! ☐
   b. Le frasi le quale hai scritto sono tutte giuste! ☐
   c. Le frasi cui hai scritto sono tutte giuste! ☐
2. a. Ma per che ti sei comportata così male? ☐
   b. Ma per cui ti sei comportata così male? ☐
   c. Ma perché ti sei comportata così male? ☐
3. a. La donna chi è entrata è la moglie di Guido. ☐
   b. La donna che è entrata è la moglie di Guido. ☐
   c. La donna quale è entrata è la moglie di Guido. ☐
4. a. Dove non mi hai detto quello che avevi visto? ☐
   b. Come non mi hai detto quello che avevi visto? ☐
   c. Perché non mi hai detto quello che avevi visto? ☐
5. a. Ho parlato solo di quello del cui ho visto. ☐
   b. Ho parlato solo di quello di che ho visto. ☐
   c. Ho parlato solo di quello che ho visto. ☐
6. a. Come va la famiglia, signor Beccacci? ☐
   b. Dove va la famiglia, signor Beccacci? ☐
   c. Quando va la famiglia, signor Beccacci? ☐
7. a. È una persona di cui conosco solo il nome. ☐
   b. È una persona di che conosco solo il nome. ☐
   c. È una persona che conosco solo il nome. ☐
8. a. Come costano queste belle arance di Sicilia? ☐
   b. Che costano queste belle arance di Sicilia? ☐
   c. Quanto costano queste belle arance di Sicilia? ☐
9. a. Sono tutte persone delle quale mi fido. ☐
   b. Sono tutte persone delle quali mi fido. ☐
   c. Sono tutte persone delle cui mi fido. ☐
10. a. Che appartamento hai deciso di comprare? ☐
    b. Quanto appartamento hai deciso di comprare? ☐
    c. Dove appartamento hai deciso di comprare? ☐

Test 3 >>>

Scegliere la frase giusta. ☑ p. 266

1. a. Non posso crederci. La persona che tu parli, e che io conosco bene, non farebbe mai una cosa del genere! ☐
   b. Non posso crederci. La persona di cui tu parli, e quale io conosco bene, non farebbe mai una cosa del genere! ☐
   c. Non posso crederci. La persona della quale tu parli, e che io conosco bene, non farebbe mai una cosa del genere! ☐

2. a. Ma come puoi affermare una cosa del genere? Dove hai sentito queste stupide cose e chi ha interesse a mettere in giro queste voci sul conto di Paolo? ☐
   b. Ma come puoi affermare una cosa del genere? Come hai sentito queste stupide cose e che ha interesse a mettere in giro queste voci sul conto di Paolo? ☐
   c. Ma perché puoi affermare una cosa del genere? Quando hai sentito queste stupide cose e come ha interesse a mettere in giro queste voci sul conto di Paolo? ☐

3. a. Il treno quale abbiamo preso stamattina è partito in ritardo: ecco la ragione per cui siamo arrivati qui solo adesso. ☐
   b. Il treno che abbiamo preso stamattina è partito in ritardo: ecco la ragione per quale siamo arrivati qui solo adesso. ☐
   c. Il treno che abbiamo preso stamattina è partito in ritardo: ecco la ragione per la quale siamo arrivati qui solo adesso. ☐

4. a. Quante volte hai sbagliato lo stesso esercizio? Che cosa c'è che non va? Come posso fartelo capire? ☐
   b. Quali volte hai sbagliato lo stesso esercizio? Che c'è che non va? Come posso fartelo capire? ☐
   c. Quante volte hai sbagliato lo stesso esercizio? Quale cosa c'è che non va? Quando posso fartelo capire? ☐

5. a. Qual è la ragazza che hai salutato e chi si sta avvicinando? ☐
   b. Chi è la ragazza che hai salutato e che si sta avvicinando? ☐
   c. Chi è la ragazza che hai salutato e chi si sta avvicinando? ☐

Test 4 >>>>

Scegliere la frase giusta.

☑ p. 266

1. a. Lo sai che Aldo, l'uomo che Mariella ha sposato, ha già cinque figli? Ma che dici? Come fai a sapere tutte queste cose. E che cosa ti importa? Sei proprio una pettegola, una persona a cui non racconterei mai niente della mia vita. ☐

b. Lo sai che Aldo, l'uomo che Mariella ha sposato, ha già cinque figli? Ma che cosa dici? Come fai a sapere tutte queste cose? E che ti importa? Sei proprio una pettegola, una persona a che non racconterei mai niente della mia vita. ☐

c. Lo sai che Aldo, l'uomo cui Mariella ha sposato, ha già cinque figli? Ma che cosa dici? Come fai a sapere tutte queste cose? E che ti importa? Sei proprio una pettegola, una persona che non racconterei mai niente della mia vita. ☐

d. Lo sai che Aldo, l'uomo con cui Mariella si è sposata, ha già cinque figli? Ma che cosa dici? Come fai a sapere tutte queste cose? E che cosa ti importa? Sei proprio una pettegola, una persona che non racconterei mai niente della mia vita. ☐

2. a. Chi c'era con te ieri sera? Parla! Con chi hai passato tutta la serata? Perché non rispondi e che cosa mi nascondi? Perché l'hai incontrato per la prima volta? Quanto tempo avete passato insieme? A che ora sei rientrata a casa? Quando sei andata a letto? Parla, ti dico! ☐

b. Chi c'era con te ieri sera? Parla! Con che hai passato tutta la serata? Perché non rispondi e che cosa mi nascondi? Dove l'hai incontrato per la prima volta? Quanto tempo avete passato insieme? A che ora sei rientrata a casa? Quando sei andata a letto? Parla, ti dico! ☐

c. Chi c'era con te ieri sera? Parla! Con chi hai passato tutta la serata? Perché non rispondi e che cosa mi nascondi? Dove l'hai incontrato per la prima volta? Quanto tempo avete passato insieme? A che ora sei rientrata a casa? Quando sei andata a letto? Parla, ti dico! ☐

d. Chi c'era con te ieri sera? Parla! Con cui hai passato tutta la serata? Perché non rispondi e che cosa mi nascondi? Perché l'hai incontrato per la prima volta? Quanto tempo avete passato insieme? A che ora sei rientrata a casa? Quando sei andata a letto? Parla, ti dico! ☐

XI
Il discorso indiretto

> Esercizi facili >
1

>> Esercizi medi >>
2-3

>>> Esercizi difficili >>>
4-5

>>>> Esercizi molto difficili >>>>
6-7

XI. Il discorso indiretto

1. > *Trasformare le frasi dal discorso diretto al discorso indiretto.* ☑ p. 266

Es. Lucio disse: «Domani andrò da Stefano, ma oggi devo rimanere a casa per aiutare mia madre».

Lucio disse che ***il giorno dopo sarebbe andato*** *da Stefano, ma (che)* ***quel giorno doveva*** *rimanere a casa per aiutare* ***sua*** *madre.*

1) Lei disse: «Mio fratello studia ingegneria elettronica all'Università».

....

2) Suo padre disse: «Adesso è troppo tardi. Andremo domani dalla zia».

....

3) Rispose: «Non ho ancora finito di studiare la lezione per domani».

....

4) Lui mi ordinò: «Prendi tutti i tuoi libri e vieni subito con me!»

....

5) Mia sorella mi confidò: «Passeggiando ho incontrato Alessandro».

....

6) Il professore disse: «Mi piacerebbe che voi studiaste un po' di più».

....

7) Appena arrivato disse: «Non avevo mai visto un panorama così bello».

....

8) Lei affermò: «Non voglio più vedere quest'uomo, perché è uno stupido!»

....

9) Dissi: «Credo che lei questa volta abbia davvero ragione».

....

10) Il capo disse: «Ieri siete venuti in ritardo e io questo non lo tollero».

....

2. >> *Trasformare le frasi dal discorso diretto al discorso indiretto.* ☑ p. 267

Es. Paola mi disse: «Vieni da me questo pomeriggio, perché devo raccontarti una cosa molto importante che non posso dire ora al telefono».

*Paola mi disse **di andare** da **lei quel** pomeriggio, perché **doveva** raccontar**mi** una cosa molto importante che non **poteva** dire **allora** (**in quel momento**) al telefono.*

1) Disse: «Partirò dopo pranzo con l'aereo delle 15.30 e non tornerò fino alla fine della prossima settimana»

....

....

2) Ha ripetuto due volte: «È impossibile credere a questa storia. Ci crederò solo quando l'avrò visto con i miei occhi».

....

....

3) Ha consigliato a tutti: «State attenti sulle strade, siate prudenti, non correte troppo e soprattutto non bevete alcol prima di mettervi alla guida».

....

....

4) Alla precisa domanda dell'avvocato, il testimone rispose: «Ricordo esattamente la faccia dell'uomo che ha sparato: quell'uomo è certamente l'imputato!»

....

....

....

5) Ripeté: «Sarebbe bene che voi spiegaste meglio quello che volete dire, perché credo che nessuno abbia capito».

....

....

3. >> *Trasformare le frasi dal discorso diretto al discorso indiretto.* ☑ p. 267

Es. Silvio disse: «Sono certo che Gianna mi ha detto tutta la verità. Lei non sarebbe capace di ingannarmi».

*Disse che **era** certo che Gianna **gli aveva detto** tutta la verità e che lei non **sarebbe stata** capace di ingannar**lo**.*

1) Quella donna mi mostrò una fotografia e mi disse: «Questi sono i miei due figli. Il maggiore ha ventun anni e studia ingegneria, mentre la più piccola non ha ancora finito il liceo, ma ha già deciso per l'anno prossimo di studiare archeologia».

....

....

....

....

2) Il nuovo direttore mi chiese: «Da quanti anni Lei fa questo lavoro? Quali sono i suoi titoli di studio? Come si trova nella nostra ditta?»

....

....

3) L'uomo lanciò un'occhiata a quelli che lo stavano ascoltando e disse: «Le vostre accuse sono del tutto infondate. Voi non eravate presenti e dunque non potete giudicare il mio operato».

....

....

4) Carlo mi ripeté più volte: «Arrivati a questo punto posso dire di avere fatto tutto il possibile per evitare ogni tipo di problema con mia moglie».

....

....

5) Loro domandarono: «Ma dove sono andati a finire quei due ragazzi che erano qui pochi minuti fa?»

....

....

4. >>> *Trasformare le frasi dal discorso diretto al discorso indiretto.* ☑ p. 267

Es. Giulio mi disse: «Se potessi aiutarti lo farei volentieri, ma purtroppo non mi sarà possibile a causa dei molti impegni che ho».

Giulio mi disse che ***se avesse potuto mi avrebbe aiutato*** *volentieri, ma che purtroppo non* ***gli sarebbe stato*** *possibile a causa dei molti impegni che* ***aveva****.*

1) Il direttore mi disse: «Lei deve arrivare in ufficio sempre in orario! Da domani non ammetterò più i Suoi ritardi!»

....

....

2) Mio padre dice sempre: «Ricordati che nella vita non c'è bisogno solo di fare il proprio dovere. Qualche volta occorre fare anche di più e dunque non dimenticarti mai di aiutare le persone che si trovano in difficoltà».

....

....

....

3) Il professore mi guardò e mi disse: «Non credo che tu abbia capito tutto quello che ho spiegato, altrimenti avresti fatto meglio questo esercizio».

....

....

4) Il medico disse a mia madre: «Non si preoccupi, signora. Suo figlio non si è fatto nulla di particolarmente grave. Cadendo dalla bicicletta, ha battuto la testa ed è rimasto per qualche minuto privo di sensi, ma le posso assicurare che adesso sta meglio di prima!»

....

....

....

....

5) Ci ripete sempre: «Ditelo a vostro padre, se ne avete il coraggio!»

....

5. >>> *Trasformare le frasi dal discorso diretto al discorso indiretto.* ☑ p. 267

Es. Marta mi disse: «Va' tu a prendere il latte stamattina! Io ci sono già andata ieri e oggi tocca a te».

Marta mi disse ***di andare*** *io a prendere il latte* ***quella*** *mattina, che* ***lei*** *ci* ***era*** *già* ***andata il giorno prima*** *e* ***quel giorno toccava*** *a* ***me****.*

1) Ci chiesero: «Dove eravate quando avevamo bisogno di voi? Perché ci avete rifiutato il vostro aiuto? Ci avete voltato le spalle proprio quando abbiamo bussato alla vostra porta e questo non potremo mai dimenticarlo».

....

....

....

2) Non rispose, ma disse soltanto: «Mi è venuta in mente un'idea davvero straordinaria, ma adesso non ho tempo di spiegarvela».

....

....

3) Mi dissero: «Vieni qui da noi e dicci che cosa hai combinato in tutti questi anni. Ti aspettiamo a casa nostra domani sera all'ora di cena».

....

....

4) Al telefono le dissi: «Verrò da te appena avrò terminato questo lavoro che mi ha tenuto impegnato per tutto questo mese. Ho una gran voglia di vederti e di raccontarti tutto».

....

....

....

5) Ripete sempre: «Non comportatevi male e dite sempre al vostro insegnante tutto quello che non avete capito. Ricordatevi che è molto importante avere un buon rapporto con tutti i vostri professori».

....

....

....

6. >>>> *Trasformare le frasi dal discorso diretto al discorso indiretto.* ☑ p. 268

Es. Rispose: «Secondo me questa non è la soluzione a tutti i nostri problemi. Al contrario, io credo che una simile decisione accresca ancora di più i problemi che già abbiamo e potrebbe persino metterci in cattiva luce con la nostra direzione».

Rispose che secondo ***lui quella*** *non* ***era*** *la soluzione a tutti i* ***loro*** *problemi. Al contrario, lui* ***credeva*** *che una simile decisione* ***accrescesse*** *ancora di più i problemi che già* ***avevano*** *e che* ***avrebbe potuto*** *persino metter****li*** *in cattiva luce con la direzione.*

1) Il Primo Ministro iniziò così il suo discorso: «Sono certo che tutti voi avete compreso l'importanza delle deliberazioni che il governo ha preso nelle ultime settimane. Credo che ci troviamo davanti a un periodo di grandi sacrifici, ma anche di grandi soddisfazioni e che tutti i cittadini abbiano capito il valore e la necessità delle decisioni prese. Fra qualche minuto il Ministro dell'Economia vi fornirà i dettagli della manovra finanziaria che il governo si appresta a varare».

....

....

....

....

....

....

2) Il nostro direttore ci disse: «Se avessi saputo prima delle vostre difficoltà, sarei intervenuto subito. Sfortunatamente sono stato informato solo oggi di quello che è accaduto e non posso certo risolvere tutta la questione in poche ore. Vi prometto, comunque, che farò tutto quello che è in mio potere per aiutarvi. Abbiate fiducia!»

....

....

....

....

....

7. >>>> *Trasformare le frasi dal discorso diretto al discorso indiretto.* ☑ p. 268

Es. Disse: «Ero venuto qui da voi solo per avere alcune informazioni sulla vostra attività e sulle iniziative che avete preso negli ultimi anni».

*Disse che **era andato lì** da **loro** solo per avere alcune informazioni sulla **loro** attività e sulle iniziative che **avevano preso** negli ultimi anni.*

1) Mi disse: «Tuo zio se n'è andato sbattendo la porta. Non ha voluto nemmeno ascoltare le mie ragioni; ha cominciato a urlare e a dirmi che non capivo niente. Credo proprio che abbia bisogno di qualche giorno di riposo e devi essere proprio tu a convincerlo di questo».

....

....

....

....

2) Mi rivelò: «Me ne andai da quell'ufficio soltanto dopo che mi fu promesso che tutti i miei diritti sarebbero stati rispettati. Ricordo che fu lo stesso capo a rassicurarmi su questo punto, dicendomi che non era il caso di preoccuparsi».

....

....

....

3) Ecco che cosa mi risposero: «Dobbiamo partire e non abbiamo tempo di parlare con te di questa faccenda. Entro pochi giorni saremo di ritorno e parleremo anche di questo. Adesso va' e non ti preoccupare: tutto si sistemerà».

....

....

....

....

Test 1 >

Scegliere la frase giusta. ☑ p. 268

1. Mi disse: «Questa volta non credo che abbia ragione tu».

   a. Mi disse che questa volta non credeva che avevo ragione io. ☐
   b. Mi disse che quella volta non credeva che aveva ragione lui. ☐
   c. Mi disse che quella volta non credeva che avessi ragione io. ☐

2. Rispose: «Non voglio assolutamente rischiare nulla».

   a. Rispose che non vuole assolutamente rischiare nulla. ☐
   b. Rispose che non voleva assolutamente rischiare nulla. ☐
   c. Rispose che non vorrebbe assolutamente rischiare nulla. ☐

3. Aggiunse: «D'ora in avanti nel nostro ufficio non sarà più possibile lavorare dopo le otto di sera!»

   a. Aggiunse che d'allora in avanti nel suo ufficio non sarebbe stato più possibile lavorare dopo le otto di sera. ☐
   b. Aggiunse che da ora in avanti nel loro ufficio non sarebbe stato più possibile lavorare dopo le otto di sera. ☐
   c. Aggiunse che d'allora in avanti nel loro ufficio non sarebbe stato più possibile lavorare dopo le otto di sera. ☐

4. Dissero: «Crediamo che tutto questo non sia possibile».

   a. Dissero che credevano che tutto quello non fosse possibile. ☐
   b. Dissero che credevano che tutto questo non fosse possibile. ☐
   c. Dissero che credono che tutto questo non sia possibile. ☐

5. Disse: «Se potrò aiutarvi, lo farò di sicuro».

   a. Disse che se potesse aiutarli, lo farebbe di sicuro. ☐
   b. Disse che se avesse potuto aiutarli, l'avrebbe fatto di sicuro. ☐
   c. Disse che se avesse potuto aiutarvi lo farebbe di sicuro. ☐

Test 2 >>

Scegliere la frase giusta.

☑ p. 268

1. Disse: «Vieni subito qua da me! Fallo immediatamente!»

   a. Disse di venire subito là da lui, di farlo immediatamente. ☐
   b. Disse di andare subito qua da lui, di farlo immediatamente. ☐
   c. Disse di andare subito là da lui, di farlo immediatamente. ☐

2. Mi chiese: «Perché tu e tua moglie non venite con noi alla festa?»

   a. Mi chiese perché io e mia moglie non venissimo con loro alla festa. ☐
   b. Mi chiese perché io e mia moglie non andassimo con loro alla festa. ☐
   c. Mi chiese perché lui e sua moglie non andassero con loro alla festa. ☐

3. Affermò: «Abbiamo fatto tutto quello che era nelle nostre possibilità. Non abbiamo nulla da rimproverarci».

   a. Affermò che avevano fatto tutto quello che era nelle loro possibilità e che non avevano nulla da rimproverarsi. ☐
   b. Affermò che avevano fatto tutto quello che era nelle loro possibilità e che non avevano nulla da rimproverarci. ☐
   c. Affermò che avevano fatto tutto quello che era nelle loro possibilità e che non avevano avuto nulla da rimproverarsi. ☐

4. Dissi: «Non desidero assolutamente venire con voi».

   a. Dissi che non desiderava assolutamente venire con loro. ☐
   b. Dissi che non desideravo assolutamente andare con loro. ☐
   c. Dissi che non desideravo assolutamente venire con loro. ☐

5. Disse: «A questa domanda non posso rispondere».

   a. Disse che a questa domanda non poteva rispondere. ☐
   b. Disse che a quella domanda non potesse rispondere. ☐
   c. Disse che a quella domanda non poteva rispondere. ☐

6. Disse: «Tu hai le tue ragioni, ma devi capire anche quelle degli altri».

   a. Disse che lui ha le sue ragioni, ma che deve capire anche queste degli altri. ☐
   b. Disse che lui aveva le sue ragioni, ma che doveva capire anche quelle degli altri. ☐
   c. Disse che lui aveva le sue ragioni, ma che doveva capire anche queste degli altri. ☐

7. Dice sempre agli studenti: «Ricordatevi che dovete studiare duramente se volete fare carriera e guadagnare molti soldi».

   a. Dice sempre agli studenti di ricordarsi che dovevano studiare duramente, se volevano fare carriera e guadagnare molti soldi. ☐
   b. Dice sempre agli studenti che si ricordano che devono studiare duramente, se volevano fare carriera e guadagnare molti soldi. ☐
   c. Dice sempre agli studenti di ricordarsi che devono studiare duramente, se vogliono fare carriera e guadagnare molti soldi. ☐

8. Mi domandò: «Sa per caso che ore sono? Non ho l'orologio».

   a. Mi domandò se per caso sapessi che ore erano, perché non aveva l'orologio. ☐
   b. Mi domandò se per caso sapessi che ore fossero, perché non aveva l'orologio. ☐
   c. Mi domandò se per caso sapevo che ore erano, perché non aveva l'orologio. ☐

9. Disse: «Voi credete che io sia uno stupido, ma vi sbagliate».

   a. Disse che loro credevano che lui era uno stupido, ma si sbagliavano. ☐
   b. Disse che loro credevano che lui fosse uno stupido, ma si sbagliavano. ☐
   c. Disse che loro credevano che lui sia uno stupido, ma si sbagliavano. ☐

10. Mi domandò perplesso: «Chi sei tu e che cosa vuoi?»

    a. Mi domandò perplesso chi fosse e che cosa volesse. ☐
    b. Mi domandò perplesso chi ero e che cosa volevo. ☐
    c. Mi domandò perplesso chi fossi e che cosa volessi. ☐

Test 3 >>>

Scegliere la frase giusta. ☑ p. 268

1. Iniziò il discorso con queste parole: «Siamo qui tutti riuniti per eleggere il nostro nuovo rappresentante nel consiglio direttivo. Spero che tutti vogliano dare il loro contributo per il buon esito della votazione».

a. Iniziò il discorso dicendo che erano tutti lì riuniti per eleggere il loro nuovo rappresentante nel consiglio direttivo e che sperava che tutti volessero dare il loro contributo per il buon esito della votazione. ☐

b. Iniziò il discorso dicendo che erano tutti lì riuniti per eleggere il loro nuovo rappresentante nel consiglio direttivo e che sperava che tutti volevano dare il loro contributo per il buon esito della votazione. ☐

c. Iniziò il discorso dicendo che erano tutti lì riuniti per eleggere il loro nuovo rappresentante nel consiglio direttivo e che sperasse che tutti volessero dare il loro contributo per il buon esito della votazione. ☐

2. Disse: «Non fatevi nessuna illusione! Non dimenticherò mai il male che mi avete fatto. Voi tutti dovrete vivere per sempre con questo terribilerimorso! Solo la morte potrà liberarvi dalle sofferenze che io stesso vi procurerò!»

a. Disse di non farsi nessuna illusione. Lui non avrebbe dimenticato mai il male che lo avevano fatto. Tutti loro avrebbero dovuto vivere per sempre con quel terribile rimorso e solo la morte avrebbe potuto liberarli dalle sofferenze che lui stesso gli procurava». ☐

b. Disse che non si facessero nessuna illusione. Lui non avrebbe dimenticato mai il male che gli avevano fatto. Tutti loro avrebbero dovuto vivere con quel terribile rimorso e solo la morte avrebbe potuto liberarli dalle sofferenze che lui stesso gli avrebbe procurato. ☐

c. Disse di non farsi nessuna illusione. Lui non avrebbe dimenticato mai il male che gli avevano fatto. Tutti loro dovrebbero vivere per sempre con quel terribile rimorso e solo la morte potrebbe liberarli dalle sofferenze che lui stesso gli procurerebbe. ☐

Test 4 >>>>

Scegliere la frase giusta.

☑ p. 268

1. a. Disse che non intendeva stare ad ascoltare le offese di quegli uomini e che non avrebbe permesso a nessuno di ingiuriare lui o la sua famiglia ☐
   b. Disse che non intendeva stare ad ascoltare le offese di questi uomini e che non avrebbe permesso a nessuno di ingiuriare lui o la sua famiglia. ☐
   c. Disse che non avrebbe inteso stare ad ascoltare le offese di quegli uomini e che non avrebbe permesso a nessuno di ingiuriare lui o la sua famiglia. ☐
   d. Disse che non intenderebbe stare ad ascoltare le offese di quegli uomini e che non avrebbe permesso a nessuno di ingiuriare lui o la sua famiglia. ☐
   e. Disse che non intendeva stare ad ascoltare le offese di quegli uomini e che non permetterebbe a nessuno di ingiuriare lui o la sua famiglia. ☐

2. a. Il padre gli chiese che intenzioni aveva per quanto riguardava gli studi, dato che non si era ancora iscritto a nessuna facoltà universitaria e sembrava anche indeciso se lavorare o no. ☐
   b. Il padre gli chiese che intenzioni aveva per quanto riguardasse gli studi, dato che non si era ancora iscritto a nessuna facoltà universitaria e sembrava anche indeciso se lavorare o no. ☐
   c. Il padre gli chiese che intenzioni avesse per quanto riguardava gli studi, dato che non si era ancora iscritto a nessuna facoltà universitaria e sembrava anche indeciso se lavorare o no. ☐
   d. Il padre gli chiese che intenzioni avesse per quanto riguardavano gli studi, dato che non si era ancora iscritto a nessuna facoltà universitaria e sembrava anche indeciso se lavorare o no. ☐
   e. Il padre gli chiese che intenzioni avesse per quanto riguardasse gli studi, dato che non si era ancora iscritto a nessuna facoltà universitaria e sembrava anche indeciso se lavorare o no. ☐

3. a. Guardando la fotografia le dissi che quel bambino non le assomigliava affatto e che aveva gli occhi del tutto simili a suo padre, mentre per quanto riguardava il carattere nessuno era in grado di giudicare, dato che era ancora troppo piccolo. Le chiesi se era dispiaciuta per quello che avevo detto, ma mi rispose di no, dato che era d'accordo con me. □

   b. Guardando la fotografia le dissi che questo bambino non le assomigliava affatto e che aveva gli occhi del tutto simili a suo padre, mentre per quanto riguardava il carattere nessuno era in grado di giudicare, dato che era ancora troppo piccolo. Le chiesi se era dispiaciuta per quello che avevo detto, ma mi rispose di no, dato che era d'accordo con me. □

   c. Guardando la fotografia le dissi che quel bambino non le assomigliava affatto e che aveva gli occhi del tutto simili a suo padre, mentre per quanto riguarda il carattere nessuno era in grado di giudicare, dato che era ancora troppo piccolo. Le chiesi se era dispiaciuta per quello che avevo detto, ma mi rispose di no, dato che era d'accordo con me. □

   d. Guardando la fotografia le dissi che quel bambino non le assomigliava affatto e che aveva gli occhi del tutto simili a suo padre, mentre per quanto riguardava il carattere nessuno era in grado di giudicare, dato che era ancora troppo piccolo. Le chiesi se fosse dispiaciuta per quello che avessi detto, ma mi rispose di no, dato che era d'accordo con me. □

   e. Guardando la fotografia le dissi che quel bambino non le assomigliava affatto e che aveva gli occhi del tutto simili a suo padre, mentre per quanto riguardava il carattere nessuno era in grado di giudicare, dato che era ancora troppo piccolo. Le chiesi se fosse dispiaciuta per quello che avevo detto, ma mi rispose di no, dato che era d'accordo con me. □

XII
Il lessico

> *Esercizi facili* >
1-2

>> *Esercizi medi* >>
3-4-5-6-7

>>> *Esercizi difficili* >>>
8-9-11

>>>> *Esercizi molto difficili* >>>>
10-12-13

1. > *Trovare il verbo con significato contrario.* ☑ p. 269

Es. Cominciare **finire**
Comprare **vendere**

1) Amare	....	26) Vendere	....
2) Coprire	....	27) Innamorarsi	....
3) Difendere	....	28) Informare	....
4) Aumentare	....	29) Insegnare	....
5) Unire	....	30) Legare	....
6) Vestirsi	....	31) Ricordare	....
7) Comprare	....	32) Sposarsi	....
8) Allungare	....	33) Mettere	....
9) Alzarsi	....	34) Migliorare	....
10) Assumere	....	35) Ridere	....
11) Scendere	....	36) Bloccarsi	....
12) Divertirsi	....	37) Assolvere	....
13) Entrare	....	38) Pulire	....
14) Vivere	....	39) Puzzare	....
15) Accelerare	....	40) Addormentarsi	....
16) Comparire	....	41) Riempire	....
17) Avvicinarsi	....	42) Accendere	....
18) Perdere	....	43) Sperare	....
19) Domandare	....	44) Consigliare	....
20) Ingrassare	....	45) Smettere	....
21) Atterrare	....	46) Autorizzare	....
22) Ammalarsi	....	47) Arrabbiarsi	....
23) Aprire	....	48) Armare	....
24) Arrivare	....	49) Alzare	....
25) Montare	....	50) Cucire	....

2. > *Trovare l'aggettivo con significato contrario.* ☑ p. 269

Es. Bello **brutto**
Facile **difficile**

1) Spiegabile	....	26) Buono	....
2) Cortese	....	27) Forte	....
3) Civile	....	28) Pieno	....
4) Piacevole	....	29) Contento	....
5) Liscio	....	30) Potente	....
6) Amaro	....	31) Consueto	....
7) Felice	....	32) Logico	....
8) Soddisfatto	....	33) Continuo	....
9) Fortunato	....	34) Capace	....
10) Scuro	....	35) Cosciente	....
11) Attento	....	36) Attendibile	....
12) Prudente	....	37) Normale	....
13) Fedele	....	38) Vicino	....
14) Corretto	....	39) Organizzato	....
15) Occupato	....	40) Pesante	....
16) Sopportabile	....	41) Conosciuto	....
17) Costante	....	42) Espressivo	....
18) Paziente	....	43) Maturo	....
19) Soffice	....	44) Facile	....
20) Vile	....	45) Certo	....
21) Esperto	....	46) Credibile	....
22) Vantaggioso	....	47) Completo	....
23) Colpevole	....	48) Carico	....
24) Comodo	....	49) Stabile	....
25) Triste	....	50) Mobile	....

3. >> *Trovare i sinonimi dei seguenti verbi.* ☑ p. 269

Es. Cominciare → ***iniziare***

1) Sorprendere	....	8) Narrare	....
2) Rendere	....	9) Mandare	....
3) Gridare	....	10) Attendere	....
4) Ricordare	....	11) Scoppiare	....
5) Chiedere	....	12) Finire	....
6) Vietare	....	13) Smarrire	....
7) Offendere	....	14) Pretendere	....

4. >> *Trovare i sinonimi dei seguenti aggettivi.* ☑ p. 269

Es. Famoso → ***celebre***

1) Pazzo	....	8) Docile	....
2) Orgoglioso	....	9) Veloce	....
3) Chiaro	....	10) Allegro	....
4) Sconosciuto	....	11) Sporco	....
5) Tranquillo	....	12) Costoso	....
6) Sposato	....	13) Tirchio	....
7) Consueto	....	14) Gelido	....

5. >> *Trovare i sinonimi dei seguenti nomi.* ☑ p. 269

Es. Nuvola → ***nube***

1) Prigione	....	8) Testa	....
2) Seggiola	....	9) Differenza	....
3) Sbaglio	....	10) Azione	....
4) Stupido	....	11) Montagna	....
5) Sposalizio	....	12) Avvenenza	....
6) Faccia	....	13) Madre	....
7) Bugia	....	14) Collera	....

6. >> *Trovare l'aggettivo corrispondente al nome.* ☑ p. 269

Es. Legge ***legale***
Bontà ***buono***

1) Gentilezza	....	26) Irascibilità	....
2) Prudenza	....	27) Gratitudine	....
3) Vicinanza	....	28) Bellezza	....
4) Disordine	....	29) Collettività	....
5) Gelosia	....	30) Dolcezza	....
6) Nobiltà	....	31) Cortesia	....
7) Vizio	....	32) Speranza	....
8) Democrazia	....	33) Gravità	....
9) Eternità	....	34) Vastità	....
10) Onestà	....	35) Certezza	....
11) Poesia	....	36) Potenza	....
12) Ipotesi	....	37) Rarità	....
13) Passione	....	38) Ampiezza	....
14) Snellezza	....	39) Costanza	....
15) Fascino	....	40) Invidia	....
16) Ira	....	41) Civiltà	....
17) Ozio	....	42) Trionfo	....
18) Obesità	....	43) Giustizia	....
19) Distensione	....	44) Dissidio	....
20) Armonia	....	45) Veleno	....
21) Disastro	....	46) Imparzialità	....
22) Regalità	....	47) Musica	....
23) Vitalità	....	48) Universo	....
24) Docilità	....	49) Bruttezza	....
25) Violenza	....	50) Entusiasmo	....

7. >> *Trovare il nome e l'aggettivo corrispondenti al verbo.* ☑ p. 269

Es. Attrarre	.... **attrazione**	.... **attraente**
1) Scherzare	....	....
2) Divertire	....	....
3) Annoiare	....	....
4) Digerire	....	....
5) Somigliare	....	....
6) Mentire	....	....
7) Chiacchierare	....	....
8) Curiosare	....	....
9) Stancare	....	....
10) Faticare	....	....
11) Distrarre	....	....
12) Soddisfare	....	....
13) Illudere	....	....
14) Separare	....	....
15) Conoscere	....	....
16) Piacere	....	....
17) Correggere	....	....
18) Occupare	....	....
19) Sperare	....	....
20) Interessare	....	....
21) Tranquillizzare	....	....
22) Imprigionare	....	....
23) Ignorare	....	....
24) Chiarire	....	....
25) Pazientare	....	....

8. >>> *Trovare il verbo corrispondente all'aggettivo e i loro contrari.* ☑ p. 270

Es. Alto ....
alzare **basso** **abbassare**

1) Lungo ....
2) Largo ....
3) Grande ....
4) Bello ....
5) Caldo ....

6) Semplice ....
7) Uguale ....
8) Pesante ....
9) Ricco ....
10) Chiaro ....

11) Giovane ....
12) Preoccupato ....
13) Divertente ....
14) Spento ....
15) Sporco ....

16) Grasso ....
17) Scarso ....
18) Duro ....
19) Buono ....
20) Bagnato ....

21) Forte ....
22) Illuso ....
23) Ordinato ....
24) Speranzoso ....
25) Gonfio ....

9. >>> *Trovare il verbo corrispondente alla spiegazione.* ☑ p. 270

Es. Mettere in bottiglia → ***imbottigliare***

1) Fare una domanda. ....
2) Mettere in ordine. ....
3) Perdere la pazienza. ....
4) Fare uno sbaglio. ....
5) Dire grazie. ....
6) Rendere completo. ....
7) Dare la libertà. ....
8) Dire una bugia. ....
9) Fare una promessa. ....
10) Avere rispetto. ....
11) Prendere l'abitudine. ....
12) Fare una confessione. ....

10. >>>> *Trovare il verbo corrispondente alla spiegazione.* ☑ p. 270

Es. Versare lacrime per dolore → ***piangere***

1) Diventare scuri di pelle esponendosi al sole. ....
2) Dichiarare contrarietà o disapprovazione. ....
3) Conversare su argomenti poco importanti. ....
4) Parlare con titubanza, ripetendo le sillabe. ....
5) Provare rabbia per la fortuna degli altri. ....
6) Provare rimorso per ciò che si è fatto. ....
7) Sfiorare con la mano in segno d'affetto. ....
8) Ferire una persona con brutte parole. ....
9) Non accettare o non voler ricevere. ....
10) Rimettere in funzione una cosa rotta. ....
11) Riposarsi per mezzo del sonno. ....
12) Comandare di non fare qualcosa. ....

11. >>> *Trovare l'aggettivo corrispondente alla spiegazione.* ☑ p. 270

Es. Un ragazzo poco educato → ***maleducato***

1) Una persona con molta esperienza. ....
2) Un comportamento poco prudente. ....
3) Un comportamento poco civile. ....
4) Una persona piena di gratitudine. ....
5) Un bambino che non ubbidisce. ....
6) Una persona senza pazienza. ....
7) Un marito che prova gelosia. ....
8) Un discorso senza logica. ....
9) Una donna piena di fascino. ....
10) Uno studente poco attento. ....
11) Un uomo pieno di bontà. ....
12) Un'azione non legale. ....

12. >>>> *Trovare gli aggettivi corrispondenti alla spiegazione.* ☑ p. 270

Es. Che non è uguale → ***diverso***

1) Ciò che contiene degli errori. ....
2) Che spende a malincuore. ....
3) Tutto ciò che fa ridere e divertire. ....
4) Che non ascolta il parere degli altri. ....
5) Lontano nello spazio e nel tempo. ....
6) Senza luce, non illuminato. ....
7) Poco comune, poco frequente. ....
8) Facile alla rabbia e alla collera. ....
9) Senza sapore, poco saporito. ....
10) Senza principio e senza fine. ....
11) Di scarsa intelligenza. ....
12) Privo di difetti e mancanze. ....

13. >>>> *Spiegare le seguenti espressioni idiomatiche.* ☑ p. 270

*Es. Luciano **sta** sempre **con le mani in mano**.*
Luciano non fa mai niente, non lavora.

1) Gli affari di mio padre e del suo socio **vanno a gonfie vele**.

....

2) Di fronte a quella notizia **sono rimasto a bocca aperta**.

....

3) Dopo una violenta discussione, quei due **sono venuti alle mani**.

....

4) Vi dico questo perché mi **sta** molto **a cuore** il vostro futuro.

....

5) Con quei discorsi Alessandro mi **fa** proprio **cadere le braccia**.

....

6) **In un batter d'occhio** capirono che era meglio fuggire.

....

7) Mi pare che qualche volta Sergio **parli a vanvera**.

....

8) Mi ha raccontato **per filo e per segno** quello che è successo.

....

9) Il lavoro che ci avete presentato è **fatto con i piedi**.

....

10) In questo momento **ci troviamo in cattive acque**.

....

11) Sai che la sorella di Giancarlo **è in stato interessante**?

....

12) In famiglia **siamo** tutti **sulle spine** per la sorte di mio nonno.

....

Le chiavi

☑

degli esercizi e dei test

I. *Gli articoli, i nomi, gli aggettivi* 242

II. *I possessivi e i dimostrativi* 244

III. *I gradi di comparazione* 245

IV. *I verbi* 246

V. *La forma riflessiva* 256

VI. *La forma passiva e la forma impersonale* 257

VII. *Il periodo ipotetico* 260

VIII. *Le preposizioni* 261

IX. *I pronomi* 262

X. *I relativi e gli interrogativi* 265

XI. *Il discorso indiretto* 266

XII. *Il lessico* 269

I. Gli articoli, i nomi e gli aggettivi

1. > (p. 8)
1) lo, uno 2) l', un 3) l', un 4) lo, uno 5) il, un 6) l', un 7) lo, uno 8) l', un 9) il, un 10) l', un 11) l', un 12) il, un 13) il, un 14) lo, uno 15) il, un 16) l', un 17) l', un 18) il, un 19) il, un 20) il, un.

2. > (p. 8)
1) l', un' 2) la, una 3) la, una 4) la, una 5) l', un' 6) l', un' 7) la, una 8) la, una 9) la, una 10) la, una 11) la, una 12) l', un' 13) l', un' 14) la, una 15) l', un' 16) l', un' 17) la, una 18) la, una 19) la, una 20) la, una.

3. > (p. 9)
1) gli, degli 2) gli, degli 3) gli, degli 4) gli, degli 5) i, dei 6) gli, degli 7) gli, degli 8) gli, degli 9) i, dei 10) gli, degli 11) gli, degli 12) i, dei 13) i, dei 14) gli, degli 15) i, dei 16) gli, degli 17) gli, degli 18) i, dei 19) i, dei 20) i, dei.

4. > (p. 9)
1) le, delle 2) le, delle 3) le, delle 4) le, delle 5) le, delle 6) le, delle 7) le, delle 8) le, delle 9) le, delle 10) le, delle 11) le, delle 12) le, delle 13) le, delle 14) le, delle 15) le, delle 16) le, delle 17) le, delle 18) le, delle 19) le, delle 20) le, delle.

5. >> (p. 10)
1) l' 2) lo 3) gli 4) lo 5) gli 6) le 7) la 8) il 9) gli 10) gli 11) le 12) il 13) la 14) la 15) le 16) la 17) i 18) la 19) l' 20) l'.

6. >> (p. 10)
1) un' 2) un 3) un 4) un' 5) delle 6) delle 7) una 8) delle 9) uno 10) uno, una 11) dei 12) un, dei, degli 13) un 14) un 15) una 16) un 17) dell', delle 18) un' 19) degli 20) una.

7. >> (p. 11)
1) il 2) il 3) l' 4) la 5) il 6) l', una 7) i 8) un 9) degli, delle 10) i 11) le, il (la) 12) le 13) una 14) le 15) la 16) una 17) una, un 18) un' 19) la 20) una 21) un 22) un 23) il 24) dei 25) delle 26) una 27) degli 28) l', i, una 29) il, la 30) degli.

8. >> (p. 12)
1) il, un 2) lo, uno 3) la, una 4) gli, degli 5) i, dei 6) lo, uno 7) gli, degli 8) le, delle 9) l', un 10) l', un' 11) l', un' 12) le, delle 13) le, delle 14) gli, degli 15) le, delle 16) gli, degli 17) le, delle 18) il, un 19) il, un 20) le, delle 21) le, delle 22) lo, uno 23) l', un 24) la, una 25) l', un' 26) gli, degli 27) l', un' 28) gli, degli 29) lo, uno 30) le, delle.

9. >>> (p. 12)
1) le urla, gli urli 2) le dita 3) le membra, i membri 4) le migliaia 5) le virtù 6) gli dèi 7) le libertà 8) i camion 9) le novità 10) le crisi 11) gli sport 12) le braccia, i bracci 13) i re 14) le difficoltà 15) le parentesi 16) le analisi 17) le specie 18) le mani.

10. >>> (p. 13)
1) le tasche 2) i monologhi 3) le armi 4) i vaglia 5) i colleghi 6) gli ingorghi 7) i golf 8) — 9) le tribù 10) le diplomazie 11) le bellezze 12) le pianiste 13) — 14) — 15) i sosia 16) le

volontà 17) le banconote 18) le immagini 19) i violinisti 20) le parentesi 21) le capacità 22) i calici 23) le spighe 24) le ossa, gli ossi 25) i profeti 26) i portalettere 27) le labbra 28) le uova 29) i templi 30) i capigruppo 31) le chiavi 32) i brindisi 33) i testimoni 34) — 35) — 36) le gru 37) le radio 38) i muri, le mura 39) le carie 40) i capolavori 41) le camicie 42) le cassaforti 43) i capistazione 44) i campioni 45) gli psicologi 46) i sacchi 47) le oche 48) i gas.

11. >> (p. 14)
1) italiana 2) francese 3) spagnola 4) americana 5) gentile 6) celebre 7) azzurra 8) difficile 9) interessante 10) felice 11) importante 12) intelligente 13) sporca 14) greca 15) viola 16) centrale 17) lunga 18) particolare 19) giapponese 20) facile 21) stupida 22) famosa 23) svizzera 24) grande 25) urgente.

12. >> (p. 15)
1) prudenti 2) blu 3) svedesi 4) cattoliche 5) pari 6) atletici 7) ideologici 8) liberali 9) crudeli 10) barocchi 11) rosa 12) marce (marcie) 13) universali 14) entusiasti,e 15) locali 16) invidiosi 17) liriche 18) amabili 19) tipici 20) stanchi 21) marroni 22) omogenee 23) dispari 24) romantici 25) socialisti,e 26) giganteschi 27) infantili 28) caotici 29) efficienti 30) sciocchi 31) impersonali 32) utopici 33) antipatici 34) lilla 35) brillanti 36) nordici 37) geniali 38) elettrici 39) comiche 40) rosso-fuoco 41) idealisti,e 42) incantevoli 43) fedeli 44) etruschi 45) allegre 46) cariche 47) elementari 48) psicologici.

13. >>> (p. 16)
1) gli studenti inglesi 2) degli appartamenti nuovi 3) dei medici bravi 4) delle automobili veloci 5) dei quadri preziosi 6) le penne rosse 7) degli aeroporti grandi 8) i ristoranti cari 9) delle ragazze belle 10) dei fiori gialli 11) gli articoli interessanti 12) gli occhi azzurri 13) delle lingue facili 14) degli esercizi difficili 15) gli anni prossimi 16) degli insegnanti gentili 17) delle insegnanti gentili 18) delle ragazze intelligenti 19) i bicchieri pieni 20) delle cene speciali 21) delle persone educate 22) le luci accese 23) i negozi chiusi 24) i libri migliori 25) le borse pesanti.

14. >>>> (p. 17)
1) i vestiti grigi 2) le città antiche 3) delle giacche marroni 4) i tavoli lunghi 5) gli uomini vecchi 6) gli esercizi facili 7) delle amiche tedesche 8) delle università americane 9) delle zuppe inglesi 10) dei turisti giapponesi 11) dei pianisti bravi 12) degli amici simpatici 13) gli autobus pieni 14) degli spettacoli divertenti 15) dei film interessanti 16) i mobili antichi 17) delle bibite fresche 18) dei bar eleganti 19) dei pesci freschi 20) i caffè amari 21) dei problemi difficili 22) i parchi centrali 23) dei laghi artificiali 24) dei panorami stupendi 25) le opere liriche.

Test 1 > (p. 18)
1) a 2) b 3) a 4) b 5) a 6) b 7) a 8) b 9) a 10) b

Test 2 >> (p. 19)
1) b 2) c 3) a 4) c 5) c 6) c 7) a 8) b 9) b 10) a

Test 3 >>> (p. 20)
1) d 2) c 3) b 4) a 5) c 6) a 7) d 8) c

Test 4 >>>> (p. 21)
1) d 2) e 3) e 4) e 5) c 6) a 7) e 8) e 9) d 10) d 11) e 12) a

II. I possessivi e i dimostrativi

1. > (p. 24)
1) le sue risposte 2) i vostri giornali 3) il mio ospite 4) mia sorella 5) la tua parola 6) i suoi nonni 7) le vostre zie 8) il loro zio 9) i miei amici 10) le nostre madri 11) la vostra intenzione 12) il suo collega 13) le mie idee 14) il nostro incontro 15) vostro cugino 16) i tuoi gatti 17) la sua mano 18) le tue chiavi 19) i loro inviti 20) i nostri vicini 21) il tuo scherzo 22) le loro camere 23) la nostra possibilità 24) la loro lettera 25) il mio fratellino.

2. >> (p. 25)
1) il loro appartamento 2) la sua cartella 3) sua nonna 4) i loro cappotti 5) la sua camera 6) la sua classe 7) suo fratello 8) la loro automobile 9) le loro sorelle 10) la sua musica 11) la sua gentilezza 12) la loro casa 13) i vostri posti 14) il suo ufficio 15) la sua nomina 16) le sue ricette 17) i suoi racconti 18) il loro cane 19) sua moglie 20) la sua bravura 21) le sue lettere 22) i suoi quadri 23) la nostra foto 24) i suoi soldi 25) le sue opere.

3. >>> (p. 26)
1) mia 2) i loro 3) il Suo 4) tua 5) Suo 6) i vostri 7) il mio, i miei 8) mia, mio, mio, mio 9) sue, il suo 10) le Sue, il Suo 11) le tue 12) i tuoi 13) suo, la sua 14) la vostra, le vostre 15) le sue 16) i suoi 17) il tuo 18) il mio, i nostri 19) i nostri 20) tuo, suoi.

4. > (p. 27)
1) questo; questi scherzi 2) questo; questi paesi 3) questo; questi pesci 4) questa (quest'); queste arance 5) questo (quest'); questi anelli 6) questo (quest'); questi orari 7) questo (quest'); questi appartamenti 8) questo (quest'); questi assegni 9) questa; queste stanze 10) questo (quest'); questi indirizzi 11) questa; queste pesche 12) questa; queste sciarpe 13) questa; queste cartoline 14) questo; questi scioperi 15) questa; queste montagne 16) questo; questi dolci 17) questo (quest'); questi occhi 18) questa; queste banche 19) questo; questi quadri 20) questo,a (quest'); questi,e insegnanti 21) questo (quest'); questi uffici 22) questo (quest'); questi esami 23) questo; questi zii 24) questo; questi biglietti 25) questo; questi film.

5. >> (p. 28)
1) quell'; quegli autobus 2) quella; quelle ragazze 3) quel, quella; quei giornalisti, quelle giornaliste 4) quel; quei caffè 5) quell'; quegli esercizi 6) quella; quelle regioni 7) quell'; quegli uomini 8) quell'; quelle isole 9) quello; quegli sbagli 10) quella; quelle scarpe 11) quell'; quelle idee 12) quel, quella; quei pianisti, quelle pianiste 13) quell'; quegli orologi 14) quell'; quegli inviti 15) quello, quella; quegli psichiatri 16) quell'; quegli alberghi 17) quella; quelle città 18) quel; quei camion 19) quello; quegli sciatori 20) quell'; quelle automobili 21) quel; quei ristoranti 22) quello; quegli zaini 23) quello; quegli specchi 24) quello; quegli zingari 25) quello; quegli psicologi.

6. >> (p. 29)
1) quel 2) questi 3) quegli 4) questa 5) questo 6) questa 7) quello 8) quella 9) quegli, questo (quest') 10) questa 11) quelle 12) questo 13) quel 14) questa 15) questi 16) questi 17) quello (quel) 18) quei 19) quella 20) quello (quel) 21) quell' 22) questa.

7. >>> (p. 30)
1) quelle, quel 2) quegli, quel 3) questo, quello 4) questo, quello 5) questa, quella 6) questo, quello (quel) 7) questo, quello, quegli 8) queste, questa, quella 9) questo, quello 10) quello 11) quello, questa 12) questo, quello 13) quella, quei, quegli 14) questa, quello 15) quello (quel), quel 16) questo, quell', quello.

Test 1 > (p. 31)
1) b 2) b 3) a 4) a 5) b 6) b 7) b 8) b 9) b 10) a 11) b 12) b

Test 2 >> (p. 32)
1) a 2) a 3) c 4) b 5) a 6) c 7) c 8) a 9) a 10) c

Test 3 >>> (p. 33)
1) a 2) c 3) a 4) c 5) a 6) c 7) d 8) a

Test 4 >>>> (p. 34)
1) e 2) a 3) c 4) d 5) e 6) a

III. I gradi di comparazione

1. > (p. 36)
1) più...dell' 2) più (meno)...della 3) più...della 4) più...che 5) più...di 6) più (meno)...del 7) più (meno)...di 8) più (meno)...che 9) più...dell' 10) meno...che 11) più...che 12) più...di.

2. >> (p. 36)
1) più (meno)...del 2) meno...del 3) più (meno)...del 4) più...che 5) più...del 6) quanto (come) 7) più...che 8) meno...che 9) quanto (come) 10) più...che 11) più...che 12) più...del 13) quanto (come) 14) meno...di.

3. >>> (p. 37)
1) più (meno)...di 2) più...di 3) più...che 4) più...che 5) più (meno)...di 6) più...che 7) tanto...quanto 8) meno, più...che 9) più...che 10) più (meno)...di, più (meno)...dei 11) meno...di 12) quanto (come) 13) più...che 14) più...del.

4. > (p. 37)
Freschissimo; vivacissimo,a; tristissimo,a; utilissimo,a; stupidissimo; antichissimo; felicissimo,a; grandissimo,a; noiosissimo; stanchissimo; piccolissimo; stranissimo.

5. >>>> (p. 38)
1) la, più 2) innamoratissimo 3) più...di, più...di, meno...degli, quanto (come), più...che 4) le, più 5) il, più 6) simpaticissima 7) la, più 8) l', più 9) più (meno)...del 10) freddissimo 11) la migliore 12) migliore...di 13) il maggiore, il minore 14) affollatissimo 15) il, più 16) più...di 17) peggio di 18) la, più (meno).

Chiavi ☑

Test 1 > (p. 39)
1) b 2) a 3) a 4) a 5) a 6) b 7) a 8) a 9) b 10) b 11) a 12) a

Test 2 >> (p. 40)
1) a 2) b 3) c 4) a 5) b 6) a 7) c 8) a 9) b 10) b

Test 3 >>> (p. 41)
1) b 2) c 3) b 4) d 5) a 6) b 7) d 8) a

Test 4 >>>> (p. 42)
1) c 2) b 3) e 4) b 5) d 6) a

IV. I verbi

1. > (p. 44)
1) (loro) entrano 2) (tu) prendi 3) (io) apro 4) (loro) leggono 5) (tu) credi 6) (voi) cominciate 7) (voi) non ascoltate 8) (tu) parti 9) (noi) telefoniamo 10) (Loro) dormono 11) (loro) arrivano 12) (voi) parlate 13) (lui-lei) guarda 14) (loro) lavorano 15) (loro) spendono 16) (voi) non ricordate 17) (io) ricevo 18) (tu) non senti 19) (lui-lei) offre 20) (noi) conosciamo 21) (tu) discuti 22) (loro) chiudono 23) (tu) corri 24) (noi) prepariamo 25) (voi) disegnate.

2. > (p. 45)
1) (voi) spedite 2) (noi) non dimentichiamo 3) (io) preferisco 4) (tu) cerchi 5) (lui-lei) finisce 6) (io) gioco 7) (noi) mangiamo 8) (voi) capite 9) queste ditte fabbricano 10) le lezioni finiscono 11) (tu) cominci 12) (io) spiego 13) (noi) non digeriamo 14) che cosa significano queste parole 15) (io) restituisco 16) (loro) spediscono 17) (tu) traslochi 18) (lui-lei) costruisce 19) (tu) non pulisci 20) (loro) non reagiscono 21) (tu) studi 22) (noi) sciamo 23) (io) non vi obbligo 24) (io) garantisco 25) (voi) non dimagrite.

3. > (p. 46)
1) non chiudete 2) paga 3) non ascolti 4) desideri 5) non trovo 6) vendono 7) non vive 8) non uso 9) dipende 10) spendiamo 11) lavora 12) non ricordo 13) aspettiamo 14) cambia 15) non chiamate 16) non viaggia 17) non saluta 18) non parla 19) metti 20) rispettiamo 21) porta 22) crede 23) non conosciamo 24) ripete, incontra 25) non perde, alzo.

4. >> (p. 47)
1) cercano, non trovano 2) dura 3) non ubbidisce, lo chiamo 4) costa 5) non giochiamo 6) risponde, non studia 7) cambia 8) cominciano 9) sembra, non ascolta, pensa 10) proibisce 11) leggo 12) costruisce 13) non riflette 14) crescono 15) mangiano 16) non litigano 17) preferisco, non conosco 18) gradiscono 19) non riordini 20) vendo, compro 21) pensi 22) non dorme.

5. >> (p. 48)
1) (io) esco 2) (loro) non salgono 3) (voi) venite 4) (loro) non vogliono 5) (loro) sanno 6) (io) non ho 7) (voi) fate 8) (noi) dobbiamo 9) (voi) non potete 10) (voi) date 11) (io) pro-

duco 12) (noi) proponiamo 13) (noi) manteniamo 14) (voi) non traducete 15) (loro) stanno 16) (tu) non dici 17) (noi) scegliamo 18) (lui-lei) tiene 19) (voi) bevete 20) (noi) togliamo, andiamo 21) (voi) andate 22) (io) rimango 23) (lui-lei) coglie 24) (loro) riescono 25) (lui-lei) mi accoglie.

6. >> (p. 49)
1) non usciamo, fa, siamo 2) salgo 3) viene 4) non stai, devi 5) non mi piacciono, dicono 6) rimangono 7) vai 8) puoi 9) sono, voglio 10) sappiamo, ha 11) traducono 12) riescono 13) non mi dai 14) non beve 15) vanno 16) facciamo 17) tieni 18) viene, veniamo 19) dobbiamo 20) vuoi, viene 21) ha 22) non so.

7. >>> (p. 50)
1) appartiene 2) raccoglie 3) suppongo 4) non riesce 5) muoio 6) non colgo 7) conducono 8) riduce 9) trai 10) non vuole, impongono 11) scelgono 12) pone 13) compi 14) dà 15) rimangono 16) non siede 17) spengo 18) stai, stanno 19) tacciono 20) piacciono, vanno.

8. >>> (p. 51)
1) ritengo, accetto 2) non capite, parlate 3) gradisci 4) tiene, prendo, mi piace 5) raccolgono 6) mantengo, mi dispiace, non fanno 7) sostituisce, è 8) non vuoi, sei, ho 9) non condisco, preferisco 10) si trasferiscono, cercano 11) devi, non guarisci 12) muoio, vuole 13) non fai, non dice 14) dà, incontra 15) vai, parto 16) escono.

9. >>>> (p. 52)
1) vengo 2) faccio 3) abitiamo 4) capisco 5) usciamo 6) dico 7) non la conosco, non so 8) piove, non c'è 9) partiamo 10) mangiamo, beviamo 11) ho 12) restano 13) non lo so 14) non usciamo 15) non voglio, sto 16) mi aiuta 17) vengo 18) finiamo, non possiamo, dobbiamo, andiamo.

10. > (p. 53)
1) ha saputo 2) non ha finito 3) abbiamo preferito 4) avete incontrato 5) non abbiamo capito 6) non ho sentito, ho continuato 7) mi ha spedito 8) avete ricevuto 9) ha amato 10) non hanno accettato 11) ha comprato 12) hai telefonato, ho chiamato 13) abbiamo venduto, abbiamo comprato 14) non ho fumato 15) abbiamo visitato 16) ho conosciuto 17) ha preparato 18) ho lavato 19) non ho guidato 20) abbiamo parlato 21) hai ascoltato 22) non abbiamo creduto.

11. >> (p. 54)
1) è arrivato 2) è diventata 3) sono entrati,e 4) sono ritornati, sono rientrati 5) ti è capitato 6) è uscita 7) siamo riusciti,e 8) è atterrato 9) è cominciato, sono cadute 10) è tramontato 11) è costato 12) è dimagrita 13) sono usciti 14) sono partiti,e 15) non è arrivato 16) è diventato 17) sono entrati 18) sono tornato,a 19) siamo stati,e 20) è accaduto 21) non sono bastati 22) siamo andati.

12. >> (p. 55)
1) hanno fatto 2) ho dormito 3) abbiamo passato 4) ho visto (veduto) 5) non hai risposto 6) hai detto 7) ha letto 8) avete aperto 9) hanno deciso 10) hai scritto 11) ha parlato 12) hai offerto 13) ha raccontato, ha riso 14) ho chiesto 15) hai riflettuto 16) abbiamo corso

17) ha ucciso 18) ha preso 19) avete trascorso 20) ha lavorato 21) hanno agito 22) hanno discusso 23) abbiamo giocato 24) ha vinto 25) ha bussato.

13. >>> (p. 56)
1) non mi è piaciuto 2) sono nato,a 3) è diventato 4) è scivolata, è caduta 5) è apparso 6) non è successo 7) siamo tornati,e; siamo restati,e 8) siete rimasti,e 9) sei ingrassata 10) è crollato 11) è stata 12) sei stata 13) non sono riuscito,a 14) non è fuggito 15) è cresciuta 16) non è dipesa 17) è venuto 18) sono bastati 19) è scoppiata 20) è arrossita 21) è intervenuto 22) siamo usciti.

14. >>>> (p.57)
1) ho corso 2) sono corso,a 3) ha aumentato 4) è aumentato 5) ha bruciato 6) è bruciato 7) hai finito 8) è finita 9) è saltato 10) ha saltato 11) hai cominciato 12) è cominciata 13) è scesa 14) abbiamo sceso 15) siamo passati,e 16) ho passato 17) è salito 18) ho salito 19) ha guarito 20) sono guariti 21) sono cambiati 22) abbiamo cambiato.

15. >>> (p. 58)
1) hanno dovuto 2) non siamo potuti,e 3) non ha saputo 4) siamo dovuti,e 5) ha dovuto 6) non è voluta 7) non ha voluto 8) non hanno potuto 9) non ho potuto 10) non ha voluto 11) non siamo potuti,e 12) non sono volute 13) non ho potuto 14) è dovuto 15) non hanno voluto 16) non hanno potuto 17) ho dovuto 18) è voluto.

16. >>>> (p. 59)
1) hanno trascorso 2) ho visto, sono morto,a 3) è scomparso 4) è successo 5) ho speso 6) abbiamo perso 7) ha aperto 8) non hai spento 9) mi ha offerto 10) hai chiuso 11) è apparso 12) è rimasto, non ha perso, l'hanno offeso 13) hanno discusso 14) hai detto 15) è successa 16) è sceso 17) hai scelto 18) ha tradotto 19) abbiamo corso 20) è (ha) vissuto, ha fatto.

17. > (p. 60)
1) (noi) andavamo 2) (loro) mangiavano 3) (voi) pretendevate 4) (io) giocavo 5) (loro) si alzavano 6) (lui-lei) ascoltava 7) (loro) prendevano 8) (tu) non venivi 9) (noi) stavamo 10) (voi) non volevate 11) (io) cambiavo 12) (loro) preparavano 13) (loro) davano 14) (voi) non dovevate 15) (io) non sapevo 16) (loro) non lasciavano 17) (noi) leggevamo 18) (voi) credevate 19) (noi) fumavamo 20) (loro) non potevano 21) (io) passeggiavo 22) (noi) dormivamo 23) (io) aspettavo 24) (loro) non riuscivano 25) (noi) scrivevamo.

18. > (p. 61)
1) (noi) sbagliavamo 2) (io) ero 3) (voi) abitavate 4) (voi) facevate 5) (lui-lei) produceva 6) (noi) bevevamo 7) (loro) attraevano 8) (io) dicevo 9) (voi) parlavate 10) (io) passeggiavo 11) (lui-lei) si opponeva 12) (voi) stavate 13) (loro) suonavano 14) (loro) traducevano 15) (noi) lavoravamo 16) (voi) non proponevate 17) (loro) non sopportavano 18) (noi) davamo 19) (io) studiavo 20) (noi) avevamo.

19. >> (p. 62)
1) praticava 2) non potevamo 3) ci dimenticavamo 4) volevi 5) giocava, perdeva 6) non stavo 7) voleva 8) non sapeva 9) non mangiavi 10) lavoravamo 11) uscivamo 12) avevamo 13) leggevo 14) succedevano 15) non avevo 16) entrava 17) parlavo, ascoltava

18) abitavo 19) voleva 20) passavate 21) aspettavate 22) non sapeva 23) diventava 24) volava 25) andavo.

20. >>> (p. 63)
1) era, non rispondeva, chiedeva, diventava 2) faceva, era, portava, fumava 3) dicevano, andavate 4) viaggiavamo 5) traduceva 6) erano, attraevano 7) produceva 8) vivevo, facevo 9) eri, dicevi, volevi 10) tornavamo, era, faceva 11) studiavo, non conoscevo, avevo 12) discutevano.

21. >>> (p. 64)
1) ero, non erano 2) guidavo, ho visto (veduto), passeggiava 3) abbiamo visto (veduto), è stato 4) non sapevano, hanno deciso 5) abbiamo saputo, eravamo 6) non ha detto, era 7) non sei venuto,a; non stavi, ho avuto 8) ho visto (veduto), era, aveva, portava 9) tornava, era, andava 10) non siamo riusciti, volevamo, siamo stati 11) era, hai salutato 12) non ho salutato.

22. >>> (p. 65)
1) passeggiavo, ho incontrato 2) siamo andati 3) ho visto 4) ero, mi portavano 5) sei uscito, ho visto 6) era, ha telefonato 7) era, ha chiamato 8) ha suonato, non hai sentito 9) era, aveva, portava 10) ho fatto, era, ho pensato 11) ho incontrato, era 12) siete stati,e

23. >>> (p. 66)
1) aveva, piaceva, si faceva 2) ho visitato 3) ha spiegato, non ho capito 4) era 5) ero, non ho fatto, ho visto 6) ho smesso, fumavo 7) era, faceva 8) sei uscito,a; sono passato,a; sono andato,a; ho comprato 9) siamo rimasti,e 10) hai tagliato, ero, stavi.

24. > (p. 67)
1) (noi) torneremo 2) (tu) risponderai 3) (lui-lei) non crederà 4) (loro) partiranno 5) (io) pagherò 6) (voi) guarderete 7) (noi) finiremo 8) (tu) ascolterai 9) (io) viaggerò 10) (lui-lei) comincerà 11) (voi) uscirete 12) (loro) non dimenticheranno 13) (tu) offrirai 14) (noi) leggeremo 15) (voi) parlerete 16) (io) metterò 17) (loro) visiteranno 18) (io) aiuterò 19) (lui-lei) domanderà 20) (noi) dormiremo 21) (io) ritornerò 22) (noi) cambieremo 23) (voi) capirete 24) (voi) prenoterete 25) (noi) troveremo.

25. >> (p. 68)
1) (noi) daremo 2) (tu) starai 3) (noi) berremo 4) (io) non potrò 5) (lui-lei) vivrà 6) (io) andrò 7) (io) farò 8) (lui-lei) ci darà 9) (voi) dovrete 10) (io) rimarrò 11) (io) avrò 12) (voi) farete 13) (io) berrò 14) (io) andrò 15) (io) sarò 16) (tu) verrai 17) (io) non ti darò 18) (noi) avremo 19) (noi) potremo 20) (voi) vorrete 21) (tu) starai, (tu) non cadrai 22) (voi) avrete 23) (io) tradurrò 24) (tu) sarai 25) (io) ridurrò.

26. >> (p. 69)
1) partiranno, saranno 2) faremo, cucineremo, mangeremo, canteremo 3) comincerete 4) finiremo, usciremo 5) sentiremo, non ti dimenticheremo 6) potrai, vorrai 7) sarete 8) dovranno 9) andrete 10) vedrai 11) rimarrò, studierò 12) starà, verrà, staremo 13) dovrò 14) vorrai, sarà 15) cercherò 16) non vivranno 17) pagheremo 18) scriverò, protesterò.

27. >>> (p. 70)
1) rimarrà, dovrà 2) cercheremo, non verrà 3) farà, ceneremo 4) conoscerai, potrai 5) ascolterai, ti piacerà 6) andremo 7) sarai, dormirai 8) porterà 9) verrà 10) bisognerà, sa-

ranno 11) partiremo, verrete 12) starai 13) gli telefonerò, gli chiederò, arriveranno, resteranno 14) trarremo, ne pagherete 15) continuerai, ti ammalerai, starai.

28. >>> (p. 71)
1) avrò finito, ti aiuterò 2) avrà smesso, potremo 3) sentirò, sarai partito,a 4) mi presterai, avrai finito 5) saranno, gli avrete detto 6) non sarà, non avrà ricevuto 7) saremo arrivati,e; ti spiegherò, dovremo 8) avrò venduto, mi comprerò 9) avrò assaggiato, potrò 10) saranno, avranno parlato 11) lascerà, avrà detto 12) avrò finito, avrò terminato, avrò aggiustato, potremo 13) telefonerete, sarete arrivati,e 14) avrò fatto, andremo 15) sarà, avrai smesso.

29. > (p. 72)
1) (voi) riusciste 2) (io) partii 3) (loro) comprarono 4) (lui-lei) non credé (credette) 5) (tu) dormisti 6) (loro) cantarono 7) (noi) non capimmo 8) (voi) parlaste 9) (io) abitai 10) (noi) dovemmo 11) (io) vendei (vendetti) 12) (loro) studiarono 13) (noi) ci sedemmo, mangiammo 14) (lui-lei) andò 15) (loro) telefonarono 16) (voi) partiste 17) (lui-lei) costruì 18) (loro) ripeterono (ripetettero) 19) (io) uscii 20) (lui-lei) salì 21) (loro) guidarono 22) (noi) cominciammo 23) (lui-lei) ci chiamò, ci salutò 24) (io) non trovai 25) (lui-lei) non poté (potette).

30. >> (p. 73)
1) (noi) non avemmo 2) (voi) foste 3) (lui-lei) spese 4) (io) corsi 5) (loro) scrissero 6) (tu) non venisti 7) (noi) bevemmo 8) (io) rimasi 9) (noi) stemmo 10) (voi) conosceste 11) (loro) vissero 12) (loro) persero 13) (io) seppi 14) (noi) chiudemmo 15) (loro) non risposero 16) (noi) decidemmo 17) (lui-lei) chiese 18) (tu) non facesti 19) (loro) scesero 20) (noi) leggemmo 21) (loro) non videro 22) (lui-lei) prese 23) (loro) furono 24) (lui-lei) risolse 25) (loro) piansero.

31. >> (p. 74)
1) scoprì 2) capii 3) cominciò, dovemmo 4) mi regalò 5) usciste 6) aspettammo 7) sentii, mi alzai 8) riusciste, dovemmo 9) abitarono, lavorarono 10) partì, arrivai 11) salutarono, salirono 12) passeggiammo, guardammo 13) suonò, cantò 14) non poté (potette) 15) invitarono 16) frequentò 17) rifiutò, preferì 18) domandammo.

32. >>> (p. 75)
1) spensero 2) nacque 3) disse 4) ruppe, corse 5) facemmo 6) pianse 7) successe, ebbe 8) piovve 9) scese, cadde 10) scelsero 11) non rispose 12) fece 13) fui, conobbi 14) rimasero, lessero 15) ci piacque, lo rivedemmo 16) non vollero, decisero 17) venne, rimase 18) si offese, stette, fece.

33. >>>> (p. 76)
1) conobbi, cominciammo 2) vennero, decisero 3) discussero, fece, andò 4) pagammo, pagò 5) seppi, non ebbi 6) riconobbe, ammise 7) non chiese, risolse 8) cadde 9) telefonammo, fissammo, passammo 10) perse, dové (dovette) 11) fu, ebbi, passammo 12) chiuse, li riaprì, vide.

34. >>>> (p. 77)
1) avvenne 2) ho visto (veduto) 3) ho fatto, non mi sono comportato 4) pubblicò 5) sono avvenute 6) sei stato,a; sono andato,a; ho preso, ho nuotato 7) vinse 8) dové (dovette)

9) siete andati,e; vi è piaciuta 10) ho preso, sono rimasto,a; ho letto, mi sono riposato,a 11) inondò 12) iniziarono, proseguirono.

35. >> (p. 78)

1) era successo 2) avevo chiuso 3) era partito 4) le avevo dato 5) avevo sentito 6) aveva ucciso 7) aveva promesso 8) avevo finito 9) eri andato,a 10) aveva corso, aveva giocato 11) mi avevi consigliato, non ero stato,a 12) non avevo visto (veduto) 13) avevo suonato, avevo bussato 14) era ingrassata 15) non mi era successo 16) ti avevo prestato 17) non avevo ricevuto, avevamo visto (veduto) 18) aveva riconosciuto.

36. >>> (p. 79)

1) ho incontrato, avevo conosciuto 2) non hanno detto, avevano deciso 3) ha arrestato, era evaso 4) non hai pulito, avevi promesso 5) ha deciso, l'avevano ospitata 6) ho avuto (avevo), avevo bevuto, non avevo mangiato 7) ci ha mostrato, aveva fatto, non avevo visto mai 8) non ha preso, gli aveva dato, non è guarito 9) non ha capito, gli avevo detto 10) doveva (ha dovuto), aveva capito (capiva) 11) abbiamo saputo, gli era successo, siamo andati,e 12) è andato, non ho saputo, non avevo studiato.

37. >>>> (p. 80)

1) si era alzato 2) aveva messo 3) ebbe finito 4) era accaduto 5) era andato 6) ci fummo resi,e conto; era successo 7) si era rifiutato, gli aveva dato 8) non aveva mantenuto, non aveva rispettato 9) l'ebbe vista 10) era arrivata, aveva perso, aveva dovuto 11) ebbero visto, avevano lasciato 12) non ti avevo riconosciuto 13) ebbe smesso 14) avevamo fissato, se n'era dimenticato.

38. > (p. 81)

1) (voi) prestereste 2) (noi) inviteremmo 3) (lui-lei) passerebbe 4) (voi) comincereste 5) (voi) preparereste 6) (noi) parteciperemmo 7) (loro) ci aiuterebbero 8) (tu) gradiresti 9) (voi) leggereste 10) (loro) non venderebbero 11) (noi) prenderemmo 12) (tu) ci offriresti 13) (lui-lei) partirebbe 14) (io) mangerei 15) (voi) pensereste 16) (loro) non ci crederebbero 17) (noi) non parleremmo 18) (loro) ti risponderebbero 19) (tu) ti divertiresti 20) (io) le regalerei 21) (voi) paghereste 22) (noi) aspetteremmo 23) (io) cercherei 24) (noi) cambieremmo 25) (lui-lei) tornerebbe.

39. >> (p. 82)

1) (loro) verrebbero 2) (tu) staresti 3) (io) dovrei 4) (noi) rimarremmo 5) (Signori), mi darebbero 6) (voi) potreste 7) (lui) non si moverebbe 8) (loro) non farebbero 9) (voi) terreste 10) (tu) vivresti 11) (Signore), potrebbero 12) (noi) saremmo 13) (tu) sapresti 14) (noi) verremmo 15) (voi) sareste 16) (tu) avresti 17) (loro) tradurrebbero 18) (voi) avreste 19) (noi) non gli daremmo 20) (voi) vorreste 21) (noi) berremmo 22) (loro) potrebbero 23) (tu) manterresti 24) (loro) non vorrebbero 25) (voi) sapreste.

40. >> (p. 83)

1) metteresti 2) ti piacerebbe 3) saprebbe 4) berrei 5) mangereste 6) saremmo 7) verresti 8) sarebbe 9) prenderemmo 10) viaggerebbe 11) desidererei 12) avrei 13) potreste 14) passeremmo 15) ascolterei 16) gradirebbe 17) verrebbero 18) dormirei 19) potrebbe 20) vorrei 21) non avrei 22) mi dispiacerebbe.

41. >>> (p. 84)
1) accetterebbero, non saprei 2) farei 3) diresti, gliene darei, sarebbe 4) faresti, potresti 5) mi accompagnereste, non arriverei 6) non sarei, potresti 7) dovresti, farebbero 8) preferirei, potremmo 9) vorrei, sarebbe 10) comprerei, farei 11) ti sentiresti, non avresti 12) rimarrei.

42. >>> (p. 85)
1) non potremmo 2) non avreste dovuto 3) ti avrei comprato 4) preferirei 5) leggerebbero 6) ti avrebbe fatto 7) sarebbe, ci penserei 8) bisognerebbe 9) ti saresti comportato,a 10) saresti tornato,a; non mi avresti deluso 11) sarebbe 12) ti piacerebbe 13) dovresti 14) avrei voluto 15) ti saresti ricordato.

43. >>>> (p. 86)
1) non avrei pensato, sarebbero stati, dovrebbero 2) vorrei, avrei voluto 3) non avrei pensato, avremmo trascorso 4) dovresti, non darei 5) non sarebbe 6) sarebbero riusciti,e 7) non saremmo passati,e; non ti avremmo disturbato 8) dovresti 9) ti avrei aiutato 10) sarebbe, avresti dovuto, avrebbe capito.

44. > (p. 87)
1) (voi) non studiate 2) (tu) prenda 3) (io) chieda 4) (tu) accenda 5) (lui-lei) porti 6) (voi) la conosciate 7) (loro) trovino 8) (tu) sbagli 9) (loro) la vedano 10) (lui-lei) arrivi 11) le telefoniate (voi) 12) (noi) ci mettiamo 13) (lui-lei) abiti 14) (loro) restino 15) (noi) lo dimentichiamo 16) (loro) si sposino 17) vinca (tu) 18) (noi) finiamo 19) (loro) preferiscano 20) paghiamo (noi) 21) (tu) parta 22) (loro) non scrivano 23) (voi) non arriviate 24) (tu) capisca 25) (loro) ballino.

45. >> (p. 88)
1) (voi) siate 2) (lui-lei) dica 3) (loro) abbiano 4) voi scegliate 5) (noi) facciamo 6) (tu) tolga 7) (io) debba 8) (noi) ce ne andiamo 9) (lui-lei) voglia 10) (io) venga 11) (tu) rimanga 12) (voi) sappiate 13) (lui-lei) possa 14) (loro) non escano 15) (tu) beva 16) (io) salga 17) (voi) gli diate 18) (voi) cogliate 19) (voi) riduciate 20) (tu) ci riesca 21) (loro) traducano 22) (voi) teniate 23) (voi) spegniate 24) (loro) stiano 25) (loro) si siedano.

46. >> (p. 89)
1) spediamo 2) non mangi 3) partiamo 4) arrivi 5) vi troviate 6) non ne parli 7) smetta 8) veda 9) corra 10) ci ricordiamo, chiudano 11) ritorni 12) costi 13) non leggano 14) piova 15) vi arrabbiate 16) capisca 17) non si senta 18) mi metta 19) ritorni 20) sogni 21) duri 22) non senta.

47. >>> (p. 90)
1) si sieda 2) non valga 3) sia 4) dica 5) non ne abbia 6) beva 7) traduca 8) sappia 9) non voglia 10) mi dia 11) non facciate 12) debba 13) non escano 14) veniate, siate 15) rimangano 16) scelga 17) cogliate 18) esca, ti tolga 19) imponga 20) stia.

48. >>> (p. 91)
1) non siano arrivati,e; si siano persi,e 2) non abbia 3) sia, dorma 4) abbia premiato 5) non abbia (non abbia avuto) 6) siamo stati,e 7) sia ingrassato 8) non abbia 9) sia rimasta 10) Le piaccia, abbia provato 11) abbiano deciso 12) abbia ricevuto 13) vadano 14) vada 15) sia successo 16) abbia potuto.

49. >>> (p. 92)
1) non scriva, abbia perso 2) siano rimasti, ci perdonino 3) vi siate comportati,e 4) vada, ti nasconda 5) abbia studiato 6) abbiamo preso, non stiano 7) abbia sopravvalutato 8) ti abbia detto, continui 9) facciate (abbiate fatto) 10) ti sia dimenticato,a 11) non siano arrivati,e 12) sia 13) diciate 14) abbia conosciuto.

50. > (p. 93)
1) (voi) partiste 2) parlassi (tu) 3) (noi) finissimo 4) (loro) mentissero 5) (voi) ripeteste 6) venissero (loro) 7) (io) restassi 8) (voi) dipingeste 9) (tu) lasciassi 10) (loro) non capissero 11) (tu) aspettassi 12) (lui-lei) andasse 13) (voi) telefonaste 14) (loro) sapessero 15) (voi) apriste 16) (tu) tornassi 17) (io) lavorassi 18) (lui-lei) restasse 19) (loro) avessero 20) (loro) non scrivessero 21) (voi) puliste 22) (loro) salutassero 23) (lui-lei) si separasse 24) (loro) abitassero 25) (voi) aspettaste.

51. >> (p. 94)
1) (voi) diceste 2) (tu) ascoltassi 3) (noi) fossimo 4) (loro) cantassero 5) (voi) non steste 6) (voi) traduceste 7) (lui-lei) ci vedesse 8) (noi) fossimo 9) (io) facessi 10) (voi) andaste 11) (voi) faceste 12) (voi) beveste 13) (loro) stessero 14) (noi) dicessimo 15) (voi) mi credeste 16) (loro) stessero 17) (noi) gli dessimo 18) (voi) cucinaste 19) (tu) facessi 20) (lui-lei) non scrivesse.

52. >>> (p. 95)
1) la smettessi 2) me lo dicessi 3) aprissimo 4) conducessero 5) avesse 6) fosse 7) interpretassi 8) si risolvesse 9) deste, lo lasciaste 10) non sapessero 11) desse 12) preferisse 13) animasse 14) fosse, mi parlasse 15) ci proponessero 16) fossi 17) trattassero 18) foste, diceste.

53. >>> (p. 96)
1) avesse concluso 2) mi avessero sconsigliato 3) scendessi, prendessi 4) vi fosse successo 5) mi deste 6) chiudessero 7) avesse superato 8) servissero (fossero serviti), cambiasse 9) si fossero ricordati, mi avessero telefonato 10) avessi pagato 11) migliorasse, potessimo 12) ti comportassi 13) l'avessi pregato 14) mi capissi 15) avesse detto.

54. >>> (p. 97)
1) non avessero capito, fossero 2) non avessero assistito 3) non gli avesse offerto 4) non l'avessi capita 5) fossi stata, mi avessi detto 6) ci aveste avvertiti 7) pensassi 8) ci fossimo stati 9) restassi, gli facessi 10) fosse, venisse 11) fosse impazzito 12) dimostrassi, facessi 13) circolassero 14) fosse partita.

55. >> (p. 98)
1) aspetta, va'/non aspettare, non andare 2) mi telefoni/non mi telefoni 3) salutiamolo/non salutiamolo 4) pensa, sii/non pensare, non essere 5) facciamogli/ non facciamogli 6) stia, dica/non stia, non dica 7) bevano/non bevano 8) fallo/non farlo 9) tenga/non tenga 10) creda/non creda.

56. >> (p. 99)
1) ricordati/non ricordarti 2) ascoltino/non ascoltino 3) telefona, diglielo/non telefonare, non dirglielo 4) cambiamo/ non cambiamo 5) abbiate/non abbiate 6) parlane/non parlar-

ne 7) aspettatemi/non aspettatemi 8) entrino, vadano/non entrino, non vadano 9) comportatevi/non comportatevi 10) vattene/non andartene.

57. >> (p. 100)
1) non dimenticate 2) non andate 3) non vergognarti 4) non fermiamoci 5) non gli faccia 6) non passare 7) non restituirglielo 8) non me lo spediscano 9) non crederle, non avere 10) non andarci, non restarci.

58. >> (p. 100)
1) speditemelo/non speditemelo 2) chiediglielo/non chiederglielo 3) diccelo/non dircelo 4) restituiamoglielo/non restituiamoglielo 5) sii/non essere 6) se ne vada/non se ne vada 7) abbi/non avere 8) sappiate/non sappiate 9) fammelo/non farmelo 10) diamogliela/non diamogliela.

59. >> (p. 101)
1) prenda 2) segui 3) sii, sta' 4) guardino 5) dimentica 6) parli 7) pulite 8) non dire 9) fate 10) telefona 11) scusa 12) scusi 13) lascia 14) abbiate 15) non venire.

60. >>> (p. 101)
1) dammi 2) sappiate 3) ci perdoni 4) non arrabbiarti 5) fammelo 6) lavatevi 7) non sia 8) stammi 9) fatti 10) dimmelo.

61. >>>> (p. 102)
1) mi mostri, me li mostri 2) non arrabbiatevi, non prendetevela 3) fatemi 4) andiamocene 5) porta, fallo, sta' 6) raccontaci, facci 7) non abbiate, siate 8) guardati 9) non dare, lascialo 10) mi diano 11) cerca, pensaci, dimmi 12) stia, non si preoccupi 13) ricordati, non alzarti 14) aspetta, fermati 15) smettetela, sta'.

62. >> (p. 103)
1) viaggiando 2) guardando 3) essendo nato,a; essendo cresciuto,a 4) non avendo studiato 5) essendo 6) osservandola 7) avendo studiato 8) avendolo incontrato 9) cadendo 10) non essendo potuta 11) sbagliando 12) facendo 13) essendo arrivato,a 14) essendo rimasto,a 15) avendo ricevuto 16) non avendo (essendo) piovuto 17) chiudendo 18) facendo.

63. >> (p. 104)
1) passare, fare 2) incontrare 3) comportarsi (essersi comportati), fare 4) avere scritto 5) non avere detto 6) ascoltarlo, aprire 7) mangiare 8) pensarci 9) avere visto, raccontarti 10) non avere preso, essere restati,e; aspettare, muoversi 11) avere tentato, aggredire 12) dirmi 13) essere stata, iscriversi, studiare 14) stare 15) aspettarmi.

64. >>> (p. 105)
1) avere cercato, avere abagliato 2) tuffarvi, stare, tenere 3) detto 4) avere messo, avere aiutato, pulire 5) studiare, farlo 6) cominciare, studiare 7) essermi accorto,a 8) avere perso, pernottare 9) perso, passare 10) ripetere 11) partiti, riordinare 12) arrivati, dirgli, venirci.

65. >> (p. 106)
1) erano arrivati 2) avevo lasciato 3) erano stati,e 4) si viveva 5) l'ho fatto 6) l'ho preparato 7) avevano deciso 8) le è successo 9) le era successo 10) avrò terminato 11) erano finiti 12) erano andate 13) non era, si trovava 14) avevo visto 15) hai fatto, era.

66. >> (p. 107)
1) non è 2) era 3) puoi, vuoi 4) ci incontravamo, cantavamo, giocavamo 5) era, non parlava 6) portavo, copriva 7) c'erano 8) non pensa, guadagna, non gli piace 9) sono 10) ti fa 11) era 12) non è, dobbiamo 13) ti verrà 14) non arriva 15) può.

67. >> (p. 108)
1) saremmo diventati 2) smetterà, non lo farà 3) pioverà 4) sarebbe diventato 5) sarebbe tornato 6) reagiranno, sapranno 7) avresti superato, avresti risolto 8) non la smetterà 9) l'avrei trovato, mi avrebbe fatto 10) avrebbero dichiarato, l'avrebbero condannato 11) l'avrebbe amata 12) sarebbe scoppiato 13) avrai 14) avremmo fatto 15) avrebbero divorziato.

68. >>> (p. 109)
1) avevi 2) avreste fatto (avevate fatto), sarebbe andato (era andato) 3) non ha preso, non si potrà 4) avevamo fatto 5) non sono, è (sarebbe) 6) avrebbero fatto (facevano) 7) abbiamo visto, mi è piaciuto, non ho capito 8) portava (avrebbe portato), ci aveva detto, avremmo risparmiato 9) arriverà, incontrerà 10) è (era).

69. >> (p. 110)
1) l'avesse visto 2) abbia gradito 3) avesse frainteso, si fosse offeso 4) avessi deciso, fossi venuto,a 5) abbiano capito 6) abbia fatto 7) abbiano finito 8) si fossero sposati, avessero deciso 9) avessero tentato 10) me l'avessi detto 11) l'avessero trattato, non gli avessero chiesto 12) avessi capito 13) abbia litigato, sia uscito 14) non sapesse (non abbia saputo) 15) non ti sia reso,a conto.

70. >> (p. 111)
1) aggiunga 2) partiate, sia, aspettiate 3) non ci fosse 4) avesse 5) pensi 6) possano 7) si comportino 8) li ospitassimo 9) fosse, volessero 10) dicesse, rifiutasse 11) sia 12) fossi 13) fosse, condividesse 14) riservi 15) risponda.

71. >> (p. 112)
1) paghi 2) non dimentichi 3) ci rivedessimo 4) arrivi 5) venisse 6) inviti 7) lo disturbasse 8) mi cercasse (mi avrebbe cercato) 9) faccia, li sorprenda 10) arrivasse (sarebbe arrivata) 11) partissero (sarebbero partiti,e) 12) mettessi (avresti messo), ti decidessi (ti saresti deciso,a) 13) servissero (sarebbero serviti) 14) dicessi (avresti detto) 15) piova.

72. >>> (p.113)
1) fosse (sarebbe stato) 2) stessi, fosse 3) avessi compreso 4) mi ascoltassi, la smettessi 5) sia 6) abbia 7) cominciassero 8) non avesse capito 9) studiassi, studi, lasciassero 10) vada, sappia.

73. >>>> (p. 114)
1) accettino (abbiano accettato) 2) sarebbe ritornato, avrebbe chiesto 3) avessero lavorato 4) vi siete abituati,e 5) sarebbe venuta 6) non funzioni 7) non era 8) andasse 9) non si trovi 10) hai 11) si sarebbe laureata, non ha finito 12) sarebbe stata (fosse) 13) si è seduta, non ci vedeva 14) te ne andassi (te ne saresti andato,a), restassi (saresti restato,a) 15) ha fatto, di poterLe.

74. >>>> (p. 115)
1) era successo 2) avevano (avrebbero avuto) 3) non ti creda (non ti abbia creduto) 4) non ti crede (non ti ha creduto) 5) mi raccontaste 6) ebbi smesso 7) non mi aveva dato

8) non sia, non è successo 9) non voleva, era 10) ci incontrassimo, chiarissimo, parta 11) avevo comprato, mi sono accorta, era 12) capisca 13) me ne andassi 14) sapessi 15) mi aveva lasciato.

75. >>>> (p. 116)
1) sarebbe stato pagato, non avrebbe mantenuto 2) fossero 3) non restassero (non fossero restati) 4) pensai, non si trovava 5) vorrei, sia 6) gli piacerebbe 7) è, riesce 8) volessero 9) ci sarai riuscito,a; starai 10) preferisce (preferirebbe), ha avuto, ha detto, sarebbe.

76. >>>> (p. 117)
1) stai, non giustifica 2) possa, ne abbia 3) mi ero laureato,a 4) cominciassi, ritorni 5) siamo rimaste, non immaginavamo, avrebbe scoperto, si nascondeva (si era nascosto) 6) stia, non sono 7) sia diventato 8) si siano insospettiti, hanno visto (si insospettiscano, vedranno) 9) non ne fossi 10) ascoltasse, non lo fa.

Test 1 > (p. 118)
1) b 2) a 3) b 4) a 5) a 6) b 7) b 8) b 9) a 10) b 11) a 12) b

Test 2 > (p. 119)
1) a 2) b 3) b 4) a 5) a 6) b 7) a 8) a 9) b 10 a 11) a 12) a 13) a 14) a

Test 3 >> (p. 120)
1) b 2) a 3) b 4) b 5) c 6) b 7) a 8) a 9) c 10) b

Test 4 >>> (p. 121)
1) a 2) a 3) b 4) a 5) b 6) b 7) a 8) a 9) b 10) a 11) b 12) b 13) b 14) b

Test 5 >>> (p. 122)
1) a 2) b 3) c 4) a 5) c 6) c 7) b 8) b 9) c 10) a 11) b 12) a 13) b 14) c

Test 6 >>>> (p. 124)
1) c 2) a 3) d 4) c 5) f 6) a 7) d 8) e 9) d 10) c 11) f 12) d 13) a 14) e 15) a

V. La forma riflessiva

1. > (p. 128)
1) si lamenta 2) non ci ricordavamo 3) vi pentirete 4) non ti accorgi 5) possiamo sederci, dobbiamo accomodarci 6) mi rifiuto 7) si sposerà 8) non vi vergognate, vi comportate 9) si arrabbiano, si rovinano 10) ci mettiamo, non ci vestiamo.

2. >> (p. 129)
1) si fida 2) ci troveremo (ci troviamo) 3) mi asciugo 4) si pettinavano 5) non ti metti 6) ci incontriamo, ci baciamo, ci abbracciamo 7) mi alzerò (mi alzo) 8) non si sentivano 9) ti sederai, ti riposerai, ti sentirai (ti siedi, ti riposi, ti senti) 10) non mi ricordo.

3. >> (p. 129)
1) alzati 2) toglietevi 3) si metta 4) non dimenticatevi 5) non sederti 6) calmati 7) si calmi 8) lavatevi 9) fermiamoci 10) non si permetta.

4. >>> (p. 130)
1) mi sono rallegrato,a 2) ti sei guardato 3) ci siamo trovati 4) si era addormentato 5) si sarà tagliato 6) ci eravamo stancati 7) si è ricordata 8) si è rotto 9) ci fummo incontrati 10) non ci eravamo incontrati 11) non ti sei accorta 12) vi siete visti,e 13) si saranno sbagliati,e 14) mi sono reso,a conto; mi ero dimenticato,a 15) non si sono lamentati 16) ti sei rifiutato 17) ci eravamo incontrati,e 18) si sono preoccupati.

5. >> (p. 131)
1) non ti senta, non ti diverta 2) si arrabbi 3) ti esprimessi 4) si sedesse 5) non vi fidaste 6) si facciano 7) vi mettiate 8) vi preoccupaste 9) non se la sentisse 10) ti metta.

6. >> (p. 131)
1) ti sentiresti 2) mi riposerei 3) non me la prenderei 4) se la caverebbe 5) si preoccuperebbero 6) si troverebbe 7) si sposerebbe 8) si rivedrebbero 9) non si lascerebbero 10) me ne andrei.

7. >>> (p. 132)
1) non si sia fatta 2) vi siate divertiti,e 3) non si siano decisi 4) non si sia adattato 5) si sia arrampicato 6) si fossero messi,e 7) fossi stato 8) si sia preparata 9) si sia sposata 10) si fossero detti,e 11) non si sia presentato 12) si sia innamorata 13) si siano lasciati,e 14) si siano arrabbiati,e 15) ti sia fidato,a; non te ne sia accorto,a 16) si siano addormentati 17) si siano riconosciuti 18) si sia calmato.

8. >>> (p. 133)
1) non mi sarei aspettato,a; si sarebbe comprato 2) mi sarei ammalata 3) mi sarei tagliato,a 4) si sarebbe sposata 5) se ne sarebbe tornato 6) si sarebbero innamorati 7) non ti saresti dimenticato,a; ci saremmo rivisti,e 8) si sarebbero interessati,e 9) si sarebbe messo 10) ci saremmo persi 11) si sarebbero arrangiati 12) si sarebbe rilassato, si sarebbe divertito 13) si sarebbe riunito 14) se ne sarebbe andata 15) ti saresti presentato,a 16) si sarebbero frequentati 17) mi sarei licenziato,a 18) si sarebbero amati.

Test 1 > (p. 134)
1) a 2) b 3) a 4) b 5) b 6) a 7) b 8) b 9) a 10) b 11) b 12) a

Test 2 >> (p. 135)
1) b 2) a 3) c 4) c 5) b 6) a 7) c 8) c 9) a 10) b

Test 3 >>> (p. 136)
1) c 2) d 3) b 4) c 5) d 6) a 7) d 8) d

Test 4 >>>> (p. 137)
1) a 2) d 3) d 4) a 5) e 6) d 7) c 8) e 9) a 10) c

VI. La forma passiva e la forma impersonale

1. > (p. 140)
1) Questa casa fu (venne) costruita da mio padre nel 1960 2) Da piccolo ero (venivo) accompagnato ogni giorno a scuola da mia madre 3) La domanda d'assunzione deve essere (va)

presentata da noi... 4) Speravo che le mie richieste fossero (venissero) accettate da loro 5) Mi dispiace che le mie parole siano (vengano) sempre fraintese da te 6) Il posacenere...fu (venne) rotto dal mio gatto 7) Se il codice della strada fosse (venisse) rispettato da tutti... 8) Tutti gli amici saranno (verranno) invitati da noi... 9) Quel romanzo dovrà essere (andrà) tradotto...perché sia (venga) letto da tutti 10) Il nuovo contratto fu (venne) firmato...

2. >> (p. 141)

1) Tutto l'arredamento della nostra casa è stato ideato da mia moglie e da me 2) Sembra che ultimamente nuovo personale sia stato assunto dalle imprese 3) Non sapeva nemmeno da chi fosse stata scritta "La Divina Commedia" 4) Ero certa che il primo premio sarebbe stato vinto da loro 5) Saremo famosi dopo che questo libro sarà stato pubblicato 6) Pensavo che fosse stata presa la decisione giusta 7) Mi dispiaceva che la mia domanda di lavoro non fosse stata accettata 8) Non ricordo da chi è stato vinto l'ultimo campionato... 9) Il tuo stesso consiglio mi era stato dato anche da mia madre 10) Dissero che l'incarico sarebbe stato dato di sicuro a Gianni.

3. >> (p. 142)

1) Da chi è stato diretto questo film 2) Sapevo che prima o poi sarei stato deluso,a da quella ragazza 3) La moglie se ne andò, perché era stata tradita troppe volte dal marito 4) Ti era stato detto che l'esame era molto difficile 5) Non immaginavo che saremmo stati invitati al loro matrimonio 6) Un grande successo è stato ottenuto da questo stilista milanese 7) Non so da chi sia stata rubata la mia bicicletta nuova 8) Sapete che siete stati visti insieme da qualcuno... 9) Non avrei mai immaginato che questo brutto scherzo mi sarebbe stato fatto da te 10) L'agenzia ci assicurò che sarebbero state prenotate tutte le camere.

4. >> (p. 143)

1) si leggono; si sono letti 2) si guarda; si è guardata 3) si fissa; si è fissato 4) si spendono; si sono spesi 5) si rispettano; si sono rispettate 6) si trova; si è trovato 7) si chiude; si è chiusa 8) si ha; si è avuta 9) si incontra; si è incontrato 10) si iniziano; si sono iniziate 11) si vivono; si sono vissuti 12) si dà; si è data 13) si chiede; si è chiesto 14) si tolgono; si sono tolte 15) si spegne; si è spenta 16) si mangiano; si sono mangiati 17) si fumano; si sono fumate 18) si prepara; si è preparata 19) si fa; si è fatta 20) si riceve; si è ricevuto.

5. >>> (p. 144)

1) si beve 2) si conoscono, si trova 3) non si siano affrontati 4) si fanno, non si possono 5) si faceva 6) si taglia, la si mette, si buttano, si cuoce, si aggiunge, si spegne, si cuociono, si scolano, si mettono, si girano, si servono 7) si studiavano 8) si siano realizzate 9) si prendano 10) si dice, si ha, si fanno 11) si sono commessi 12) si organizza.

6. >> (p. 145)

1) si lavora molto; si è lavorato molto 2) ci si veste bene; ci si è vestiti bene 3) si esce con gli amici; si è usciti con gli amici 4) si viaggia molto; si è viaggiato molto 5) si va a letto tardi; si è andati a letto tardi 6) si è malati; si è stati malati 7) ci si lamenta di tutto; ci si è lamentati di tutto 8) si parla senza pensare; si è parlato senza pensare 9) ci si sveglia presto; ci si è svegliati presto 10) si va di fretta; si è andati di fretta 11) si suona bene; si è suonato bene 12) si ride di gusto; si è riso di gusto 13) ci si preoccupa inutilmente; ci si è preoccupati inutilmente 14) si è giovani; si è stati giovani 15) si corre tutto il giorno; si è corso tutto il giorno 16) ci si pente amaramente; ci si è pentiti amaramente 17) si dorme

poco; si è dormito poco 18) si riesce a studiare bene; si è riusciti a studiare bene 19) ci si siede comodamente; ci si è seduti comodamente 20) si beve troppo; si è bevuto troppo.

7. >> (p. 146)
1) si è, non si pensa 2) si spenda 3) si cammina 4) si sa 5) si va, si può, si andava 6) si vuole, si deve 7) si riesce, si è 8) si pensava 9) non si deve 10) si viaggiasse 11) non si entrasse 12) si telefona, si spende 13) si parlerà 14) non si poté 15) si diceva 16) non si può 17) si dice 18) si impari, si studia.

8. >>> (p. 147)
1) si è vissuto 2) si sarà lavorato 3) non si fosse andati 4) si sarebbe scesi 5) si è stati 6) si è abitato 7) si sia rimasti, si fosse usciti 8) si sarebbe andati 9) si è riusciti 10) si è saliti 11) si è mangiato 12) si sarebbe partiti 13) si è passeggiato, si è andati 14) si sia fumato 15) si è dormito 16) si è riusciti 17) si sia fatto 18) si è parlato, non si è giunti.

9. > (p. 148)
1) Quando si è felici, si vorrebbe che tutto il mondo lo sapesse 2) Per avere molti amici si deve essere altruisti, disponibili e sinceri 3) Spesso, quando si è stanchi, si è insoddisfatti e pessimisti 4) Se si beve troppo, non si è coscienti di quello che si fa e si diventa maleducati 5) Per ballare bene, si deve essere eleganti e agili 6) Quando c'è una giornata di sole, si è più allegri 7) Quando si è giovani, si è sempre pieni di ideali 8) Quando si torna dalle vacanze, si è più sorridenti e rilassati 9) Non è bene che in un rapporto si sia troppo gelosi 10) Quando si è innamorati, si beve e si mangia poco 11) Qualche volta si è scortesi senza rendersene conto 12) Solo se si è ottimisti e in pace con sé stessi, si può vivere felicemente.

10. >> (p. 149)
1) una volta ci si preocccupava meno dell'inquinamento 2) ci si è persi in un bosco e ci si è sentiti abbandonati 3) può succedere che non ci si accorga di offendere qualcuno 4) ci si è resi conto di avere sbagliato in quell'occasione 5) Mi pare che ci si sia divertiti di più alla festa di Piero che a questa 6) ci si è spaventati molto a vedere quella scena 7) quando ci si sveglia presto la mattina, ci si sente male tutto il giorno 8) perché non ci si incontra domani al solito bar? 9) per la cerimonia di stasera è bene che ci si vesta elegantemente 10) l'ultima volta che ci si è visti è stato l'anno scorso 11) mi chiedo perché non ci si dedichi di più ai propri figli 12) se si fosse più ricchi non ci si preoccuperebbe di risparmiare.

11. >>>> (p. 150)
1) si ottiene, si vuole, ci si sente, soddisfatti 2) si è smesso, non si trovano 3) si saranno terminati, si potrà 4) ci si può, fortunati, si trova 5) si possono 6) ci si pente, si dicono 7) si lavora, non si sia trovata 8) si è ripetuto (si ripete) 9) si ha, ci si deve scoraggiare 10) se ne vedono 11) si è partiti, si è dormito 12) si sarebbe potuto 13) si è fatta (si fa), si è, tranquilli 14) si è affermato (si afferma), si fa, si beve, si fuma, si praticano 15) si è restati, ci si è annoiati.

Test 1 > (p. 151)
1) b 2) a 3) b 4) a 5) b 6) a 7) a 8) b 9) b 10) b 11) a 12) b

Test 2 >> (p. 152)
1) c 2) b 3) a 4) c 5) c 6) a 7) b 8) a 9) a 10) a

Test 3 >>> (p. 153)
1) a 2) c 3) c 4) a 5) d 6) a 7) b 8) c

Test 4 >>>> (p. 154)
1) a 2) c 3) d 4) d 5) a 6) d 7) b 8) d 9) b 10) d 11) c 12) d 13) a

VII. Il periodo ipotetico

1. > (p. 158)
1) farà (fa), organizzerà (organizza) 2) andrai (vai), ci verrò (vengo) 3) non hai, possiamo 4) ti presterò (ti presto), me la riporterai (me la riporti) 5) sarete (siete), non farete (non fate), vi aiuterà (vi aiuta) 6) incontreremo (incontriamo), partiremo (partiamo) 7) mi faranno (mi fanno), accetterò (accetto) 8) ti sposerò (ti sposo), mi giurerai (mi giuri) 9) sapranno (sanno), si arrabbieranno (si arrabbiano), non ci daranno (non ci danno) 10) verrete (venite), troverete (trovate) 11) potremo (possiamo), verremo (veniamo) 12) non mi restituirai (non mi restituisci), mi rivolgerò (mi rivolgo) 13) non smetterà (non smette), avrà 14) continuerò (continuo), non mi daranno (non mi danno) 15) ti chiederò (ti chiedo), me lo darai (me lo dai).

2. >> (p. 159)
1) fossi, capiresti 2) avessi, farei 3) studiasse, andrebbe 4) prendessi, guariresti 5) andrei, mi invitasse 6) fossero, vedessero, si arrabbierebbero 7) decidessi, sarebbe 8) non avresti, andassi 9) esistesse, lo amerei 10) potessimo, verremmo 11) non diresti, lo conoscessi 12) diresti, mi comportassi 13) sarebbe, vi faceste, diceste 14) fosse, avesse, mi piacerebbe 15) volessi, potresti.

3. >> (p. 160)
1) fossi venuto,a; ti saresti divertito,a; avresti visto 2) vi foste comportati,e; non avreste fatto 3) avessimo saputo, non saremmo partiti,e; avremmo interrotto, saremmo ritornati,e 4) ti avessi visto, ti avrei salutato 5) fossimo stati,e; avremmo fatto 6) non si fosse fermata, avremmo provocato, ci saremmo fatti 7) avessi avuto, sarebbe stato 8) gli avessi chiesto, avrebbe fatto 9) foste arrivati,e; l'avreste trovato 10) avessi saputo, sarei venuto,a; avrei portato 11) fossero rimasti, avrebbero visto 12) si fosse accorta, non avrebbe detto.

4. >>> (p. 161)
1) sarò (sono), verrò (vengo) 2) sarebbe, mi ascoltassi, non facessi 3) non ti troveresti, avessi fatto 4) aveste (avrete, avete) 5) sarebbe (è), gli chiedessimo (gli chiediamo) 6) farei, avessi 7) fossi stato, conosceresti 8) sarebbe, vivesse, non ci fossero 9) non avessi avuto, avrei accettato 10) avessi cominciato, non mi troverei 11) avrei potuto, mi avessi avvertito 12) avessero avuto, non avrebbero perso.

5. >>>> (p. 162)
1) mi sveglierai (mi svegli), mi arrabbierò (mi arrabbio), ti romperò (ti rompo) 2) fossi, non saresti 3) avessi ascoltato, non ti troveresti 4) si rendesse, chiamatemi 5) non si sarebbe comportato, fosse 6) fossi 7) vedi (vedrai, vedessi), salutalo 8) studiando, applicandoti, supererai (superi) 9) sarebbe, gli telefonassimo 10) dovesse, telefonatemi.

Test 1 > (p. 163)
1) a 2) b 3) b 4) b 5) a 6) b 7) b 8) b 9) b 10) b 11) b 12) a

Test 2 >> (p. 164)
1) c 2) b 3) a 4) b 5) a 6) c 7) b 8) b 9) a 10) a

Test 3 >>> (p. 165)
1) a 2) c 3) d 4) b 5) c 6) a 7) d 8) a

Test 4 >>>> (p. 166)
1) d 2) b 3) a 4) b 5) a 6) a 7) d 8) a

VIII. Le preposizioni

1. > (p. 168)
1) per, di 2) dal 3) di, con 4) da, in 5) di 6) fra 7) di 8) a 9) di 10) in 11) di, di 12) da 13) per 14) sul 15) in 16) per, in 17) di, per le 18) a, in 19) all', nei 20) fra.

2. > (p. 169)
1) al 2) su 3) a 4) di 5) in, al 6) per 7) al 8) a 9) alla, sulla 10) per 11) a, fra 12) per 13) a 14) a, con 15) di, a 16) a 17) a 18) su 19) a, da, al 20) con.

3. >> (p. 170)
1) a 2) in 3) da 4) nella, delle 5) in 6) ad, su 7) di 8) alla, di 9) sui 10) ad, a 11) dalla, della, sui 12) di 13) a, da 14) nella 15) dalle, a 16) negli 17) dagli 18) fra (tra) 19) per le 20) per, fra (tra) 21) da, con i 22) in, da 23) fra (tra) 24) con 25) in 26) per, fra (tra), nel, per 27) per 28) con 29) negli 30) fra le (tra le).

4. >>> (p. 171)
1) per, a, al 2) di, a 3) per, in, con 4) di, per, in 5) di, sulla, in, alla 6) di, del 7) fra (tra) 8) di, da 9) sul, di 10) su, da, in, a 11) con, a 12) in, del, della 13) per, di 14) in, al 15) di, di, per 16) da, sulle, alla, di 17) con le, in, a 18) su, alle 19) di, a 20) in, per 21) all', sulla, al 22) da, con i 23) di, a, con gli, in 24) da 25) di, con.

Test 1 > (p. 172)
1) a 2) b 3) a 4) b 5) a 6) b 7) a 8) b 9) b 10) a 11) b 12) b

Test 2 >> (p. 173)
1) b 2) c 3) a 4) c 5) a 6) b 7) a 8) b 9) c 10) b

Test 3 >>> (p. 174)
1) b 2) d 3) a 4) c 5) d 6) d 7) a 8) d 9) b 10) a

Test 4 >>>> (p. 176)
1) a 2) c 3) d

IX. I pronomi diretti indiretti e combinati

1. > (p. 180)

1) lo leggi 2) le spiega 3) non lo firmerò 4) non l'accetto 5) non lo beve 6) le aspettiamo 7) li conosci 8) lo consegnerò 9) li copiava 10) li cucinerà 11) lo prendo 12) li vendi 13) la metteremo a posto 14) lo fissiamo 15) le incontriamo 16) l'amo 17) lo parlava 18) la compriamo 19) li fumi 20) la firmerai 21) la guidi 22) li ascoltava 23) la mangiavo 24) le invitate 25) non la saluti.

2. > (p. 181)

1) ne dipinge molti 2) la ripeteva 3) ne ricordiamo pochi 4) lo firmerai 5) non ne farò nessuna 6) non mi chiama 7) vi ringrazio 8) la parlava 9) ne prendo due 10) ne spenderò molti 11) ne abbiamo molta 12) lo conosco 13) ne invita alcuni 14) lo incontrerò 15) ne possiede molti 16) ne bevo poco 17) non ne conosco nessuno 18) l'ordinate 19) ti ama 20) la conoscono.

3. > (p. 182)

1) li conosciamo 2) non lo voglio più vedere 3) vi chiamo 4) li ascolti 5) mi aspettano 6) non la capiamo 7) li vedi 8) le tengo 9) ci conosce 10) mi scusi 11) ti ringrazio 12) vi aiutiamo 13) la metto 14) non le mangi 15) vi amano 16) ci lasciate sole 17) ti accompagno 18) li incontro 19) non ci inviti 20) lo leggo.

4. >> (p. 183)

1) la preferisco... 2) mi conoscono... 3) lo compreremo... 4) La posso aiutare (posso aiutarLa)... 5) ci accompagna... 6) sì, (no, non) la ricordo 7) mi potrà chiamare (potrà chiamarmi)... 8) ci venivano a prendere (venivano a prenderci)... 9) l'incontrai... 10) sì, (no, non) mi conosce 11) sì, (no, non) ti sento 12) sì, (no, non) vi posso aspettare (posso aspettarvi); 13) ti conosco... 14) sì, (no, non) mi ama 15) sì, (no, non) li vogliamo mangiare (vogliamo mangiarli); sì, ne vogliamo mangiare un po', tanti, alcuni... (vogliamo mangiarne) 16) La potrò visitare (potrò visitarLa)... 17) li compravo... 18) sì, (no, non) ti aspetterò 19) sì, (no, non) mi puoi rivedere (puoi rivedermi) 20) sì, (no, non) vi informeremo 21) sì, (no, non) lo bevo 22) sì, (no, non) lo posso firmare (posso firmarlo) 23) li rivedrò... 24) mi devi chiamare (devi chiamarmi) 25) non la voglio conoscere (non voglio conoscerla) perché...

5. >>> (p. 184)

1) lo parlo bene 2) l'ho scritta ieri 3) l'abbiamo chiusa 4) li hai chiamati 5) li devi finire (devi finirli) 6) non la conoscevo 7) l'hai mai assaggiato 8) la vorrei raccontare (vorrei raccontarla) 9) l'hai ripetuta 10) non la dovevi sbattere (non dovevi sbatterla) 11) non l'ho mai ascoltata 12) non l'abbiamo mai visitato 13) spediscilo 14) lo posso buttare (posso buttarlo) 15) chiamatelo 16) chi l'ha dipinto 17) l'ho spiegata 18) la pagherà 19) non lo puoi frequentare (non puoi frequentarlo) 20) li ho trascurati 21) le chiameremo 22) li ho persi 23) lo prendevamo 24) non l'avevo mai vista 25) li posso prendere (posso prenderli)

6. >>> (p. 185)
1) sì, (no, non) le ho viste 2) l'abbiamo incontrata... 3) sì, (no, non) l'ho chiamato 4) sì, (no, non) ci hanno invitato,i,e 5) mi ha accompagnato,a... 6) sì, (no, non) l'avevo vista 7) sì, (no, non) l'avrei invitata 8) sì, (no, non) le ho lette 9) l'ho conosciuto... 10) sì, (no, non) le avevamo fatte 11) sì (no, non) ti ho capito,a 12) le ho lasciate... 13) sì, (no, non) l'abbiamo visitato 14) sì, (no, non) li ho presi; ne ho presi alcuni, pochi, tanti... 15) sì, (no, non) l'abbiamo ricevuta 16) l'ho parcheggiata... 17) sì, (no, non) mi ha scusato,a 18) li ho perduti... 19) sì, vi ha cercato...; no, non vi ha cercato nessuno 20) l'ho messa... 21) l'ho imparato... 22) sì, (no, non) l'abbiamo ringraziata 23) li ha portati... 24) l'abbiamo comprata... 25) le ho pagate...

7. >>> (p. 186)
1) l'ho fissato 2) non li abbiamo assaggiati 3) ne fumo 4) non l'ho ancora finito 5) non le abbiamo imbucate, le imbucheremo 6) l'abbiamo parcheggiata 7) ne ho bevute 8) ti invito 9) ne ho letti 10) le ho svegliate.

8. >>> (p. 187)
1) le ha tradotte 2) ne abbiamo ricevuti 3) li abbiamo trascorsi 4) l'ho vista 5) non l'abbiamo trasmesso 6) la prese 7) ne ho fatte 8) l'ha rotto 9) li abbiamo spediti 10) ne ho risparmiati.

9. > (p. 188)
1) gli fai una domanda 2) la giuria ti darà il primo premio 3) gli scriviamo 4) non mi dispiace affatto 5) quando gli rispondi... 6) non ti daranno mai ragione 7) le piace la festa 8) mi basta solo un po' di pane 9) non ci ha risposto 10) gli hai restituito la bicicletta 11) non gli piace il gelato 12) vi voglio raccontare (voglio raccontarvi) tutto 13) cosa gli hai promesso 14) le racconto una fiaba 15) ci chiede sempre favori 16) le ho dato la notizia 17) quando mi racconti il tuo viaggio 18) le manderò un mazzo di fiori 19) le piace leggere romanzi gialli 20) non gli piaceva la matematica 21) chi gli telefonava sempre 22) mi sembra un bravo ragazzo 23) le interessa la musica 24) che cosa le regalerai 25) vi servirebbe un'auto nuova.

10. > (p. 189)
1) ti mostro 2) offro Loro (Vi offro) 3) mi prepara 4) ci chiama 5) vi ho detto 6) ci presti 7) spedisco Loro (Vi spedisco) 8) mi ha spiegato 9) vi telefonerò 10) non ci interessano 11) ti assicuro che starai 12) mi hanno mandato 13) non ti basteranno 14) vi giuro 15) ci dispiace 16) non ci piacciono 17) gli occorrerà (occorrerà loro) 18) mi hanno promesso 19) (ragazzi), vi presento 20) gli ho chiesto (ho chiesto loro).

11. >> (p. 190)
1) mi sembra... 2) ti telefonerò... 3) gli regalerò... 4) sì, (no, non) ci dispiace 5) no, non mi serve niente 6) le ho scritto... 7) sì, (no, non) mi manca 8) ci occorre... 9) ti consiglio... 10) sì, (no, non) ci è piaciuta 11) sì, (no, non) mi dispiace 12) sì, (no, non) ti scriveremo 13) mi è successo... 14) sì, (no, non) gli somigli 15) sì, (no, non) mi basta 16) sì, le voglio... 17) no, non mi serve... 18) sì, (no, non) le do ragione 19) sì, (no, non) mi interessa 20) sì, (no, non) gli ho telefonato 21) sì, (no, non) mi occorre 22) sì, (no, non) mi piace 23) sì, (no, non) gli ho detto tutto 24) mi sembra... 25) gli ho risposto (ho risposto loro)...

12. >> (p. 191)
1) quando li terminerai 2) questo film non vi interessa 3) l'avete avvertito 4) non ci è dispiaciuto affatto 5) le hai telefonato 6) l'hai sentito 7) dove le avete perse 8) chi li ha rotti 9) perché non gli hai risposto 10) l'hai ringraziata 11) ti piace la musica lirica 12) le piace la musica classica 13) non gli piacciono i gatti 14) chi li ha preparati 15) le inviterai alla festa 16) le interessano solo i soldi 17) lo studio solo da un anno 18) le avete sentite ieri sera 19) da quanto tempo la suoni 20) la giuria mi ha scelto,a per il premio.

13. >>>> (p. 192)
1) non ne ho trovata, l'ascolto 2) ci mancano, rivederli 3) mi puoi prestare, mi dispiace, l'ho finita 4) ne abbiamo scelte 5) Le posso chiedere 6) La ringrazio, mi scusi, Le ho provocato 7) ti prego, metterla 8) mi occorrono, ne ho, comprarne 9) non le parlo, mi ha offeso, dicendomi 10) mi aspetti, ti accompagno 11) L'abbiamo informata 12) l'ho incontrata, le ho viste 13) mi telefoni, accontentarLa 14) averne preso 15) regalagli, gli piacciono 16) l'ho sentito 17) devo dirti, non mi è piaciuto 18) Le ho scritto.

14. > (p. 193)
1) gliene porto molti 2) me le dici sempre 3) chi te la insegna 4) ce la paga 5) ve lo preparo 6) me lo consigli 7) gliela presterò 8) te li diamo 9) ce lo serve 10) gliele mostrano 11) ve li descriviamo 12) me la presenta 13) te lo racconterò 14) gliene spieghiamo molte 15) me li confida 16) ce ne racconta tante 17) te ne dico alcune 18) ve la spediremo 19) ce li restituiscono 20) gliela ripeto 21) gliele leggo 22) glielo scrivo 23) gliela domando 24) ve la offro 25) non te li regalo.

15. >> (p. 194)
1) gliel'ho chiesta 2) gliene abbiamo ordinati molti 3) ce l'hanno fatto 4) non ve l'hanno mostrata 5) me l'ha data 6) te l'ha detta 7) gliene ho lette due 8) ce l'hanno spiegata 9) ve l'abbiamo dato 10) te li ha fatti conoscere 11) me le ha suggerite 12) non ve ne ho fatta nessuna 13) gliel'ho promesso 14) chi te le ha regalate 15) me l'ha detto 16) ce li ha lasciati 17) te l'ho già mostrato 18) me ne hanno fatti molti 19) non ce le ha più date 20) ve ne ho mandate molte 21) glieli abbiamo restituiti 22) gliel'ho ordinata 23) gliel'hai regalato 24) gliel'abbiamo portato 25) te ne hanno fatte alcune.

16. >>> (p. 195)
1) ce la consegneranno... 2) sì (no, non) ce le hai già (ancora) fatte vedere 3) me l'ha regalato... 4) sì (no, non) gliel'ho dato 5) sì (no, non) me li ricordo 6) gliene ho prestate due (tre, molte, alcune...) 7) gliel'ha data... 8) me l'ha riparata... 9) te ne ho spediti due (tre, molti, alcuni...) 10) ce le ha raccontate... 11) sì (no, non) te li posso prestare/sì (no, non) posso prestarteli 12) sì (no, non) ve la presento.

17. >>> (p. 196)
1) sì (no, non) gliele ho fatte 2) sì (no, non) ce li hanno portati 3) me ne fa una, molte, poche.../non me ne fa nessuna 4) ve ne possiamo consigliare (possiamo consigliarvene) uno (due, molti...)/non ve ne possiamo consigliare (non possiamo consigliarvene) nessuno 5) sì (no, non) ce l'ha permesso 6) sì (no, non) te le posso restituire 7) ce ne hanno insegnata una/non ce ne hanno insegnata nessuna/ce ne hanno insegnate due, tre... 8) gliene ho dato uno/non gliene ho dato nessuno/gliene ho dati due, tre... 9) sì (no, non) glieli ho

comprati 10) te ne ho fatta una/non te ne ho fatta nessuna/te ne ho fatte due, tre... 11) sì (no, non) te lo do 12) gliel'abbiamo scritto...

18. >>>> (p. 197)
1) ve lo 2) me ne 3) te lo 4) Glielo 5) gliel'ho portato 6) ve lo 7) mostrarglielo 8) me l'ha comprata 9) te ne 10) me le ha riportate 11) gliel'abbiamo spiegata 12) me l'ha ordinato 13) ce l'hai promesso 14) me l'abbiano consigliato 15) gliene 16) me l'ha tolto 17) ce l'ha detta 18) ce li 19) te ne 20) l'ho portata, me la sono dimenticata.

Test 1 > (p. 198)
1) b 2) b 3) a 4) b 5) a 6) a 7) b 8) b 9) a 10) b 11) a 12) b

Test 2 >> (p. 199)
1) a 2) b 3) b 4) c 5) c 6) a 7) b 8) c 9) a 10) c

Test 3 >>> (p. 200)
1) d 2) d 3) b 4) a 5) a 6) c 7) b 8) a 9) d 10) c 11) a 12) d 13) a 14) c 15) b

Test 4 >>>> (p. 202)
1) b 2) d 3) a 4) e 5) a 6) c 7) b 8) f 9) a 10) d 11) a 12) c 13) f 14) a 15) a

X. I relativi e gli interrogativi

1. > (p. 206)
1) Il treno che (il quale) prendo ogni giorno è molto comodo 2) Le poesie che (le quali) sto leggendo sono di Giuseppe Ungaretti 3) La motocicletta che (la quale) Andrea ha comprato è bellissima 4) Conosci quei signori che (i quali) ci hanno salutato? 5) Il parrucchiere che (il quale) mi ha tagliato i capelli è molto bravo 6) Quei ragazzi che (i quali) vedi laggiù sono i figli della signora Bruni 7) Ecco il cappuccino che (il quale) questo signore aveva ordinato 8) Ti piace il regista che (il quale) ha girato questo film? 9) Il brano di musica classica che (il quale) ascolto è di Brahms 10) Ti ringrazio per la bella lettera che (la quale) mi hai scritto 11) Le giacche che (le quali) indossa sempre Enrico sono stravaganti 12) Il regalo che (il quale) loro mi hanno fatto mi ha sorpreso molto.

2. >> (p. 207)
1) Il negozio in cui (nel quale) lui lavora vende oggetti d'antiquariato 2) La piazza da cui (dalla quale) passo per andare a casa è molto conosciuta 3) La scuola in cui (nella quale) va mio figlio è privata 4) Il pittore di cui (del quale) parli ha vissuto all'inizio del secolo 5) Le due soluzioni fra cui (fra le quali) devo decidere non mi piacciono 6) Il ragazzo con cui (con il quale) ti ho vista ieri mi piace molto 7) La persona per cui (per la quale) cerco un regalo è la mia segretaria 8) Il soggetto su cui (sul quale) discutete non mi interessa 9) L'avvocato da cui (dal quale) ci faremo assistere è molto bravo 10) I tre amici con cui (con i quali) siamo usciti sono messicani 11) La camera in cui (nella quale) dormiamo dà sul giardino 12) Il dottore a cui (al quale) abbiamo telefonato è molto disponibile.

3. >>> (p. 208)
1) da cui (dal quale) 2) con cui (con le quali) 3) che 4) che (il quale) 5) che (la quale) 6) per cui (per la quale) 7) che (il quale) 8) in cui (nella quale) 9) su cui (sulla quale) 10) da

cui (dal quale) 11) che 12) per cui (per la quale) 13) in cui (nel quale) 14) che (il quale) 15) tra/fra cui (tra/fra le quali) 16) per cui (per il quale) 17) su/con cui (sulla/con la quale) 18) a cui (al quale) 19) che (la quale) 20) in cui (nel quale) 21) che 22) fra cui (fra le quali) 23) che (le quali) 24) che (il quale).

4. >>>> (p. 209)
1) che (le quali), con cui (con le quali) 2) di cui (della quale) 3) in cui (nella quale) 4) che (i quali), in cui (nei quali) 5) su cui (sul quale) 6) per/di cui (per/del quale), che 7) di cui (della quale) 8) a cui (al quale), che (il quale) 9) su cui (sul quale), che (il quale) 10) di cui (delle quali) 11) con cui (con le quali), che (i quali) 12) da cui (dalla quale), che (il quale) 13) a cui (alla quale), che 14) di cui (del quale), che (il quale), con cui (con il quale) 15) in cui (nella quale), che (il quale) 16) da cui (dalla quale), di cui (della quale).

5. >>> (p. 210)
1) chi 2) che cosa (che, cosa) 3) quale 4) chi 5) quanto 6) chi 7) che cosa (che, cosa) 8) chi 9) quanto 10) quale 11) che cosa (che, cosa) 12) chi 13) quali 14) quanto 15) quale 16) quanto, che cosa (che, cosa) 17) che cosa (che, cosa) 18) chi, che cosa (che, cosa) 19) quali 20) che cosa (che, cosa) 21) quanto 22) chi, che cosa (che, cosa).

6. >>> (p. 211)
1) quante 2) quali 3) che (quale) 4) che (quale) 5) quante, che (quali) 6) che (quale) 7) quante, quanti, quanto, che (quanta) 8) che (quale) 9) che (quale) 10) quanti, quante 11) che (quale) 12) quanta 13) quanti 14) che (quale) 15) quanti 16) che (quale) 17) quanti 18) quante, che (quale) 19) quanta 20) che (quale).

7. >> (p. 212)
1) come 2) dove 3) perché 4) quando 5) come 6) dove 7) perché 8) quando, quando 9) come, dove 10) come 11) quando 12) perché, dove, quando, come 13) perché 14) come 15) perché, come 16) dove 17) come, dove 18) perché 19) come 20) quando, come, dove.

Test 1 > (p. 213)
1) b 2) a 3) a 4) b 5) b 6) b 7) a 8) b 9) b 10) a 11) b 12) b

Test 2 >> (p. 214)
1) a 2) c 3) b 4) c 5) c 6) a 7) a 8) c 9) b 10) a

Test 3 >>> (p. 215)
1) c 2) a 3) c 4) a 5) b

Test 4 >>>> (p. 216)
1) a 2) c

XI. Il discorso indiretto

1. > (p. 218)
1) Lei disse che suo fratello studiava ingegneria elettronica all'Università 2) Suo padre disse che allora (in quel momento) era troppo tardi e che sarebbero andati il giorno dopo dalla zia 3) Rispose che non aveva ancora finito di studiare la lezione per il giorno dopo 4)

Lui mi ordinò di prendere tutti i miei libri e di andare subito con lui 5) Mia sorella mi confidò che passeggiando aveva incontrato Alessandro 6) Il professore disse che gli sarebbe piaciuto che loro studiassero un po' di più 7) Appena arrivato disse che non aveva mai visto un panorama così bello 8) Lei affermò che non voleva più vedere quell'uomo, perché era (è) uno stupido 9) Dissi che credevo che lei quella volta avesse davvero ragione 10) Il capo disse che il giorno prima erano venuti in ritardo e che lui quello non lo tollerava.

2. >> (p. 219)
1) Disse che sarebbe partito dopo pranzo, con l'aereo delle 15.30 e (che) non sarebbe tornato fino alla fine della settimana seguente 2) Ha ripetuto due volte che era impossibile credere a quella storia. Ci avrebbe creduto solo quando l'avrebbe visto con i suoi occhi 3) Ha consigliato a tutti di stare (che stessero) attenti , di essere (che fossero) prudenti, di non correre (che non corressero) troppo e soprattutto di non bere (che non bevessero) alcol prima di mettersi alla guida 4) ... il testimone rispose che ricordava esattamente la faccia dell'uomo che aveva sparato: quell'uomo era certamente l'imputato! 5) Ripeté che sarebbe stato bene che loro spiegassero meglio quello che volevano dire, perché credeva che nessuno avesse capito.

3. >> (p. 220)
1) ... mi disse che quelli erano i suoi due figli. Il maggiore aveva ventun anni e studiava ingegneria, mentre la più piccola non aveva ancora finito il liceo, ma aveva già deciso per l'anno seguente (dopo) di studiare archeologia 2) Il nuovo direttore mi chiese da quanti anni io facessi quel lavoro, quali fossero i miei titoli di studio e come mi trovassi nella loro ditta 3) ... disse che le loro accuse erano del tutto infondate, che loro non erano presenti e dunque non potevano giudicare il suo operato 4) Carlo mi ripeté più volte che arrivati a quel punto poteva dire di avere fatto tutto il possibile per evitare ogni tipo di problema con sua moglie 5) Loro domandarono dove fossero andati a finire quei due ragazzi che erano lì pochi minuti prima.

4. >>> (p. 221)
1) Il direttore mi disse che (io) dovevo arrivare in ufficio sempre in orario e che dal giorno seguente (dopo) non avrebbe ammesso più i miei ritardi 2) Mio padre dice sempre di ricordarmi che nella vita non c'è bisogno solo di fare il proprio dovere, che qualche volta occorre fare anche di più e dunque di non dimenticarmi mai di aiutare le persone che si trovano in difficoltà 3) ... mi disse che non credeva che io avessi capito tutto quello che aveva spiegato, altrimenti avrei fatto meglio quell'esercizio 4) Il medico disse a mia madre di non preoccuparsi (che non si preoccupasse), che suo figlio (che io; che mio fratello...) non si era fatto (non mi ero fatto) nulla di particolarmente grave. Cadendo dalla bicicletta aveva battuto (avevo battuto) la testa ed era rimasto (ero rimasto) per qualche minuto privo di sensi, ma le poteva assicurare che allora (in quel momento) stava (stavo) meglio di prima! 5) Ci ripete sempre di dirlo a nostro padre, se ne abbiamo il coraggio.

5. >>> (p. 222)
1) Ci chiesero dove fossimo quando avevano bisogno di noi e perché gli avessimo rifiutato il nostro aiuto. (Aggiunsero anche) che gli avevamo voltato le spalle proprio quando avevano bussato alla nostra porta e questo non avrebbero potuto mai dimenticarlo 2) ... disse soltanto che gli (le) era venuta in mente un'idea davvero straordinaria, ma in quel momento

non aveva tempo di spiegargliela 3) Mi dissero di andare lì da loro e di dirgli che cosa avevo combinato in tutti quegli anni. (Dissero anche) che mi aspettavano a casa loro l'indomani sera (la sera seguente...) all'ora di cena 4) Al telefono le dissi che sarei andato da lei appena avrei terminato quel lavoro che mi aveva tenuto impegnato per tutto quel mese e che avevo una gran voglia di vederla e di raccontarle tutto 5) Ripete sempre di non comportarsi male e di dire sempre al loro insegnante tutto quello che non hanno capito; e di ricordarsi che è molto importante avere un buon rapporto con tutti i loro professori.

6. >>>> (p. 223)

1) Il Primo Ministro iniziò il suo discorso dicendo che era certo che tutti loro avevano compreso (tutti noi avevamo compreso) l'importanza delle deliberazioni che il governo aveva preso nelle ultime settimane. (Lui) credeva che si trovassero (ci trovassimo) davanti a un periodo di grandi sacrifici, ma anche di grandi soddisfazioni e che tutti i cittadini avessero capito il valore e la necessità delle decisioni prese. Aggiunse anche che dopo qualche minuto il Ministro dell'Economia gli (ci) avrebbe fornito i dettagli della manovra finanziaria che il governo si apprestava a varare 2) Il nostro direttore ci disse che se avesse saputo prima delle nostre difficoltà, sarebbe intervenuto subito. Sfortunatamente era stato informato solo quel giorno di quello che era accaduto e non poteva certo risolvere tutta la questione in poche ore. Ci prometteva, comunque, che avrebbe fatto tutto quello che era in suo potere per aiutarci e ci disse di avere fiducia.

7. >>>> (p. 224)

1) Mi disse che mio zio se n'era andato sbattendo la porta. Non aveva voluto nemmeno ascoltare le sue ragioni; aveva cominciato a urlare e a dirgli che non capiva niente. Credeva proprio che avesse bisogno di qualche giorno di riposo e dovevo essere proprio io a convincerlo di quello (questo) 2) Mi rivelò che se n'era andato,a da quell'ufficio soltanto dopo che gli/le era stato promesso che tutti i suoi diritti sarebbero stati rispettati. Ricordava che era stato lo stesso capo a rassicurarlo (rassicurarla) su quel punto, dicendogli (dicendole) che non era il caso di preoccuparsi 3) Mi risposero che poco dopo dovevano partire e non avevano tempo di parlare con me di quella faccenda. Entro pochi giorni sarebbero stati,e di ritorno e avremmo parlato anche di quello. Dissero di andare e di non preoccuparmi, che tutto si sarebbe sistemato.

Test 1 > (p. 225)

1) c 2) b 3) c 4) a 5) b

Test 2 >> (p. 226)

1) c 2) b 3) a 4) b 5) c 6) b 7) c 8) a 9) b 10) c

Test 3 >>> (p. 228)

1) a 2) b

Test 4 >>>> (p. 229)

1) a 2) c 3) e

Chiavi ☑

XII. Il lessico

1. > (p. 232)
1) odiare 2) scoprire 3) offendere 4) diminuire 5) dividere 6) svestirsi 7) vendere 8) accorciare 9) sedersi 10) licenziare 11) salire 12) annoiarsi 13) uscire 14) morire 15) decelerare 16) scomparire 17) allontanarsi 18) trovare 19) rispondere 20) dimagrire 21) decollare 22) guarire 23) chiudere 24) partire 25) smontare 26) comprare 27) disinnamorarsi 28) disinformare 29) imparare 30) slegare 31) dimenticare 32) divorziare 33) togliere 34) peggiorare 35) piangere 36) sbloccarsi 37) condannare 38) sporcare 39) profumare 40) svegliarsi 41) svuotare (vuotare) 42) spegnere 43) disperare 44) sconsigliare 45) continuare 46) vietare, proibire 47) calmarsi 48) disarmare 49) abbassare (calare) 50) scucire.

2. > (p. 233)
1) inspiegabile 2) scortese 3) incivile 4) spiacevole 5) ruvido 6) dolce 7) infelice, triste 8) insoddisfatto 9) sfortunato 10) chiaro 11) disattento 12) imprudente 13) infedele 14) scorretto 15) libero 16) insopportabile 17) incostante 18) impaziente 19) duro 20) coraggioso 21) inesperto 22) svantaggioso 23) innocente 24) scomodo 25) allegro 26) cattivo 27) debole (leggero) 28) vuoto 29) scontento 30) impotente 31) inconsueto 32) illogico 33) discontinuo 34) incapace 35) incosciente 36) inattendibile 37) anormale 38) lontano 39) disorganizzato 40) leggero 41) sconosciuto 42) inespressivo 43) immaturo 44) difficile 45) incerto 46) incredibile 47) incompleto 48) scarico 49) instabile 50) immobile.

3. >> (p. 234)
1) stupire (meravigliare) 2) restituire 3) urlare 4) rammentare 5) domandare 6) proibire 7) insultare 8) raccontare 9) spedire 10) aspettare 11) esplodere 12) terminare 13) perdere 14) esigere.

4. >> (p. 234)
1) matto 2) fiero 3) luminoso 4) ignoto 5) quieto 6) coniugato 7) solito 8) mansueto 9) svelto, rapido 10) contento 11) sudicio 12) caro 13) avaro 14) gelato.

5. >> (p. 234)
1) carcere 2) sedia 3) errore 4) sciocco 5) matrimonio 6) viso 7) menzogna 8) capo 9) diversità 10) atto 11) monte 12) bellezza 13) mamma 14) rabbia (ira).

6. >> (p. 235)
1) gentile 2) prudente 3) vicino 4) disordinato 5) geloso 6) nobile 7) viziato (vizioso) 8) democratico 9) eterno 10) onesto 11) poetico 12) ipotetico 13) passionale 14) snello 15) affascinante (fascinoso) 16) iroso (irato) 17) ozioso 18) obeso 19) disteso; distensivo 20) armonioso 21) disastroso 22) regale 23) vitale 24) docile 25) violento 26) irascibile 27) grato 28) bello 29) collettivo 30) dolce 31) cortese 32) speranzoso 33) grave 34) vasto 35) certo 36) potente 37) raro 38) ampio 39) costante 40) invidioso 41) civile 42) trionfale 43) giusto 44) dissidente 45) velenoso 46) imparziale 47) musicale 48) universale 49) brutto 50) entusiasta (entusiasmante).

7. >> (p. 236)
1) scherzo, scherzoso 2) divertimento, divertente 3) noia, noioso 4) digestione, digerente 5) somiglianza, somigliante 6) menzogna (bugia), menzognero (bugiardo) 7) chiacchiera,

chiacchierone 8) curiosità, curioso 9) stanchezza, stanco 10) fatica, faticoso 11) distrazione, distratto 12) soddisfazione, soddisfatto 13) illusione, illuso 14) separazione, separato 15) conoscenza, conosciuto 16) piacere, piacente (piacevole) 17) correzione, corretto 18) occupazione, occupato 19) speranza, speranzoso 20) interesse, interessante 21) tranquillità, tranquillo 22) prigione, prigioniero 23) ignoranza, ignorante 24) chiarezza, chiaro 25) pazienza, paziente.

8. >>> (p. 237)

1) allungare, corto, accorciare 2) allargare, stretto, restringere 3) ingrandire, piccolo, rimpicciolire 4) abbellire, brutto, imbruttire 5) scaldare (riscaldare), freddo, raffreddare 6) semplificare, complicato, complicare 7) uguagliare, diverso (differente), diversificare (differenziare) 8) appesantire, leggero, alleggerire 9) arricchire, povero, impoverire 10) schiarire (rischiarare), scuro, scurire 11) ringiovanire, vecchio, invecchiare 12) preoccupare, tranquillo, tranquillizzare 13) divertire, noioso, annoiare 14) spegnere, acceso, accendere 15) sporcare, pulito, pulire 16) ingrassare, magro, dimagrire 17) scarseggiare, abbondante, abbondare 18) indurire, morbido, ammorbidire 19) rabbonire, cattivo, incattivire 20) bagnare, asciutto, asciugare 21) rinforzare (rafforzare), debole, indebolire 22) illudere, deluso, deludere 23) ordinare, disordinato, disordinare 24) sperare, disperazione, disperare 25) gonfiare, sgonfio, sgonfiare.

9. >>> (p. 238)

1) domandare (chiedere) 2) ordinare 3) spazientirsi 4) sbagliare 5) ringraziare 6) completare 7) liberare 8) mentire 9) promettere 10) rispettare 11) abituarsi 12) confessare.

10. >>>> (p. 238)

1) abbronzarsi 2) disapprovare 3) chiacchierare 4) balbettare 5) invidiare 6) pentirsi 7) accarezzare 8) offendere 9) rifiutare 10) aggiustare (riparare) 11) dormire 12) proibire (vietare).

11. >>> (p. 239)

1) esperto 2) imprudente 3) incivile 4) grato 5) disubbidiente 6) impaziente 7) geloso 8) illogico 9) fascinoso, affascinante 10) disattento, distratto 11) buono 12) illegale.

12. >>>> (p. 239)

1) errato, sbagliato 2) avaro, tirchio 3) comico, divertente 4) testardo, cocciuto 5) remoto 6) buio 7) raro 8) irascibile 9) insipido 10) infinito 11) stupido 12) perfetto.

13. >>>> (p. 240)

1) gli affari di mio padre vanno molto bene 2) di fronte a quella notizia sono rimasto,a molto sorpreso,a 3) dopo una violenta discussione quei due hanno cominciato a picchiarsi 4) vi dico questo perché mi interessa molto il vostro futuro 5) con quei discorsi Alessandro mi fa perdere la pazienza e la voglia di parlare con lui 6) in pochissimo tempo, in un attimo, capirono che era meglio fuggire 7) mi pare che qualche volta Sergio parli senza pensare prima 8) mi ha raccontato con tutti i particolari quello che è successo 9) il lavoro che ci avete presentato è fatto malissimo 10) in questo momento ci troviamo in una situazione difficile 11) sai che la sorella di Giancarlo è incinta (aspetta un bambino)? 12) in famiglia siamo tutti molto preoccupati per la sorte di mio nonno.

Note

Finito di stampare
nel mese di ottobre 2014
presso la Tipografia "Il David" di Firenze